CHRISTOPHER WRIGHT

CÓMO PREDICAR DESDE EL ANTIGUO TESTAMENTO

Ediciones PUMA

Cómo predicar desde el Antiguo Testamento
Christopher J. H. Wright

Título original en inglés: Sweeter than Honey: Preaching the Old Testament
        Langham Creative Projects, Carlisle, United Kingdom
© 2016   Christopher J. H. Wright
© 2016   Langham Preaching Resources

© 2016   Centro de Investigaciones y Publicaciones (CENIP) – Ediciones Puma

Hecho el Depósito Legal en la Biblioteca Nacional del Perú N° 2016-00682
ISBN N° 978-612-4252-10-5

Primera edición: junio 2016

Categoría: Estudios bíblicos - Estudios del Antiguo Testamento

Editado por:
© 2016   Centro de Investigaciones y Publicaciones (CENIP) – Ediciones Puma
Av. 28 de Julio 314, Dpto. G, Jesús María, Lima - Perú
Apartado postal: 11-068, Lima - Perú
Telf.:   (511) 423–2772
E-mail: Administración: puma@cenip.org
            Perú: pedidos@edicionespuma.org
            Internacional: ventas@edicionespuma.org
Web: www.edicionespuma.org
Ediciones Puma es un programa del Centro de Investigaciones y Publicaciones (CENIP)

Diseño de carátula: Henrique Martins Carvalho
Diagramación: Hansel James Huaynate Ventocilla

Reservados todos los derechos
All rights reserved

Ninguna parte de esta publicación puede ser reproducida, almacenada o introducida en un sistema de recuperación, o transmitida de ninguna forma, ni por ningún medio sea electrónico, mecánico, fotocopia, grabación o cualquier otro, sin previa autorización de los editores.

Esta traducción se publica en virtud de un acuerdo con The Piquant Agency, 4 Thornton, Carlisle, CA3 9HZ, United Kingdom.

Salvo indicación especial, las citas bíblicas se han tomado de la Nueva Versión Internacional © 1999 por la Sociedad Bíblica Internacional.

Contenido

Parte II
¿Cómo podemos predicar desde el Antiguo Testamento?

Presentación
de la edición en castellano

Como su título lo indica, este nuevo libro de Chris Wright es un manual práctico para ayudar a pastores, maestros y maestras de Escuela Dominical en su tarea docente y pastoral. No podemos negar que en el mundo de habla hispana, ahora más que nunca hace falta fortalecer el fundamento bíblico de la vida de las iglesias con una predicación bien fundamentada. Más aun en el caso del Antiguo Testamento que para muchos evangélicos hoy es una parte desconocida de la Biblia.

El teólogo irlandés Christopher Wright, especialista en Antiguo Testamento, creció en Brasil donde sus padres fueron misioneros, y él mismo fue misionero y educador teológico en el Seminario Bíblico Unido de Pune en la India de 1983 a 1988. Luego dirigió All Nations Christian College, cerca de Londres, centro universitario dedicado a la formación de misioneros de 1993 a 2000. Actualmente dirige la Fundación Langham, creada por el conocido líder evangélico John Stott para estimular la predicación bíblica en todo el mundo. La sensibilidad transcultural de nuestro autor se refleja en su estilo literario. Ya contamos en castellano con su libro de 735 páginas *La misión de Dios* que puede servir como muestra de lo que sería una hermenéutica misional aplicada al estudio de toda la Biblia. En la presente obra sobre el Antiguo Testamento se puede apreciar la capacidad didáctica de Wright para comunicar con claridad y sentido práctico el resultado de una erudición bíblica seria puesta al servicio del pueblo de Dios.

Wright ha conseguido con sus libros la difícil hazaña de hacer del estudio del Antiguo Testamento algo atractivo. Este libro no solamente será muy útil en la vida diaria de las iglesias sino también en el campo de la educación teológica, en la cual siempre hace falta textos para la enseñanza del Antiguo Testamento.

Samuel Escobar
Facultad Protestante de Teología UEBE,
Madrid, España

Parte I

¿Por qué predicar el Antiguo Testamento?

Capítulo 1

Dios ha hablado

¿Por qué hemos de preocuparnos por predicar desde el Antiguo Testamento? Son muchos los predicadores que rara vez lo hacen. Muchas iglesias pasan años tras años sin nada más que sermones desde el Nuevo Testamento y, quizás en alguna ocasión, algo sobre un salmo. Es posible que se esté preguntando: "¿Y cuál es el problema? Nosotros somos seguidores de Jesucristo y leemos acerca de él en el Nuevo Testamento. Hay mucho material sobre el cual predicar desde el Nuevo Testamento. ¿Qué más necesitamos?".

Para ser honestos, el Antiguo Testamento es un conjunto de textos difíciles. Hay allí mucha historia, y no nos gusta la historia sobre todo si está repleta de nombres impronunciables. Hay allí mucha violencia, mucha guerra, y nada de eso tampoco nos gusta. Existe allí una gran cantidad de rituales extraños con sacerdotes y sacrificios, alimentos puros e impuros y reglas estrictas que demandan castigos horribles. ¿Cómo pueden tales costumbres antiguas aplicarse a nuestro mundo de hoy? Además, todo parece girar en torno a esta nación "escogida", Israel, lo cual no parece ser muy justo con el resto del mundo. Puesto que todo eso aconteció antes de Jesucristo, ¿no resulta ahora anticuado e irrelevante? Por supuesto, hay algunas muy buenas historias sobre las cuales predicar un mensaje claro y simple, y algunos salmos pueden estimular la fe de la gente. Sin embargo, aparte de esas excepciones, intentar una predicación del Antiguo Testamento es una tarea sumamente agotadora para el pastor y abrumadoramente confusa para la gente. Resulta mucho más fácil quedarnos con lo que conocemos: el Nuevo Testamento.

Si así se siente usted, permítame desde ya ofrecerle tres razones que al menos deberían llevarlo a desear una excavación un poco más profunda para buscar entender el Antiguo Testamento y aprender a predicar desde esa fuente.

1. El Antiguo Testamento nos llega de parte de Dios

Si el presidente de su país, o alguien de una importancia similar, le da un regalo personal, yo imagino que usted se lo lleva para su casa con mucho cuidado y lo conserva con esmero. Es posible que lo exhiba en una repisa para que todos lo puedan mirar. O imaginemos que usted le hace un regalo realmente especial a alguien a quien ama más que a ninguna otra persona. Se trata de un obsequio costoso por el que ahorró por años para poder comprarlo y regalarlo. Pero esa persona simplemente mira una pequeña parte, nada más, del regalo y ni siquiera se toma la molestia de desempacarlo del todo. ¿Usted cómo se sentiría? Pues bien, Dios es más importante que cualquier otra persona en el universo, y nos ama tanto que dio a su Hijo por salvarnos. Es el mismo Dios que nos dio la Biblia entera, incluyendo la porción que ahora llamamos Antiguo Testamento. ¿Cómo se puede sentir Dios si no nos interesa abrir la mayor parte de su regalo? Él nos dio esos libros: ¿qué dice de nosotros si simplemente los ignoramos año tras año?

A veces nos referimos a la Biblia como "las Escrituras", en las que, desde luego, incluimos tanto el Antiguo como el Nuevo Testamento. Sin embargo, durante el tiempo en el que vivieron Jesús y Pablo, cuando la gente hablaba de "las Escrituras", querían decir los libros contenidos en lo que hoy llamamos Antiguo Testamento. Para ellos, "las Escrituras" eran el más grande regalo que Dios les había dado (superado únicamente por el Señor Jesucristo). Era un regalo que se atesoraba. Lo estudiaban con amor y lo enseñaban a sus hijos.

Así supo Pablo que su amigo Timoteo, cuya madre y abuela eran judías, había conocido las Escrituras (esto es, el Antiguo Testamento) desde su niñez, y lo animó a que las estudiara con esmero y las predicara diligentemente y con mayor frecuencia. Cuando Pablo dice "las Sagradas Escrituras" y "toda Escritura", quiere abarcar la totalidad de lo que nosotros llamamos Antiguo Testamento. Lea a continuación lo que Pablo dice acerca del Antiguo Testamento y observe las razones que le da a Timoteo para que lo predique y enseñe:

Pero tú, permanece firme en lo que has aprendido y de lo cual estás convencido, pues sabes de quiénes lo aprendiste. Desde tu niñez conoces las Sagradas Escrituras, que pueden darte la sabiduría necesaria para la salvación mediante la fe en Cristo Jesús. Toda la Escritura es inspirada por Dios y útil para enseñar, para reprender, para corregir y para instruir en la justicia, a fin de que el siervo de Dios esté enteramente capacitado para toda buena obra.

En presencia de Dios y de Cristo Jesús, que ha de venir en su reino y que juzgará a los vivos y a los muertos, te doy este solemne encargo: Predica la Palabra; persiste en hacerlo, sea o no sea oportuno; corrige, reprende y anima con mucha paciencia, sin dejar de enseñar *(2Ti 3.14–4.2)*.

Pablo dice tres cosas que debemos tomar con toda seriedad.

Primero, que "las Sagradas Escrituras" (recuerde que él quiere decir el Antiguo Testamento) pueden conducir a la gente a la salvación mediante la fe en Cristo Jesús. Preparan el camino para Jesús el Mesías y muestran cómo aquel mismo Dios que tantas veces en el pasado había salvado a su pueblo, actúa ahora a través de Jesús para traer salvación a la gente en todo lugar. Pablo sí que sabía de esto, pues había invertido su vida trayendo a muchos a la fe en Jesús, valiéndose para ello del Antiguo Testamento al sustentar su mensaje y afianzar su propuesta. El Antiguo Testamento no es, entonces, un "libro muerto". El Antiguo Testamento contiene la salvación y apunta al Salvador.

Segundo, las Escrituras del Antiguo Testamento recibieron "el aliento de Dios". Ésa es la expresión que muchas veces se traduce como "fueron inspiradas por Dios". Pablo, sin embargo, no quiso decir que los autores fueron "inspirados" en el sentido en que hoy usamos para hablar de una bella obra de arte, una gran pieza musical o de un genial jugador de fútbol. Pablo quiso decir que las palabras que tenemos ahora en los textos de las Escrituras del Antiguo Testamento fueron expiradas por Dios, lo que significa que, aunque fueron pronunciadas y escritas por seres humanos comunes y corrientes como nosotros, lo que se dijo y se escribió se consignó como si hubiera procedido de la boca de Dios.

Supongamos que usted es un reportero y va a una conferencia de prensa organizada por el Gobierno. El vocero oficial hace una declaración.

De inmediato usted le pregunta: "¿Cuáles son las fuentes que le permiten hacer esa declaración?". El vocero responde: "Lo que acabo de decir tiene la aprobación plena del presidente". Es como si él mismo hubiese dicho esas palabras. Usted las toma seriamente.

De manera similar ocurre con las Escrituras, incluyendo el Antiguo Testamento. Lo que leemos es lo que Dios quiso que se dijera. Esas palabras tienen el sello de su autoridad. Desde luego, todavía hay espacio para reflexionar seriamente en torno a lo que esas palabras *quisieron decir* para aquellos que las escucharon por primera vez, y lo que *significan* hoy para nosotros, a fin de que podamos discernir *lo que debemos hacer como respuesta*. Sí, tenemos por delante todo ese trabajo, pero *debemos* hacerlo, pues *vale la pena* realizarlo, ya que esos textos provienen de Dios.

Tercero, Pablo dice que las Escrituras del Antiguo Testamento son "útiles" y provee una lista de las maneras en las que funcionan "provechosamente" ("enseña, exhorta, corrige e instruye en toda justicia"), todo lo cual debe ocurrir al interior de la comunidad eclesial a fin de capacitar a la gente a vivir como Dios quiere que vivamos. Ésta es la razón por la cual Pablo insta a Timoteo a "predicar la palabra". No se trata solamente de que el Antiguo Testamento haya operado en el *pasado* para conducir al pueblo a la fe y la salvación en Cristo. No es algo que, en consecuencia, dejamos atrás una vez hemos llegado al conocimiento de Jesús. No. Puesto que proviene de Dios y, por lo tanto, viene investido con su *autoridad*, el Antiguo Testamento sigue siendo *relevante* para nosotros. Podemos y debemos *usar* el Antiguo Testamento para la enseñanza y guiar la vida, así como Pablo le dijo a Timoteo que lo hiciera. Una vez más, debemos ser cuidadosos en la aplicación de la relevancia del Antiguo Testamento para nosotros. Esto no quiere decir que debamos ejecutar con simpleza todo lo que dice exactamente, como está escrito. A este asunto volveremos en los últimos capítulos. Por ahora, todo lo que debemos afirmar es que el Antiguo Testamento tiene *autoridad*, ya que proviene de Dios, y que tiene *relevancia*, pues es útil para nosotros en nuestra vida cotidiana.

2. El Antiguo Testamento echa los cimientos de nuestra fe

¿Imagínese que entra a la reunión de un comité justo al final de la sesión, y trata de participar en la conversación cuando ya se está tratando el último punto de la agenda? *Usted* no sabe lo que los demás ya han acordado en la última hora, pero ellos *presuponen* que todo lo dicho es tema agotado. Lo más probable es que no entienda a cabalidad lo que alguien dice porque usted no sabe lo que ocurrió antes. Los demás en la mesa no tienen que repetir todo lo que debatieron porque ya lo saben. Dan por sentado todos los puntos de la agenda que ya fueron debatidos, pero como usted no estaba ahí en ese momento, puede perderse muchos detalles y malentender buena parte de la conversación, especialmente si los puntos acordados son de suma importancia y se han tomado decisiones sobre ellos al comienzo de la agenda.

Leer únicamente el Nuevo Testamento es como entrar a una reunión hacia el final de la sesión tras haberse perdido las discusiones que se dieron y las decisiones que hasta ese momento se tomaron. Esto es así porque el Nuevo Testamento *asume* todo lo que Dios dijo e hizo en el engranaje de la historia del Antiguo Testamento, y no necesariamente lo vuelve a repetir. Esto incluye algunos puntos que son verdades esenciales a la fe bíblica cristiana. Allí hay algunas ideas que Dios nos enseña en el *Antiguo* Testamento, las cuales son asumidas por el Nuevo y puestas en relación con Cristo.

> ➤ *Creación.* No sólo en Génesis 1 y 2, sino también en otras partes (los Salmos, algunos de los profetas), podemos aprender la verdad en torno a nuestro mundo. El universo no es un accidente ni una ilusión, ni tampoco nada más que una colección de átomos. Todo lo que existe (aparte de Dios) fue creado y ordenado por un único Dios viviente. Dios sigue sosteniendo continuamente la totalidad de la creación, la cual le pertenece, lo alaba y lo glorifica. Dios ama todo lo que ha hecho. Éstas son verdades que el Antiguo Testamento enseña y que el Nuevo Testamento asume.

> ➤ *Dios.* ¿A quién nos referimos cuando usamos la palabra "Dios" en español (o su equivalente en cualquier otro idioma)? ¿A quién tenían en mente los escritores del Nuevo Testamento cuando hablaron de *Theos* (en griego)? Así parezca obvia, es una pregunta importante porque, desde luego, hay muchos "dioses" y muchos conceptos de "Dios" en el mundo —tanto en el mundo antiguo como en el de hoy—. Así que, incluso para nosotros, decir "Jesús es Dios" puede prestarse a toda clase de confusión a menos que tengamos claridad

en el significado de la palabra "Dios". Los escritores del Nuevo Testamento, por supuesto, lo tuvieron claro. Para ellos, se trataba del mismo Dios que se dio a conocer en el Antiguo Testamento, en la historia, la vida y la adoración del Israel del Antiguo Testamento. Para ellos era el Dios cuyo nombre personal suele traducirse al español como "el Señor". No tenían que repetir las profundidades oceánicas de la revelación acerca de este Dios que ya está allí, en las Escrituras del Antiguo Testamento. Simplemente las asumieron. Ya sabían de quién estaban hablando.

Necesitamos, entonces, leer el Antiguo Testamento a profundidad a fin de conocer al verdadero Dios, el Dios que conocimos cuando vino a vivir entre nosotros en la persona de Jesús de Nazaret. De otra manera, si ignoramos el Antiguo Testamento, podemos terminar asociando a Jesús a toda suerte de ideas erróneas de deificaciones y deidades que provienen de nuestros trasfondos culturales o religiosos.

➤ *Nosotros mismos.* ¿Quiénes somos y qué queremos decir cuando hablamos de seres humanos? Una vez más, el Antiguo Testamento es el que nos enseña las verdades fundantes acerca de nosotros mismos. Somos criaturas (no dioses ni ángeles). Dios nos creó a su propia imagen para que pudiésemos ejercitar su autoridad en el resto de la creación, administrándola sabiamente y cuidando de ella.

➤ *Pecado.* ¿Qué ha pasado en el mundo? ¿Cuál es el problema? Las religiones y filosofías del mundo aportan diferentes respuestas a esta pregunta. El Antiguo Testamento dice con claridad que nosotros, los seres humanos, nos rebelamos contra nuestro Creador. Nosotros nos hemos rehusado a confiar en su bondad y decidimos desobedecer sus órdenes. El Antiguo Testamento muestra cuán profundamente enraizado está el pecado hasta el punto de afectar cada parte de nuestra personalidad, cada generación, cada cultura. Sólo cuando capturamos la dimensión del problema (a partir del Antiguo Testamento) podemos entender la magnitud de la solución de Dios a través de Cristo en el Nuevo Testamento.

➤ *El plan de Dios.* Génesis 3–11 nos cuenta la caída de la raza humana a niveles individual y étnico. La tierra fue maldita y las naciones se dispersaron. Génesis 12 nos narra lo que Dios planeó hacer en relación con el problema. Cuando llamó a Abraham, lo que tenía entre manos era el lanzamiento de un gran proyecto de redención que coparía todo el resto del relato bíblico hasta el Apocalipsis. Dios prometió convertir la maldición en bendición. Se propuso lograrlo, en primer lugar, a través del pueblo de Abraham: luego, por medio de Israel, llevaría bendición a todas las naciones de la tierra para, al final, restaurar la creación entera —un nuevo cielo y una nueva tierra (Is 65.17–25)—. Tal es el gran plan de salvación de Dios para el mundo (el mundo de las naciones y el mundo creado, el de la naturaleza) que llevó a cabo Cristo en el Nuevo Testamento. El Nuevo Testamento nos brinda la respuesta final de Dios, pero es el Antiguo el que da cuenta de la escala del problema y la escala de la promesa de Dios. Estamos en mejores condiciones de entender el evangelio de manera más completa y comprensiva cuando lo observamos primero en el Antiguo Testamento.

En consecuencia, necesitamos estudiar y predicar el Antiguo Testamento de tal manera que podamos entender esas verdades fundamentales que Dios enseñó a su pueblo por miles de años antes de que enviara a su Hijo al mundo. Querer limitarnos a leer y predicar el Nuevo Testamento se asemeja a pretender vivir en la planta superior de una casa sin tener las bases ni la planta baja, o también es similar a desear los frutos de un árbol sin reparar en que estamos cortando sus raíces o aserrando su tronco.

3. El Antiguo Testamento fue la Biblia de Jesús

La razón más importante, después de todo, por la que necesitamos llegar a conocer realmente el Antiguo Testamento es porque ésa fue la Biblia de Jesús. Sí, es cierto que leemos *acerca* de Jesús en el Nuevo Testamento, pero ¡Jesús mismo nunca lo leyó! Como ya se anotó arriba, para Él las Escrituras eran los libros que hoy forman parte del Antiguo Testamento. Jesús las conocía a la perfección. Inicialmente las conoció por María y José, como cualquier niño judío de su época. A la edad de 12 años ya las conocía tan bien que pudo sentarse en el templo de Jerusalén por varios días para discutirlas con los adultos que eran los teólogos y los académicos de su tiempo. Los niños judíos en los tiempos de Jesús memorizaban libros enteros del Antiguo Testamento. Si eran excelentes en esa tarea (como claramente Jesús lo fue), recitaban secciones enteras (la Torá, libros de los profetas) y calificaban como "rabí" (maestro). Así llamaban a Cristo. Él conocía las Escrituras tan bien como sus herramientas de carpintería.

Cuando llegó el tiempo en el que Jesús dio comienzo a su ministerio público; luego de que Juan lo bautizó en el Jordán, se retiró al desierto a solas por cuarenta días y luchó con la tarea inmensa que lo esperaba. ¿Qué estaba haciendo todo ese tiempo? Cuando Satanás lo tentó a que tomara una dirección contraria a la que sabía que debía seguir en obediencia a su Padre, Jesús le respondió tres veces citando las Escrituras. Todos los tres textos que mencionó son de Deuteronomio 6 y 8, lo cual indica que estaba reflexionando profundamente acerca de las implicaciones que para Él y su misión se esconden en toda una sección de ese libro (Dt 1–11). A lo largo de su ministerio, hasta la cruz y la resurrección, Jesús insistió en que las Escrituras habían de cumplirse. Toda la comprensión que tuvo acerca de sí mismo —su vida, su misión, su futuro— hundía sus raíces en su lectura de las Escrituras: el Antiguo Testamento.

¿Alguna vez ha visitado Tierra Santa, o ha querido visitarla? Algunos van en peregrinaje porque, afirman (o eso es lo que dice la propaganda de las agencias de viaje), así estarán más cerca de Jesús si caminan en la tierra sobre la que Él caminó y ven las colinas que Él vio, o si se sientan junto al mar de Galilea, etcétera. Pues bien, es cierto que la Biblia cobra vida cuando uno visita la tierra que fue escenario de todas las acciones allí descritas. Aproveche la oportunidad de hacer el viaje, en caso se le presente. Pero, si en realidad quiere llegar a conocer a Jesús, a entender lo que ocupó su mente y alimentó sus intenciones, hay una alternativa mejor a la de un peregrinaje a Israel (¡y le costará mucho menos!): lea la Biblia que Jesús leyó. Lea el Antiguo Testamento. Ahí están las historias que oyó cuando niño. Ahí se encuentran las canciones que cantó. Las Escrituras fueron los rollos que se leían cada semana en la sinagoga, las visiones proféticas que le dieron esperanza a su pueblo por generaciones. En el Antiguo Testamento Jesús discernió el plan mayor, el gran propósito de Dios para su pueblo, Israel, y para el mundo a través de éste. Allí encontró los textos inaugurales que perfilaron su identidad y lo que había venido a cumplir.

Desde luego, ahora nos recordamos a nosotros mismos, Jesús era el Hijo de Dios, y tenía una relación muy cercana y directa con su Padre. Sin lugar a dudas, poseía una especie de comprensión divina acerca de quién era y en qué consistía su misión. Sin embargo, Lucas nos cuenta dos veces que Jesús creció como un niño normal: crecimiento en capacidades físicas, mentales y espirituales (Lc 2.40, 52). Creo que ese proceso tuvo que haber incluido el crecimiento en entendimiento a través del estudio de las Escrituras. De cualquier manera, con toda seguridad *usó* las Escrituras del Antiguo Testamento, no sólo durante su vida, sino especialmente tras su resurrección, para explicarse a sí mismo ante sus discípulos y ayudarlos a comprender el significado que para Israel y el mundo se esconde en su vida, muerte y resurrección (Lc 24).

Entonces, si Jesús hizo eso, ¿no deberíamos nosotros seguir su ejemplo? ¿No deberíamos "predicar a Cristo" en la manera en que Él se predicó a sí mismo, esto es, usando las Escrituras? En los siguientes dos capítulos veremos la importancia que tiene el Antiguo Testamento para entender a Jesús. Necesitamos el Antiguo Testamento para comprender la historia y la promesa que Él cumplió; lo requerimos para entender lo que Jesús pensó de sí mismo y lo que había venido a cumplir.

Preguntas y ejercicios

1. *¿Qué le diría a alguien que desdeña el Antiguo Testamento, que quizá diga que no hay que preocuparse por predicarlo porque, se afirma, "nosotros somos cristianos del Nuevo Testamento; nosotros tenemos a Jesús; ya no necesitamos el Antiguo Testamento"?*

2. *Elabore una lista corta de las enseñanzas esenciales de la fe cristiana. ¿Cuántas de ellas aparecen en el Antiguo Testamento? ¿Qué sería lo que **no** conoceríamos (o no sabríamos con claridad) si no contáramos con el Antiguo Testamento?*

____

____

____

____

____

____

____

____

____

3. *Prepare un sermón sobre 2 Timoteo 3.14–16. Aclare que Pablo estaba hablando de las Escrituras del Antiguo Testamento. Explique lo que dice acerca de sus fuentes, autoridad, poder y utilidad. ¿Cuál será su punto central, el aspecto clave, lo que usted quiere que su congregación haga como resultado de su sermón?*

____

____

____

____

____

____

____

____

____

Capítulo 2

La historia y la promesa

El viaje fue de diez horas por tierra en un minibús. Era un grupo de pastores que iban desde Guayaquil, en el litoral del Pacífico ecuatoriano, hacia Quito, a casi tres mil metros de altura sobre el nivel del mar, en las montañas. Habían venido para participar en el seminario de predicación de Langham, en Quito, en el que yo era uno de los facilitadores. Cuando supe de su viaje tan largo, quise que mi enseñanza fuera de alta calidad para estar a la altura de ese esfuerzo.

1. El destino del viaje

Imagínese que usted detiene el minibús en algún punto del trayecto y pregunta a los pasajeros: "¿A dónde van?". "A Quito", le responden, ya sea de buena o mala gana. Esa misma respuesta obtendría ya fuera que detuviera el vehículo cerca del punto de partida del viaje o hacia la mitad o al final. Todo el viaje, desde el comienzo hasta su término, tiene el mismo destino: Quito. La carretera puede ser sinuosa. Es posible que haya uno que otro desvío. A veces, por la congestión vehicular, es posible que parezca que no se están moviendo. Quizás en algún punto se detengan para estirar las piernas y admirar el paisaje. También podrían detenerse por un derrumbe o algún otro obstáculo que los obligue a buscar una ruta alternativa. Cualquiera sea la situación durante el viaje, y sin importar cuán larga y complicada fuere, el destino siempre es el mismo. Al final llegan al punto deseado. El destino es el fin del viaje.

El Antiguo Testamento es un viaje que conduce a un destino, y éste no es otro que Jesucristo. Es un viaje que ya se hizo. Fue largo; con muchas curvas, giros, vueltas, paradas y nuevos comienzos. Fue un viaje interrumpido y amenazado por una diversidad de circunstancias y gentes adversas. Fue un viaje en el que participaron muchas más personas que las que cabrían en un minibús, a lo largo de muchos más kilómetros que los que separan a Guayaquil de Quito. ¡Fue un viaje que duró no diez horas sino veinte siglos! Fue un viaje que involucró a toda una nación —Israel— y su historia incrustada en la de muchas más naciones. Pero, sin importar en qué punto del viaje usted se incorpore —cerca del comienzo, en la mitad, hacia el final—, la dirección es siempre la misma. Ésta es la historia de Dios que guía al pueblo de Dios hacia el Mesías de Dios: Jesús de Nazaret. Tal es la dirección constante del movimiento. Jesús es el destino. *El Antiguo Testamento narra la historia que Jesús completa.*

¿Se ha preguntado alguna vez por qué Mateo comienza su versión del evangelio de la manera como lo hace? Dice en el primer versículo lo que quiere hablarnos acerca de Cristo. Entonces, ¿por qué no va directamente a 1.18: "El nacimiento de Jesús el Mesías fue así"? ¿No es eso lo que él quiere que sepamos? ¿Por qué comienza con Abraham para luego darnos una lista completa de los padres e hijos de 42 generaciones? Pues bien, la razón es que todos esos nombres son parte de la historia mayor del Antiguo Testamento. Algunos de ellos fueron reyes en la línea dinástica de David, y Jesús era el Hijo de David prometido que sería el verdadero Rey de Israel. Todos ellos eran descendientes de Abraham, y Jesús sería aquel a través del cual se cumpliría la promesa de Dios de bendecir a todas las naciones de la tierra por medio del pueblo de Abraham.

Mateo, entonces, le está diciendo al lector: "¿Quiere saber acerca de Jesús? Bien. Usted no podrá entender quién es Él a menos que descubra que viene al final de una gran historia protagonizada por sus ancestros. Éste es el viaje que conduce a Jesús. Él es el destino de un viaje histórico mayor que comenzó con Abraham. A fin de encontrarle sentido a Jesús, primero usted tiene que entender ese punto de partida y el trayecto recorrido".

Volviendo al viaje que hicieron los pastores, podríamos decir lo siguiente: el viaje (desde Guayaquil) tuvo sentido sólo por su destino (Quito). Si no hubiesen tenido destino alguno, bien habrían podido haber transitado cualquier ruta sin sentido de orientación y sin ninguna razón. De manera similar, el Antiguo Testamento, visto como una historia englobante, tiene sentido solamente a la luz de su destino: Cristo. No se trata simplemente de una bolsa de historias revueltas. No es un texto de cuentos infantiles, sin ninguna conexión entre sí, sin ninguna dirección.

Infortunadamente, así usan muchos la Biblia, y de esta manera la enseñan muchas iglesias. Así es como muchos cristianos piensan del Antiguo Testamento: sólo una bolsa de historias, y algunas de ellas no muy agradables. No. El Antiguo Testamento es, a decir verdad, un relato extenso y complejo conformado por historias menores en su interior que, al final, conduce a Jesús y encuentra su sentido cuando llega a su destino en Él.

¿Dije "extenso y complejo"? Sí, en verdad lo es, y es eso lo que confunde a la gente. Son tantos los diferentes estilos de escritura, y son tantas las pequeñas historias que es muy fácil perderse. Una vez mi padre se perdió en la selva del Amazonas.

Él fue misionero entre las tribus de la región antes de que hubiese carreteras y aeropuertos. Se encontraba, entonces, viajando a pie. Fue una experiencia aterrorizante, nos contó. Bajo la bóveda que formaba el follaje de los árboles, no es posible buscar la orientación siguiendo el sol. Al llegar a la orilla de un río, si usted no tiene una brújula, no puede saber la dirección hacia la cual fluye la corriente. El Antiguo Testamento es vasto y complejo como el río Amazonas. No es un acueducto construido siguiendo un diseño preciso que va en líneas rectas directamente de un punto a otro. Sin embargo, con todo y sus meandros y curvas y tributarios, el Amazonas es un enorme cuerpo de agua que se acrecienta a lo largo del camino de diferentes fuentes, y todo se mueve en una dirección. Finalmente desemboca en el océano Atlántico. Ése es su destino final. El Antiguo Testamento, de manera similar, con sus diversas corrientes y tributarios, se mueve en una dirección: hacia Jesucristo.

No solamente hemos de ver el Antiguo Testamento como una historia que encuentra su sentido a la luz de Jesús, sino que también debemos entender a Cristo a la luz de la historia que lo antecede. Jesús vino al mundo por todo lo que sucedió en la historia hasta ese punto. Ésa es la razón por la que necesitamos leer, entender y predicar el Antiguo Testamento. Lo hacemos por amor a Jesús. Se trata de su historia; una historia que fue, por decirlo así, su ADN.

2. El propósito del viaje

Supongamos que cuando usted detuvo el minibús, luego de que los pasajeros le dijeron a *dónde* iban (a Quito, el destino), les hizo una segunda pregunta: "¿*Por qué* van a Quito?".

Ahora imagínese que le respondieron así: "Porque la próxima semana es el seminario de predicación de Langham y queremos participar". Esto muestra que el viaje no sólo tiene un destino, sino también un *propósito*. Un evento emocionante iría a celebrarse en Quito y ellos habían planeado estar allí. Seguramente, a lo largo de las horas de viaje pensaban, con un creciente sentido de anticipación, en lo que les esperaba. Valía la pena hacer el viaje por las cosas buenas que se avecinaban. El viaje era largo pero prometedor.

Ese viaje se inició, en realidad, mucho antes de que se subieran al minibús. Varios días antes habían recibido una carta en la que se les informaba del seminario en Quito y se los invitaba a participar con el ofrecimiento de que sería un tiempo de compañerismo y enseñanza de alta calidad. Si se tomaban el trabajo de emprender el viaje y de participar en el seminario, había la promesa de recibir bendición y estímulo. Así, entonces, todo el viaje, su preparación, empacar las maletas, emprender el recorrido con todas sus incomodidades y dificultades en el camino, todo eso se hizo en respuesta a una invitación y a una promesa, y todo fue ejecutado con fe (confiando en la promesa de los organizadores) y esperanza (anticipando los buenos frutos del seminario cuando llegaran a su destino).

El Antiguo Testamento puede ser visto de manera similar. No es solamente un viaje en el tiempo, una secuencia larga de un evento que ocurre tras otro hasta que al final llega a su destino cuando Cristo Jesús hace su entrada. Es también un viaje con un propósito. Su llegada no fue simplemente el fin de un viaje, sino también la comprensión de todo el propósito del trayecto. Él no fue solamente el destino, sino su *cumplimiento*. Así como la carta que recibieron los pastores de Guayaquil con su promesa de lo que habría de darse en Quito y la motivación para que emprendieran el viaje, de manera similar el Antiguo Testamento presenta la promesa de Dios. Cuando el Señor Jesucristo llegó, Dios cumplió su promesa. *El Antiguo Testamento declara la promesa que Jesús cumple.*

Vayamos de nuevo a los primeros dos capítulos de Mateo. En cinco ocasiones nos cuenta una historia de cuando Jesús era un niño, e inmediatamente la conecta con una referencia al Antiguo Testamento. Cada vez que eso ocurre, nos dice que un texto del Antiguo Testamento se ha cumplido de alguna manera. Haga una pausa para leer los versículos en

Mateo y luego conectarlos con la referencia correspondiente al Antiguo Testamento.

Mateo	Evento	"Cumplimiento de"
1.22–23	Anuncio de su nacimiento y nombre	Isaías 7.14
2.5–6	Nacimiento en Belén	Miqueas 5.2–4
2.14–15	Huida a Egipto	Oseas 11.1
2.16–18	Matanza de niños en Belén	Jeremías 31.15
2.23	Crecimiento en Nazaret	Incierto

¿Por qué Mateo hace eso? Primero que todo, es claro que no está simplemente citando *predicciones.*

➢ Solamente uno de los textos del Antiguo Testamento es realmente una predicción, en el sentido pleno del término, que encontró su cumplimiento directo en Jesús. Es la predicción de *Miqueas* que dice que el futuro rey de Israel habría de nacer en Belén.

➢ *Isaías* le estaba dando una señal al rey Acaz en el sentido de que un niño habría de nacer pronto y que sería llamado "Emanuel" ("Dios con nosotros"), porque en ese espacio de tiempo los enemigos que amenazaban su reino de Judá (Israel y Siria) serían derrotados. Mateo ve en esa señal, el nombre, un profundo sentido mesiánico ("Emanuel") y la "mujer joven" que dio a luz a Jesús era, de hecho, una virgen en el tiempo de la concepción y nacimiento. No fue una predicción-cumplimiento en el rigor del término, ya que en el evento el hijo de María no fue llamado "Emanuel", sino "Jesús". El significado yace en el *sentido* de la palabra "Emanuel". Jesús es, en verdad, "Dios con nosotros".

➢ *Oseas* no estaba haciendo ninguna predicción del futuro, sino que se refería a Dios, quien, en el pasado, trajo a Israel de Egipto, en el Éxodo.

➢ *Jeremías* estaba hablando del pueblo de Judá, que, en 587 a.C., camino al exilio, pasaba por la tumba de Raquel, y la imaginaba llorando (en su tumba) por el sufrimiento de sus descendientes. Sin embargo, en el siguiente verso en, le dice que seque sus lágrimas, pues sus hijos habrán de regresar. El exilio tendrá un final.

> ➤ La última cita de Mateo es enigmática, en cierto sentido. No hay texto que parezca contener las palabras "él será llamado Nazareno".

¿Qué está haciendo, entonces, Mateo, si la mayoría de los textos no son simples predicciones? Nos está mostrando que incluso en la infancia de Jesús hubo eventos en su vida que traían a la memoria las Escrituras del Antiguo Testamento. Ve la *totalidad* del Antiguo Testamento como una gran *promesa* de Dios. Todo el Antiguo Testamento trata del compromiso de Dios con su pueblo y, a través de Israel, con el mundo entero. Incluso el niño Jesús tuvo una "experiencia del Éxodo" que recuerda al Dios que redime a Israel sacándolo de Egipto. La llegada de Jesús fue como el final del exilio (secando así las lágrimas de Raquel). Lo mejor de todo, en Jesús, Dios realmente llegó a estar "con nosotros". *El Antiguo Testamento declara la promesa que Jesús cumple.*

En este punto, es importante pensar brevemente en la diferencia entre una *predicción* y una *promesa*. Una predicción va, generalmente hablando, directo al punto. Yo puedo predecir que algo sucederá en algún momento en el futuro. Si eso ocurre, mi predicción se hace cierta. Si nada pasa, entonces mi predicción fue equivocada, o aún no se cumple. Puedo predecir sobre algo totalmente externo a mí mismo sin tener conexión alguna conmigo. La predicción no tiene que contar con mi participación en absoluto. Pero si yo le hago una *promesa* a alguien, el asunto es totalmente diferente. Yo me he comprometido en una relación con esa persona, al menos en lo tocante a aquello que le he prometido. No es un asunto de si mi promesa se hace cierta o no. Más bien, es una cuestión de si se puede confiar en mí o no. Es mi integridad lo que está en juego. Mi reputación se encuentra en riesgo. Mi palabra se pone a prueba. Una promesa cambia las cosas.

Cuando fui profesor en All Nations College, solía explicar a los estudiantes la diferencia entre una predicción y una promesa, y lo hacía de la siguiente manera. Decía: "Puedo *predecir* que al menos uno de ustedes va a casarse con una de estas chicas al final del año" (¡Ésa era una predicción relativamente segura; pues sucedía que cada año llegaban estudiantes solteros que salían de allí casados!). "Pero en tanto es una predicción, no me compromete a mí personalmente de ninguna manera. Sin embargo, si alguno de ustedes, chicos, y alguna de ustedes, chicas, se dicen el uno al otro, en un día muy especial, 'Yo te tomo como mi esposa/esposo, para sostener y abrazar, para amar y atesorar, en días buenos y malos, sea en la riqueza o en la pobreza, en salud o enfermedad, abandonando a los demás, hasta que la muerte nos separe', eso ya no es una predicción. Es una *promesa* que cambiará sus vidas para siempre".

Una promesa de ese calibre expresa un compromiso y una intención de *largo plazo*. Ése es otro punto. Una predicción simplemente se cumple (o no), y eso es todo. Pero una promesa puede continuar por largo tiempo cumpliéndose en toda clase de nuevas formas y circunstancias novedosas. Mi vida de casado supera los 44 años. Mi esposa y yo nos prometimos el uno al otro en agosto de 1970. No tenemos que andar repitiéndonos esa promesa todo el tiempo, ni tampoco cambiándola, cada vez que algo nuevo sucede en nuestra vida o en la familia. La promesa continúa, se expande, asume nuevos niveles de compromiso, y "se cumple" en tan diversas maneras que no habríamos podido imaginar el día de nuestra boda.

Así es con el Antiguo Testamento. Dios declara su promesa desde el mismo Génesis. Incluso en el jardín del Edén, justo luego de que Adán y Eva pecan, Dios afirma que la semilla de la mujer un día aplastará la cabeza de la serpiente. Más adelante, y con mayor claridad, en Génesis 12.1–3, Dios promete que todas las naciones de la tierra serán bendecidas a través de Abraham y sus descendientes. Es una promesa tan importante que Pablo la llega a llamar "el anuncio de antemano del evangelio" (Gá 3.8). No es una predicción. Es algo en lo que Dios se compromete. Es una promesa que Dios cumple en virtud de su propia integridad y fidelidad confiable. Dios ha puesto en juego su propio carácter en esa promesa.

Desde este punto en adelante, toda la historia del Antiguo Testamento cobra su impulso en esa promesa. La palabra "pacto" se usa para hablar de las grandes promesas de Dios en la Biblia. Los pactos vienen en una secuencia que los conectan unos con otros. Usted puede decir que la gran promesa de Dios sigue cumpliéndose y que luego se recarga para continuar una nueva etapa del viaje. Usted puede rastrear toda la historia de la Biblia como si fuera una cadena cuyos eslabones se encuentran en una secuencia de pactos; esto es, cada pacto refresca o expande la promesa de Dios.[1]

---

[1] Para una descripción detallada de estos pactos, ver mi libro *Conociendo a Jesús a través del Antiguo Testamento: redescubriendo las raíces de nuestra fe*. Barcelona: Publicaciones Andamio, 1996.

- ➢ Pacto con Noé
- ➢ Pacto con Abraham
- ➢ Pacto con Israel en el Monte Sinaí
- ➢ Pacto con David
- ➢ El nuevo pacto, prometido por los profetas e inaugurado por Jesús

Cuando pasamos la página de Malaquías a Mateo, el mensaje es: "¡Todo lo que Dios prometió se está haciendo realidad!". Hasta ahora nos hemos fijado solamente en Mateo 1–2, pero cuando usted lee el resto de su evangelio se encontrará con que él vuelve a ese tema una y otra vez. Lucas procede de manera mucho más decidida en su capítulo 1. En ese capítulo resuenan ecos y citas de las Escrituras del Antiguo Testamento. En verdad, cuando María, la madre de Jesús, y Zacarías, el padre de Juan el Bautista, prorrumpen en sus cantos de júbilo, lo que hace cada uno es celebrar que Dios ha "recordado". No quieren decir que Dios se había olvidado hasta entonces, sino que ahora entraba en acción para cumplir sus grandes promesas hechas desde Abraham (1.54–55, 72–73). Al final de su evangelio, Lucas nos presenta a Jesús haciendo que sus discípulos vean que la totalidad del Antiguo Testamento apunta hacia Él (Lc 24.25–27, 44–48).

Como puede ver, no es suficiente decir que el Antiguo Testamento contiene algunas *predicciones* mesiánicas interesantes que se hicieron realidad en Jesucristo (por ej., que nació en Belén). Antes bien, el Antiguo Testamento contiene el compromiso de Dios, el pacto de Dios, la *promesa* de Dios (la cual fue hecha primero a Israel, pero luego se extendió al mundo entero, a todas las naciones, como Dios le había dicho a Abraham).

En nuestro siguiente capítulo hablaremos de *quién pensaba Jesús que era Él* y *qué pensaba que había venido a hacer*. Así como Él respondió esas dos preguntas a partir de las Escrituras del Antiguo Testamento, nosotros necesitamos realizar lo mismo. En otras palabras, si queremos entender cabalmente lo que Jesús logró, necesitamos entender en su totalidad lo que Dios prometió hacer (la promesa que hizo en el Antiguo Testamento). A fin de entender lo que prometió hacer, necesitamos comprender el problema que se propuso resolver (que se describe al inicio mismo del Antiguo Testamento). A fin de entender ese problema, necesitamos regresar al comienzo de la saga. Hagámoslo ahora mismo.

3. La historia en símbolos[2]

En rigor, toda la Biblia, no sólo el Antiguo Testamento, es una gran historia. Encontramos allí un comienzo (creación), un final (nueva creación, lo que es realmente un nuevo comienzo) y un terreno intermedio (el largo relato de redención en la historia que se centra en Cristo).

"¿La Biblia es una historia completa? No entiendo", dijo una feligresa de la iglesia en Phoenix, Arizona, en la que Chris González era pastor. Chris estaba de pie junto al escritorio de ella en ese momento. Inmediatamente agarró un sobre ya usado y en el dorso dibujó los símbolos que muestro en el diagrama a continuación y los fue explicando mientras hablaba. "Ésta es la historia completa de la Biblia —dijo— justo aquí, en el dorso de un sobre".

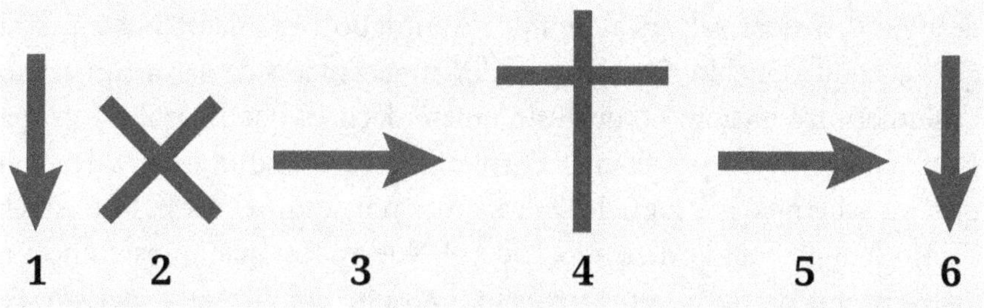

La Biblia es como un diagrama con seis actos o etapas.

Etapa 1: Creación. La flecha hacia abajo apunta al momento en que Dios desciende, por decirlo así, y crea la tierra (Gn 1–2). La creación incluye, por supuesto, todo el universo espacio-temporal, pero la Biblia se enfoca en cómo Dios creó la tierra en la que vivimos. La creó para que funcionara a la perfección, con sus días y sus noches, sus climas y estaciones, y con toda la plenitud de la tierra, el mar y el cielo. La hizo para que fuera un lugar en el que nosotros como seres humanos portadores de su imagen pudiéramos vivir, y, al mismo tiempo, como el lugar en el que pudiera vivir con nosotros. La creación fue como un templo vasto en el que Dios

---

[2] En lo relacionado con el concepto y el diagrama reconozco mi deuda con Chris González y Tyler Johnson, quienes dirigen la red de entrenamiento pastoral, Missional Pastors Training Network, en Phoenix, Arizona, Estados Unidos.

pudiera habitar llenándolo con su gloria y con toda la abundancia de la vida.

Etapa 2: Caída. La cruz en forma de X indica que algo se salió de cauce. En efecto, algo dejó de funcionar. Génesis 3–11 describe la entrada del pecado y la maldad en la experiencia humana. Nosotros optamos por rebelarnos contra Dios, cuestionar su bondad y rechazar su autoridad. Como resultado, nuestra vida en la tierra en su totalidad, y la tierra misma, sufrió la infección de nuestro pecado y sus consecuencias.

Etapa 3: Promesa. En un mundo caído (uno que va de mal en peor), Dios prometió poner las cosas en orden. En un mundo bajo maldición, prometió la bendición. La promesa de Dios a Abraham en Génesis 12 catapulta todo el resto del relato bíblico, pero especialmente la historia de Israel en el Antiguo Testamento. Dios hizo un plan para traer bendición y salvación al mundo *a través* de su pueblo. Esto no quiere decir que Israel, de alguna manera, salvará al mundo. El Antiguo Testamento nos muestra que, en tanto pueblo, fue tan pecador y necesitado de salvación como cualquier otra nación. Lo que esto quiere decir es que Dios iba a usar a Israel como medio por el cual Él traería salvación al mundo, salvación que, ya sabemos, fue lograda únicamente por Jesús, el Mesías de Israel. Como hemos venido diciendo, todo el Nuevo Testamento es como un viaje con un destino y un propósito, uno que conduce a Jesucristo. Es una historia de promesa y esperanza, incluso en medio de la maldad y el pecado, que no ceden.

Etapa 4: Evangelio. Aquí estamos en el centro de todo el drama de la Biblia. En fidelidad a su promesa a Israel, Dios envió a Jesús el Mesías de Israel (en lo sucesivo), el Salvador del mundo. El evangelio es la buena noticia de todo lo que Dios logró mediante el nacimiento, la vida, la enseñanza, la muerte, la resurrección y la ascensión de Jesús de Nazaret. El símbolo de la cruz pretende aquí incluir todo lo que está contenido en los relatos del evangelio (no sólo la cruz del Calvario).

Etapa 5: Misión. Luego de los evangelios viene el libro de los Hechos, que describe el derramamiento del Espíritu de Dios en el día de Pentecostés. Los discípulos recibieron poder para llevar a cabo la misión de dar testimonio de Él en todas las naciones hasta lo último de la tierra. La comunidad del pueblo de Dios que se gestó a través de Abraham (inicialmente el Israel del Antiguo Testamento) incluye ahora a los judíos y los gentiles que confían en Jesucristo. Podríamos decir que la Etapa 5 es la era de la iglesia, pero debemos recordar que ésta no comenzó únicamente en el Nuevo Testamento. Si estamos "en Cristo" somos, entonces, parte del pueblo de Abraham (Gá 3). La razón de nuestra existencia como pueblo de Dios sigue siendo la misma. Nuestra misión es participar en la misión de Dios consistente en llevar bendición a todas las naciones de la tierra.

Desde luego, el Nuevo Testamento no cuenta la historia completa hasta la segunda venida de Cristo. Muestra cómo Dios cumplió su promesa hecha al Israel del Antiguo Testamento al enviar a Jesús, y cómo Cristo logró la salvación para el mundo a través de su muerte y resurrección. La tarea de la iglesia, en el poder del Espíritu, consiste en llevar la buena noticia de esa salvación hasta los confines de la tierra, tal como Jesús lo ordenó. Ahí encontramos nuestro espacio. Somos parte de una historia continua que se desarrolla en la Etapa 5. Somos socios de Dios en este gran proyecto a través de nuestra vida y trabajo cotidianos. Vivimos ahora entre el trabajo de redención de la Etapa 4, que Cristo cumplió a cabalidad, y el tiempo cuando regrese para introducir la gran escena final de la Biblia: la Etapa 6.

Etapa 6: Nueva creación. La flecha final en el diagrama simboliza el regreso de Cristo. Desde el comienzo, la preocupación de Dios ha sido para toda la creación. Génesis 1–2, los primeros dos capítulos de la Biblia, muestran cómo Dios creó "en el principio". Apocalipsis 21–22, los últimos dos capítulos, muestran cómo Dios limpiará y restaurará la creación como el lugar en donde Dios morará con su pueblo redimido de entre todas las naciones, y en donde el sufrimiento, la maldad, el pecado, la muerte y la maldición ya no tendrán lugar. Esto también había sido ya prometido en el Antiguo Testamento (Is 65.17–25), y se ha cumplido, anticipadamente, a través de la muerte y la resurrección de Jesús (Col 1.15–20). Aunque ahí concluye la historia de la Biblia, ése no es realmente "el fin del mundo", sino un nuevo comienzo. Será, eso sí, el fin del mundo del pecado, la maldad y la rebelión contra Dios, pero también el comienzo de una nueva creación que durará por siempre.

Quizás usted se esté diciendo que la flecha final debería apuntar hacia arriba, no hacia abajo, para que le haga justicia al cuadro que nos describe yendo hacia el cielo. No es así como la Biblia termina, en realidad. La Biblia no nos describe yendo hacia ninguna parte, sino que anuncia la venida de Dios a la tierra (Ap 21.1–5), para transformarla en la ciudad de Dios. Otros textos hablan del fuego del juicio de Dios (2P 3), pero no es el fuego que borra la creación por completo. Al contrario, es el fuego que purifica la creación de todo pecado y maldad de tal manera que sea limpia, restaurada y adecuada para que Dios viva entre nosotros una vez más, que es lo que Dios anuncia en Apocalipsis 21.3. El significado del nombre "Emanuel" se aplica tanto a la segunda venida de Cristo como a la primera. "Emanuel" significa *Dios* (que viene ahora a estar) *con nosotros* y no *nosotros* (yendo a algún lugar) *con Dios*.

4. Predicación en la historia

¿Cómo afecta todo esto nuestra predicación, particularmente desde el Antiguo Testamento? Esto significa que ahora vivimos y nos ejercitamos en la predicación en algún punto de la Etapa 5, pero predicamos la palabra de Dios dada durante el transcurso de la Etapa 3 (el Antiguo Testamento), a la luz de lo acontecido en la Etapa 4 (los evangelios), y en anticipación a lo que sucederá en la Etapa 6 (la nueva creación). ¡No estoy insinuando, desde luego, que nuestros sermones están en el mismo nivel de la Biblia! Algunos predicadores dan a entender que piensan así. Pero debemos ser claros que el texto de la Biblia es la única y completa palabra de Dios y que su autoridad es final. Nada que podamos decir o predicar se ubica en el mismo nivel, y no debemos nunca pretender que las palabras que predicamos son, en ellas mismas, la palabra de Dios.

Lo que quiero decir es que nosotros como predicadores, y el pueblo al cual servimos como pastores, vivimos *en ese marco referencial* del relato total de la Biblia. *Somos partícipes de la Etapa 5 del drama de la Biblia*, que comenzó el día de Pentecostés y continuará hasta el regreso de Cristo. Nuestra predicación debe apuntar a equipar a nuestros oyentes para que se involucren de nuevo en el mundo como pueblo de Dios. Ésa es su misión. Eso es lo que Dios los ha llamado a ser y a hacer. *Nuestra* misión como predicadores es fortalecerlos en ese papel y para esa tarea. Nosotros los cristianos somos el pueblo que se define y perfila por lo que Dios hizo en la Etapa 4, y vivimos en este mundo en anticipación a la Etapa 6. Ésa es la historia en la que estamos viviendo, como cristianos en general y como predicadores de la Biblia en particular.

Cuando pensamos de nosotros como partícipes en el drama entero de la Biblia podemos, en consecuencia, recordar que al predicar desde el Antiguo Testamento no estamos tratando con una colección de historias antiguas, viejas canciones y profecías del Israel de antaño, remotas y distantes de nosotros. No. El Antiguo Testamento es la Etapa 3 de un mismo y extenso drama en el cual nosotros mismos estamos viviendo. Ellos, el Israel antiguo, vivieron en la Etapa 3. Nosotros, en la Etapa 5. Sin embargo, todos juntos vivimos la misma gran historia bíblica. La historia *de ellos* es parte de la historia *nuestra*. Todos *juntos* somos el pueblo de Dios. Lo que nos conecta a ellos, y ellos a nosotros, es la Etapa 4, los eventos del evangelio. Ése fue el cumplimiento de su parte en la historia y la plataforma de lanzamiento de la nuestra en ella.

El Antiguo Testamento también contiene, desde luego, las Etapas 1 y 2, la creación y la caída. Aunque constituyen momentos definitivos en el gran drama general, también definen "dónde estamos ahora". Todavía vivimos en la creación de Dios como mayordomos responsables de los recursos del mundo de Dios. La raza humana entera todavía vive en rebelión pecaminosa contra Él. Así, entonces, nuestra predicación debe también explicar esas realidades y sus implicaciones. En particular, necesita mostrar constantemente cómo las realidades del pecado y de la maldad (en el mundo desde la Etapa 2) nos empujan a ver nuestra necesidad de la solución de Dios al problema fundamental (en el evangelio en la Etapa 4). En el siguiente capítulo estudiaremos en detalle cómo nuestra predicación del Antiguo Testamento debe llevar la gente a Cristo, de maneras diferentes, pero esencialmente porque es allá a donde el Antiguo Testamento nos lleva.

Para resumir este capítulo, me permito recalcar lo que hemos visto:

➤ Comparamos el Antiguo Testamento con un viaje que no sólo tiene un destino por alcanzar, sino también un propósito que cumplir. Jesús es el destino, y cumple el propósito que Dios declaró en el Antiguo Testamento. Esto es, el Antiguo Testamento cuenta la historia de Israel que Jesús completa, y declara la promesa de Dios a Israel que Jesús cumple.

➤ Posteriormente, vimos que el Antiguo Testamento en sí mismo es parte de todo un drama bíblico. Esa "historia englobante de la Biblia" tiene el relato del evangelio de Jesús como su centro, y concluye con el regreso de Cristo y la nueva creación. Necesitamos predicar de tal manera que la gente no sólo llegue a entender el relato general de la Biblia, sino que también vea su propio lugar en ese drama y a la luz de él.

Preguntas y ejercicios

1. *¿Cómo le explicaría a alguien que el Antiguo Testamento no está lleno solamente de* **predicciones** *acerca de Jesús, sino que, más bien, declara la* **promesa** *de Dios que Jesús cumple?*

____

____

____

____

____

____

2. *Discuta la idea de la Biblia en tanto drama en seis actos o etapas. ¿Qué tan útil encuentra esa estructura (y los símbolos que la ilustran) para explicar "todo aquello en lo que la Biblia consiste", en primer lugar, a un nuevo creyente, y, en segundo término, a alguien que no es un creyente todavía pero que está interesado en la fe cristiana?*

____

____

____

____

____

____

3. *Prepare un sermón, o una serie de seis sermones, para ilustrar cada etapa del Drama de la Biblia en Seis Actos. Escoja cuidadosamente textos clave que le permitan resumir cada una de esas seis etapas.*

____

____

____

____

____

____

Capítulo 3

Entendiendo a Jesús a través del Antiguo Testamento

En el capítulo 2 comparamos el Antiguo Testamento con un viaje que conduce a Cristo. Cada vez que leemos o preparamos nuestra prédica desde el Antiguo Testamento, pensamos y nos orientamos en la dirección del viaje preguntándonos hacia dónde nos puede llevar toda esa caminata. Mas, cuando arribamos a nuestro destino, ¿entonces qué? Cuando llegamos al evangelio y allí nos encontramos con Cristo, ¿podemos entonces olvidarnos del viaje y botar el boleto usado? ¿Podemos ya ignorar el Antiguo Testamento a partir de ese punto, ahora que hemos llegado a conocer a Cristo? Desde luego que no, si seguimos el ejemplo que Él nos dejó, y el de los cuatro hombres que nos dieron, cada uno, su respectivo relato de los evangelios: Mateo, Marcos, Lucas y Juan. Para Jesús y sus seguidores (incluido Pablo), *el Antiguo Testamento era esencial* para entender la identidad de Jesús y su misión, esto es, quién era y qué fue lo que vino a hacer.

Nuestro punto principal en este capítulo es enfatizar una razón de suprema importancia por la cual hemos de predicar desde el Antiguo Testamento, a saber: la gente necesita conocerlo para entender a Jesús, así como Él se vio a sí mismo, y como lo explicaron sus primeros seguidores.[3]

1. ¿Quién creía Jesús que era Él?

Jesús despertaba toda clase de preguntas en la mente de la gente a su alrededor. Una vez, tras haber calmado la tempestad que estuvo a punto

---

[3] Para una discusión más detallada sobre la comprensión que Jesús tenía de sí mismo, ver mi libro *Conociendo a Jesús a través del Antiguo Testamento: redescubriendo las raíces de nuestra fe.* Barcelona: Publicaciones Andamio, 1996.

de hundir su barco, los discípulos estaban tan atónitos que se preguntaban unos a otros sin rodeos: *¿Quién es éste, que hasta el viento y el mar le obedecen?* (Mr 4.41).

Ésa era la pregunta correcta. *¿Quién es este hombre?*

A Jesús le interesaba lo que *otras personas* pudieran responder, y por eso preguntó a sus discípulos: *¿Quién dice la gente que es el Hijo del hombre?* (Mt 16.13). Aparentemente algunos pensaban que Él era Juan el Bautista, quien había regresado a la vida luego de haber sido asesinado por Herodes. Pero mucho más se remontaban al pasado, a las Escrituras. Jesús les recordaba a Elías, o a Jeremías, o a alguno de los profetas. En cierto sentido, estaban en lo correcto, por supuesto. Jesús era, en verdad, un profeta que hablaba la palabra de Dios al pueblo. Había en Él un poder de sanidad como en Elías. El suyo era un mensaje que le acarreó sufrimiento y rechazo, como el de Jeremías. Cuando la gente de a su alrededor buscó encontrarle sentido a su persona, su misión y su mensaje, recurrieron a las Escrituras, al Antiguo Testamento, en busca de respuestas.

Jesús estuvo aún más interesado en cómo *sus discípulos* responderían, así que les pregunto: *Y ustedes, ¿quién dicen que soy yo?* (16.15). Pedro, entonces, respondió: *Tú eres el Cristo* [...], lo cual significa, el "Ungido de Dios" para llevar a cabo sus propósitos: el que había de venir en cumplimiento de muchas de las profecías del Antiguo Testamento. Jesús estuvo de acuerdo con la respuesta de Pedro y dijo que Dios se la había revelado (v. 17). Sabía que era, en verdad, el ungido. Sin embargo, no quiso que sus discípulos salieran de allí a proclamarlo en ese momento (v. 20). ¿Por qué no? Parece que muchos tenían la idea de que el Mesías, cuando viniera, conduciría al pueblo en una gran victoria militar sobre sus enemigos. Eso no era parte del plan de Jesús de ninguna manera. Para Él, su tarea mesiánica se definía en términos muy diferentes, los cuales no resultaron muy atractivos para Pedro (vv. 21–28).

¿Cómo fue que *Dios el Padre* respondió esa pregunta? Mateo, Marcos y Lucas, todos ellos, narran el bautismo de Jesús. Fue un momento maravilloso en el que participó toda la Trinidad. Allí estaba Dios el Hijo, que salía de las aguas del rio Jordán. Se encontraba también Dios el Espíritu, que descendía en la forma de una paloma. Se hallaba igualmente Dios el Padre, quien hablaba desde el cielo. ¿Cómo describe esa voz a Jesús? No lo hizo en lenguaje novedoso y fresco que no se hubiera escuchado antes.

No. Incluso Dios apeló a las Escrituras: *Éste es mi Hijo amado; estoy muy complacido con Él* (Mt 3.16–17). Los ecos de al menos dos, posiblemente tres, textos del Antiguo Testamento repercuten en esas palabras.

> **Isaías 42.1:** *Éste es mi siervo, a quien sostengo, mi escogido, en quien me deleito.* El Siervo del Señor en Isaías sería el que conduciría a Israel de regreso a Dios y llevaría la salvación de Dios hasta lo último de la tierra. Con él, Dios identifica a Jesús, su Siervo/Hijo. Isaías pasa luego a describir cómo el Siervo habría de sufrir y morir en cumplimiento de la voluntad de Dios (Is 53).

> **Salmo 2.7:** *Tú eres mi hijo, […] hoy mismo te he engendrado.* Éstas fueron las palabras con las que Dios se dirigió al rey David y sus descendientes que reinaron después de él. Durante el tiempo de Jesús no había un rey del linaje de David en el trono en Jerusalén. Así que, entonces, las palabras de este salmo se entendieron como aplicables al Mesías, el futuro hijo de David, quien sería su verdadero rey. Dios identifica a Jesús como aquel "gran hijo del gran David".

> **Génesis 22.2:** *Toma a tu hijo, el único que tienes y al que tanto amas, […] ofrécelo como holocausto.* Posiblemente las palabras de Dios el Padre en el bautismo de Jesús rememoran esas instrucciones de Dios a Abraham. Jesús era, ciertamente, el "único hijo", que el Padre estaba dispuesto a sacrificar por los pecados del mundo.

¿Quién era, entonces, este hombre que salía del Jordán tras ser bautizado por Juan? De acuerdo con su propio Padre, era el Siervo de Dios y el Hijo de Dios. Llevaría a cabo la misión de Dios y reinaría, no sólo sobre Israel, sino también sobre las naciones de la tierra (Sal 2.8). Pero, primero, tendría que sufrir el rechazo y la muerte. Todo ese panorama es descrito en los términos ofrecidos por el Antiguo Testamento. La Biblia de Jesús es la que explica la identidad de Jesús.

¿Cómo fue que *Cristo mismo* respondió esa pregunta? Como ya hemos visto, aceptó el título de "Mesías/Cristo", pero optó por no publicitarlo demasiado, ya que la gente tenía preconcepciones equivocadas acerca de su significado. Su fórmula preferida para referirse a sí mismo fue la del "Hijo del Hombre". ¿De dónde tomó ese término y cuál es su significado? Algunos creen que no es más que un título que puede alternarse con el de "Hijo de Dios"; esto es, se cree que los dos términos —Hijo de Dios e Hijo de Hombre— indicaban que Jesús era divino y humano. A veces las palabras "Hijo de Hombre" significan, en realidad, "un ser humano," pero en otras instancias su significado es mucho más complejo.

En una de sus visiones, el profeta Daniel (Dn 7) vio unas bestias que salían del mar. Esos monstruos simbolizaban la maldad rampante de varios imperios que habrían de venir en el futuro. Pero Daniel también vio a Dios sentado en su trono, soberano sobre todas esas bestias. Luego Daniel vio otra figura:

> …vi que alguien con aspecto humano venía entre las nubes del cielo. Se acercó al venerable Anciano y fue llevado a su presencia, y se le dio autoridad, poder y majestad. ¡Todos los pueblos, naciones y lenguas lo adoraron! ¡Su dominio es un dominio eterno, que no pasará, y su reino jamás será destruido! *(Dn 7.13–14).*

Este "hijo de hombre" es una figura exaltada que comparte el mismo reinado de Dios. No es de sorprender que cuando Jesús, durante el juicio en contra suya, afirmó ser el Hijo de Hombre descrito por Daniel, los jefes de los sacerdotes inmediatamente lo acusaran de blasfemia (Mr 14.62–63). El asunto es que tanto Jesús como sus jueces entendían el significado del título "Hijo de Hombre" a partir de las Escrituras del Antiguo Testamento. De manera que si queremos entender lo que Cristo creía que era Él, necesitamos conocer los textos de las Escrituras a los que apeló para explicarse a sí mismo.

¿Jesús realmente creía que era Dios? En verdad, no se puso de pie y proclamó, "¡Hola a todos! Yo soy Dios". Un gesto de esos habría conducido a una lapidación inmediata. Sin embargo, se acercó demasiado a esa postura cuando echó mano del gran nombre de Dios revelado en Éxodo (*Yo soy el que soy*), y les dijo a los líderes judíos: *Ciertamente les aseguro que, antes de que Abraham naciera, ¡yo soy!* Ellos, sin duda alguna, procuraron apedrearlo por blasfemia (Jn 8.58–59). Fue un momento bastante extraño. Sin embargo, lo que Jesús hacía con frecuencia era decir y hacer lo que el Antiguo Testamento había dicho o prometido acerca de Dios, y luego dejaba que la gente sacara sus propias conclusiones. Por ejemplo:

➢ Dios había dicho que enviaría a Elías antes que Dios mismo viniera a su pueblo (Mal 3.1; 4.5). Jesús dijo que Juan el Bautista era ese Elías que había sido enviado para preparar el camino del Señor. Y si Juan era Elías, y Jesús había venido después de Juan, entonces ¿quién era Jesús (Mt 11.11–15; 17.10–13)?

➤ Dios había prometido que cuando viniera, los ciegos recobrarían su vista, los sordos oirían, los cojos caminarían, etcétera (Is 35.4–6). Cuando los discípulos de Juan le preguntaron a Jesús si Él era el que habría de venir, les respondió: "Miren alrededor. ¿Qué está ocurriendo? ¿Quién es el que está aquí?" (Mt 11.1–6).

➤ Jesús les dijo a algunas personas que sus pecados eran perdonados. Con toda justicia la gente se preguntaba: "¿Quién puede perdonar pecados sino solamente Dios?" (Mt 9.1–7; Lc 7.36–50). ¿Quién, entonces, estaba Jesús pretendiendo ser?

➤ Jesús dijo que Él expulsaba demonios "por el dedo de Dios", como evidencia de que el reino de Dios había venido a morar entre el pueblo, en la persona y acciones de Jesús (Mt 12.28; Lc 11.20).

➤ Después de su resurrección, dijo: *Se me ha dado toda autoridad en el cielo y en la tierra* (Mt 28.18). En esas palabras el Antiguo Testamento habla de YHWH, el Señor Dios de Israel (Dt 4.39), pero Jesús tranquilamente se las atribuyó a sí mismo.

Así podríamos seguir por un rato más largo. ¿Quién era Jesús? Piense en todas las palabras o títulos que quiera. Señor, Cristo/Mesías, Salvador, Redentor, Rey, Profeta, gran Sumo Sacerdote, Hijo de Dios, Hijo de Hombre, Hijo de David, Cordero de Dios, Buen Pastor, Príncipe de Paz, Emanuel… todos esos títulos y muchos más provienen del Antiguo Testamento. No son frases huecas a la usanza de los títulos rimbombantes que algunos reyes y presidentes pretenciosos hoy en día gustan de atribuirse ellos mismos. Esas distinciones describen aspectos esenciales de lo que Jesús hizo y aún hace. De manera que si queremos entender y explicar a Cristo a partir de esas palabras, necesitamos conocer cómo las usa el Antiguo Testamento.

2. ¿Qué fue lo que Jesús vino a hacer?

¿Vino Jesús a inaugurar una nueva religión? Eso es lo que mucha gente cree, ¿no es así? Pregunta: ¿Quien fundó el cristianismo? Respuesta: Jesús. Pareciera como si Él hubiera venido un día y hubiese dicho: "Oigan, amigos, ya hemos tenido este judaísmo por mucho tiempo y parece que nos falló a todos. Aquí vengo con la idea de una nueva religión que se me ha ocurrido. Síganme y conviértanse en cristianos".[4] Por supuesto, no hizo eso. En verdad, a los que llegaron a *pensar* que había venido a abolir la Ley y los Profetas (el fundamento escritural de la fe de Israel), les dijo: "¡No piensen tal cosa! Yo no he venido a abolirlas, sino a cumplirlas".

¿Recuerdan el capítulo 2, "La historia y la promesa"?, Jesús conocía la historia de la que formaba parte, la gran historia de Israel en las Escrituras del Antiguo Testamento, y las promesas de Dios allí contenidas. Era consciente de que había venido a cumplir esa promesa y a llevar a feliz término, por amor al mundo, lo que Dios había prometido hacer a través de Israel. Vino a finalizar la historia que el Antiguo Testamento había comenzado.

Regresen a esos símbolos de la historia de la Biblia mencionados en el capítulo 2. La parte del Antiguo Testamento en la historia (Etapas 1–3 de todo el drama de la Biblia) puede expresarse de la siguiente manera en su forma más simple:

➢ Dios creó un mundo bueno y a los seres humanos a su propia imagen para que lo amaran y lo adoraran, para que se gozaran de la creación y la cuidaran, y para amarse y servirse unos a otros.

➢ Nosotros nos rebelamos y desobedecimos a Dios, con lo que acarreamos juicio y nuestra propia muerte, le dimos paso a divisiones y conflictos entre las naciones y mancillamos la creación.

➢ Dios llamó a Abraham y prometió convertir la maldición en bendición para todas las naciones, a través de su descendencia, esto es, el pueblo de Israel.

➢ Puesto que Israel fue una nación de pecadores como el resto de la humanidad, aquellos que habrían de ser portadores del remedio provisto por Dios también llevaban consigo la enfermedad. La nación israelita demostró estar tan necesitada de la salvación como el resto de las naciones.

---

[4] Jesús nunca utilizó las palabras "cristiano" o "cristianismo". Estas palabras fueron inventadas posteriormente. *Christianoi* (que significa 'Gente que no hace más que hablar de Cristo') fue inicialmente un apodo que recibieron los seguidores de Jesús en Antioquía, en Siria. La palabra "cristiano" aparece únicamente tres veces en el Nuevo Testamento. El término preferido es "discípulos", es decir, 'seguidores de Jesús', que aparece más de doscientas veces.

➤ Sin embargo, la promesa de Dios se mantuvo firme. El Antiguo Testamento apunta a Aquel que habría de cumplir la misión de Israel, el que habría de llevar sobre sí los pecados de Israel y del mundo, y habría de llevar la buena noticia de la salvación de Dios hasta los últimos rincones de la tierra. Eso fue lo que Jesús vino a hacer.

Jesús vino, como el Mesías de Israel, a cumplir la misión de Israel, y a hacer realidad la promesa de Dios por amor a todas las naciones. Anunció la noticia agradable de que el reinado de Dios había comenzado. A esa iniciativa Jesús la llamó "la buena nueva (evangelio) del reino". Jesús, el Rey, llamó al pueblo al arrepentimiento y a que creyeran en la noticia buena del reino de Dios, y a que confiaran en Él y lo siguieran.

La gente, a partir de los Salmos y los profetas, sabía en qué consistía el reino de Dios. Esperaban con ansias el advenimiento de Dios y el inicio de su reinado sobre la tierra. Así concebían el tiempo futuro que había de venir. Se imaginaban toda una era mesiánica. Tanto Juan el Bautista como Jesús anunciaron que esas esperanzas tan largamente abrigadas al fin se iban a realizar. "¡El tiempo se ha cumplido! ¡El reino de Dios está cerca!". Eso quería decir que *Dios había llegado* en la persona misma de Jesús. Dios estaba *poniendo las cosas en su justo lugar* en medio de un mundo en desorden. Estaba *venciendo el poder de Satanás*, tal como Jesús lo demostraba en sus milagros. Dios *traía salvación* al mundo a través de Jesús (cuyo nombre, como el de Josué, significa 'El Señor es salvación').

Pero Dios se ocupaba en hacer todas esas cosas *no* de la manera como la gente lo esperaba. Su reinado *no* se iba a establecer por medio del poderío militar, al contrario de aquellos que buscaban expulsar a los romanos. El reino de Dios *tampoco* se iba a establecer forzando a cada persona a que fuera "buena", como querían los fariseos, quienes eran "buenos" en sus propios términos. Los métodos de Dios eran los métodos de Jesús. Para decirlo de otra manera, el método de Jesús era el método de Dios para traer la bendición y salvación del reinado de Dios. Eso fue lo que Jesús vino a conseguir.

Jesús vivió una vida de obediencia fiel a Dios (al contrario de Israel, que se había rebelado y desobedecido). Al igual que Israel, Jesús "fue probado en el desierto" (cuarenta días y cuarenta noches), mas, a diferencia de ese pueblo, optó por confiar y obedecer a su Padre Dios. Y fue obediente hasta la muerte. Cuando Jesús murió en la cruz, Dios estaba cargando sobre sí mismo, en la persona de su Hijo, el juicio y las consecuencias del pecado, no solamente el de Israel sino también el del mundo entero. A través de la cruz y la resurrección, Cristo ganó la victoria sobre el pecado, sobre Satanás y sobre todos los poderes del mal. Ésa es la razón por la cual exclamó: *¡Consumado es!*, es decir: "¡Lo he logrado!".

Luego, después de su resurrección, Jesús les dijo a sus discípulos que el camino estaba ahora abierto para que fueran y predicaran el arrepentimiento y el perdón de pecados *en su nombre* a todas las naciones, porque, dijo, "Así está escrito". Lo que quiso decir al usar esa expresión fue que las Escrituras del Antiguo Testamento habían "programado" no sólo lo que Él logró en su vida terrenal como Mesías a través de su muerte y resurrección, sino también lo que iría a seguir haciendo a través de la misión de la iglesia (Lc 24.45–47; Hch 1.1). Así, entonces, Jesús nos dice que debemos leer y entender las Escrituras del Antiguo Testamento (tal como les enseñó a sus discípulos), tanto en lo tocante al *Mesías* como en relación con la *misión*, que es lo que se nos ha encomendado hacer hasta lo último de la tierra.

3. ¿Es tu evangelio lo suficientemente grande?

Como puede ver, necesitamos el Antiguo Testamento no sólo para entender quién era Jesús (tal como se entendió a sí mismo), sino también para entender cabalmente lo que logró cumplir. Necesitamos, especialmente, evitar la reducción de todo el mensaje de la Biblia a los mínimos puramente individualistas.

Es muy fácil reducir la Biblia a asuntos como:

- ➢ Sé que soy pecador.
- ➢ Pero creo que Jesús llevó mis pecados.
- ➢ De manera que puedo ser perdonado e ir al cielo cuando yo muera.

Para ese tipo de mensaje, usted no necesita el Antiguo Testamento en sentido alguno, aparte, quizás, de la historia de la caída y algunos versos sobre el pecado. No necesita tampoco la mayor parte del Nuevo Testamento. Todo lo que requiere es solamente la historia de la muerte de Jesús y algunos versículos de Pablo que la explican. Es posible que ésta sea la razón por la cual algunos pastores predican únicamente esos pocos versos. Quizás nunca han capturado el panorama mayor, la historia completa. Por ello, rara vez predican el resto de la Biblia.

Desde luego, esos tres puntos ya mencionados siguen siendo válidos, gracias a Dios, y yo también creo en esas afirmaciones. Pero la Biblia nos ofrece un relato mucho más amplio. El pecado no es solamente personal: tampoco lo es la salvación. La Biblia nos narra la historia del gran proyecto de Dios consistente en la restauración de toda la creación a través de Cristo, la sanidad de las divisiones entre las naciones, la salvación en todos los niveles en los que la raza humana ha experimentado carencias y pérdidas. Ésa es la "gran historia" de salvación en la Biblia. De esta manera el apóstol Pablo entendió la salvación: que era para toda la creación, para toda la iglesia y para los creyentes a nivel individual (Col 1.15–23, siguiendo el orden en el cual él explica las cosas).

Dicho de otro modo, ¿cuál fue el problema que Dios resolvió a través de la muerte y la resurrección de Jesucristo? Algunos hablan (y predican y cantan) como si el *único* problema fuera "yo y mi pecado". Ése es un problema, desde luego. Sin Cristo, me espera la condena como pecador, sin esperanza ni futuro eterno alguno con Dios. Por Cristo y su muerte en mi lugar, yo puedo, en verdad, saber que Dios me perdona y que tengo la seguridad de la salvación eterna. ¡Qué buena noticia! Yo la creo. Pero si eso es lo *único* que creemos y decimos en relación con el evangelio, hacemos de esa buena noticia un asunto centrado en nosotros mismos. Todo giraría en torno de mí, mi pecado y mi salvación. Tal lectura empobrece el evangelio y lo hace más estrecho de lo que la Biblia es. Es sumamente extraño y erróneo concebir un evangelio centrado en nosotros mismos si se tiene en cuenta que el gran plan de Dios es para toda la creación.

Cuando volvemos a la historia bíblica desde su inicio, ¿qué encontramos? Piense nuevamente en las seis etapas del gran drama de la Biblia. Ésta comienza con la creación. La vida humana se vive en la tierra en la que Dios la puso y depende de ella (Etapa 1). Cuando Adán y Eva desobedecieron a Dios (Etapa 2), las consecuencias afectaron no sólo las relaciones humanas individuales con Dios (como si el único problema fuera que Adán y Eva eran pecadores individuales que necesitaban ser perdonados). La creación misma sufrió. "Maldita será la tierra por causa tuya" (Gn 3.17). *Toda la creación* fue afectada por la maldad y el pecado, tal como Pablo lo asegura (Ro 8.18–22). La historia continúa y nos muestra cómo el pecado corrompió *toda relación humana en la sociedad:*

matrimonio, entre hermanos, en la sociedad en general y a través de las generaciones en la historia. Finalmente, el pecado humano y la arrogancia dieron como resultado que *las naciones se dividieran y se diseminaran por la tierra* (Gn 11).

Así, entonces, a la luz de Génesis 3–11 en conjunto, el problema al que Dios se enfrentó no fue solamente el de pecadores individuales en necesidad de salvación del juicio y de la muerte, sino también el de las familias de la humanidad entera, las sociedades, las naciones ahora divididas y en conflictos unas contra otras, y que la tierra misma estaba sufriendo los efectos del pecado y de la maldad. Debido a *todo* ello, estamos abocados al juicio final de Dios. ¡En realidad es un problema inmenso! Por esa razón, tenemos en nuestro haber un evangelio inmenso.

¿Dónde *comienza* el evangelio? Yo solía hacer esta pregunta en las clases que enseñé en la India, y siempre alguien respondía: "En Mateo". Mi réplica solía ser: "¡Respuesta incorrecta! ¡El evangelio empieza en Génesis!". Eso es lo que Pablo dice. Revise Gálatas 3.8. Es cierto. El gran evangelio de Dios arranca en Génesis 12, al comienzo de la Etapa 3 de la narración bíblica. Todo comenzó cuando Dios llamó a Abraham y prometió bendecir, no sólo a él personalmente, sino también a todas las familias/naciones de la tierra. Ésa es la buena noticia del evangelio bíblico. Y nosotros necesitamos el Antiguo Testamento para prepararnos para recibirla. Así podemos ver luego la progresión realmente gloriosa, cósmica y envolvente de lo que Dios conquistó a través de la muerte y la resurrección de Jesucristo.

¿Dónde *concluye* el evangelio (si es que podemos usar ese lenguaje)? El gran drama de la Biblia nos lleva directo a la Etapa 6, donde la buena noticia de la gran salvación de Dios alcanza su final triunfante, la misión llevada a feliz término. Si usted lee Apocalipsis 21–22 podrá oír los ecos de Génesis 3–11. La solución definitiva de Dios corre, en diversos puntos, paralela al problema original.

Piense en los resultados terribles del pecado ya descritos en Génesis 3–11 (Etapa 2). Piense luego en el cuadro portentoso de la vida en la nueva creación (Etapa 6).

Toda la historia bíblica de la salvación, es decir, la historia de redención que atraviesa las Etapas 3 (la promesa del Antiguo Testamento), 4 (el evangelio) y la 5 (la misión de la iglesia), cubre la distancia entre la gran rebelión (Etapa 2) y la gran restauración (Etapa 6). Cuando capturamos el cuadro completo ya no podemos pensar que "el evangelio" es únicamente la respuesta a mi problema individual de pecado y que me garantiza "un pasaje seguro al cielo". Al contrario, podemos ver, entonces, que "mi salvación personal," preciosa y todo lo que usted quiera, encaja en un plan de Dios mucho mayor que incluye la sanidad de las naciones y la reconciliación de toda la creación con Dios.

Los resultados del pecado	La nueva creación
La tierra fue maldita.	Ya no hay más condenación.
Vivimos bajo sentencia de muerte debido al pecado.	Ya no hay más muerte.
Fuimos expulsados de la presencia de Dios.	Dios viene a morar con nosotros en un nuevo cielo y una nueva tierra, todos juntos en "la ciudad de Dios".
Se nos negó el acceso al árbol de la vida.	El árbol de la vida florece a las orillas del río de la vida en "la ciudad jardín".
La vida humana se llenó de violencia, sufrimiento y lágrimas.	Ya no hay más lágrimas, lamentos, llanto ni dolor porque ya no hay pecado, inmoralidad, engaño ni opresión.
Las naciones se dividen en confusión, luchas y conflicto.	Los pueblos de cada tribu, nación y lengua se unen en alabanza a Dios. "Las hojas del árbol son para la sanidad de las naciones" (esto es, no solamente los individuos gozan de vida eterna, sino que se reconcilian las culturas humanas y las naciones).

Eso es lo que Cristo vino a hacer. Eso fue lo que conquistó mediante su muerte y resurrección. Eso es lo que fue incluido en sus palabras triunfantes en la cruz, "¡Consumado es!", que significa "Todo se ha logrado". ¿En qué consistió ese logro? Precisamente en todo lo que Dios había prometido en las Escrituras del Antiguo Testamento.

Permítame hacerle una pregunta: ¿Usted predica el evangelio? Espero que su respuesta inmediata sea "sí". Entonces, a la luz de lo que ha leído, ¿predica todo el evangelio a partir de todo aquello que la Biblia incluye en sus "buenas noticias"? O, por el contrario, ¿ha reducido el evangelio al mensaje de una salvación individual? Si es honesto como para admitir que posiblemente esto último es lo que ha venido haciendo, primero que todo, usted forma parte de un grupo numeroso, ya que muchos predicadores hacen exactamente eso. Sin embargo, ¿qué tan dispuesto está para cambiar? ¿Estaría de acuerdo en que reducir el evangelio de esa manera le resta honra al Señor? Después de todo, lo que se hace es reducir el alcance y la importancia de todo lo que la Biblia nos dice que Jesús logró en la cruz y todo lo que anunció a través del poder de su resurrección. Estoy seguro de que todos queremos ser fieles a la Biblia y ansiamos predicar la verdad, pero lo triste es que lo que algunos llaman "el evangelio puro", es una versión mutilada que minimiza el mensaje glorioso de la Biblia.

Este capítulo lo comenzamos pensando en ese viaje, aquel similar al de los pastores que iban de Guayaquil a Quito. Cuando leamos el Antiguo Testamento, debemos mantenernos en la dirección del viaje emprendido. Todo el trayecto conduce a Jesús. Ésa es la razón por la que necesitamos el Antiguo Testamento para entender quién fue Jesús y que fue lo que vino a hacer, y lo que hizo para, en verdad, cumplir con los eventos del evangelio. Leamos el Antiguo Testamento con nuestro rostro orientado hacia Jesús. Espero que este capítulo lo haya ayudado a ver el impacto del Antiguo Testamento y su importancia para tener una comprensión de Jesús que sea bíblica y apropiada.

Pero cuando usted llegue a su destino puede mirar hacia atrás y contemplar el viaje emprendido. Cuando los pastores lleguen al seminario de predicación de Langham, en Quito, podrán entonces recordar todo el viaje realizado. ¡Espero que concluyan que todo ese esfuerzo valió la pena! Quizás trazaron el recorrido en un mapa y se fijaron en que cada punto en el camino se conectaba con otros en una línea constante hacia Quito. Se trató de un viaje cuyos puntos se interconectaban hasta alcanzar su destino. De igual manera sucede con el Antiguo Testamento.

Los pastores de nuestra historia quizás pusieron juntos los libros, las enseñanzas y las notas que recibieron en el seminario (y también la foto oficial, ¿por qué no?) y compararon luego todo ese material abundante con la carta de invitación que habían recibido tiempo atrás. La carta era una promesa de lo que sucedería cuando llegaran a Quito. Los pastores emprendieron su viaje con la confianza de que habría de cumplirse una promesa. Y así fue. Quiero pensar que el cumplimiento de la promesa (el seminario en Quito y todo lo que recibieron) fue mucho mejor que cualquier otra cosa que ellos pudieron haber imaginado durante el trayecto, de tal manera que siempre recordarán ese viaje a la luz de lo que sucedió al final del camino.

De la misma manera, el Nuevo Testamento evidencia la manera en que Jesús cumplió toda la promesa del Antiguo, mediante alternativas maravillosas y sorprendentes, que superaron todas las expectativas veterotestamentarias. La fe del pueblo se sustentaba en la promesa de Dios, y aun cuando muchos de ellos no alcanzaron a ver su cumplimiento, con todo Dios mantuvo su promesa. Tal es el mensaje de Hebreos 11. Nosotros podemos volver la vista atrás, al peregrinaje del Antiguo Testamento, a la luz de lo que sucedió a su final.

Eso significa que cuando leamos un texto del Antiguo Testamento, y preparemos nuestra predicación, necesitaremos tener en cuenta dos cosas. En primer lugar, imaginarnos que "estamos sentados en el texto", como los pastores en el minibús, en dirección hacia el destino de nuestro viaje, con un sentido de expectativa de hacia dónde nos puede llevar el trayecto: a Cristo. Pero, a la vez, necesitamos, mirar hacia atrás, al texto (el cual proviene de la Etapa 3), a la luz de lo que en realidad aconteció al final del viaje, esto es, a la luz de Cristo y toda la historia del evangelio en la Etapa 4. Nosotros leemos esos textos *como creyentes cristianos* y los predicamos a *creyentes cristianos*, todos juntos como habitantes de la Etapa 5. Debemos "conectar" los textos del Antiguo Testamento con Jesucristo, o, como suele decirse, debemos "predicar a Cristo desde el Antiguo Testamento".

Preguntas y ejercicios

1. *Discuta sus respuestas a la pregunta que formulé en el párrafo que empieza con la frase "Permítame hacerle una pregunta" (página 45). ¡Sea honesto! ¿Qué pasos debe dar para que su predicación del evangelio sea robustamente bíblica en su contenido?*

2. *Haga una lista de algunos de los nombres o títulos que comúnmente usamos para referirnos a Jesús. ¿De qué parte del Antiguo Testamento provienen? ¿Qué nos enseñan acerca de quién fue Jesús y qué fue lo que vino a hacer?*

____

____

____

____

____

____

____

____

____

____

3. *Prepare un sermón sobre el bautismo de Jesús con una atención especial en las palabras de Dios el Padre en Mateo 3.16–17. Muestre cómo Dios hace eco de las palabras de los textos del Antiguo Testamento y úselas para explicar quién fue Jesús realmente y qué fue lo que vino a hacer.*

____

____

____

____

____

____

____

Capítulo 4

Que no sea sólo Jesús

Anne Graham Lotz, hija de Billy Graham, es una evangelista y predicadora talentosa. Tras un periodo sumamente difícil en su vida, escribió un poema y un libro que lleva por título *Sólo dame Jesús*[5]. Es un poema magistral que describe a Jesús de diversas formas. Cada sección termina con esta frase, que se repite vez tras vez: "Sólo dame Jesús"[6]. Ella ha llevado a cabo numerosos seminarios y conferencias de avivamiento en torno a ese mismo tema. Su mensaje es, desde luego, que nuestro Señor Jesucristo es suficiente para todo lo que enfrentamos en la vida, en la muerte y más allá. Él es todo lo que necesitamos para nuestra salvación, y es la fuente de toda gracia, de toda bendición y de toda la fortaleza que viene de Dios para nosotros, para nuestra vida en esta tierra y en la nueva creación.

La de Graham Lotz es, entonces, una frase contundente que permite capturar la suficiencia de Cristo para todas nuestras necesidades personales y pastorales. Pero cuando se trata de la predicación desde el Antiguo Testamento, me temo que el lema no basta. El predicador no debe pensar que, cuando predica la Biblia, su congregación se sienta a escucharlo diciendo "Danos solamente a Jesús". La predicación desde al Antiguo Testamento no es sólo una predicación *sobre* Jesús, aunque en realidad se trata de una que, al final, conduce al pueblo *a* Jesús.

---

[5] Tal es la traducción oficial al español de *Just Give Me Jesus*, uno de los lemas de Graham Lotz. (Nota del traductor).

[6] El poema en su totalidad se encuentra en www.askeugene.wordpress.com/2010/11/24/give-me-Jesus/ Es importante enfatizar que el título del capítulo, "Que no sólo sea Jesús", se refiere únicamente a la predicación desde el Antiguo Testamento y no pretende ser, de ninguna manera, una crítica a Anne Graham Lotz y su ministerio.

Una vez recibí el afiche promocional de una conferencia en la que yo iba a participar como expositor. Mi tema era los fundamentos del Antiguo Testamento para la misión cristiana. En su punto culminante, el afiche proclamaba que "¡lo más grandioso del Antiguo Testamento es que se trata nada más que de Jesús!". Sus diseñadores buscaban transmitir entusiasmo, pero no es eso lo que yo habría escrito, pues, para decirlo en pocas palabras, ello no es realmente cierto.

Es posible que después de leer los dos capítulos anteriores usted pueda pensar lo mismo que anunciaba el afiche. He venido haciendo un gran énfasis en la necesidad que tenemos de entender el Antiguo Testamento a la luz de Cristo (y el Antiguo Testamento como un viaje que conduce a Jesús y que declara la promesa que fue cumplida por Él). Así que, a estas alturas, usted puede estar pensando: "¿El Antiguo Testamento? Por supuesto que no trata más que de Cristo".

Pero eso no es así; no directamente.

Lo que hemos venido discutiendo en los dos últimos capítulos no es que el Antiguo Testamento sea "nada más que Jesús", sino que es un viaje que lleva a Él. Todo el texto *apunta* a Cristo, y no es que sea "nada más que Cristo".

Recuerde nuevamente a los pastores en el minibús de Guayaquil a Quito. Sí, todo el viaje los llevaba en dirección a Quito. Sí, Quito era el destino para alcanzar. Sí, es muy probable que en todo el trayecto estuviesen pensando en y hablando de lo que les esperaba al llegar a Quito. Todo el asunto del viaje giraba en torno a esa ciudad, pero ello no significa que cada vez que contemplaban el paisaje no veían nada más que a Quito. No. Miraban las escenas propias de la ruta a ese lugar. Es posible que haya habido señales que anunciaban "Quito: 150 km", pero incluso en ese caso la señal del anuncio no era Quito, sino una indicación de que iban en la dirección correcta. Si hubiera habido con ellos un niño en el asiento trasero preguntando con insistencia: "¿Ya llegamos?", los adultos le habrían respondido: "¡Todavía no! Ten paciencia. Ya pronto llegaremos a Quito".

Estar en la ruta *hacia* Quito no es lo mismo que estar *en* Quito. De la misma manera, decir que el Antiguo Testamento *nos lleva* a Cristo, no es lo mismo que decir que el Antiguo Testamento *no es más que* Cristo.

¿Cómo podría esa perspectiva afectar nuestra predicación del Antiguo Testamento? Quiere decir eso que, después de todo, y a pesar de todo lo dicho en los dos últimos capítulos, ¿no podemos predicar acerca de Cristo desde el Antiguo Testamento? De ninguna manera. En el capítulo 5 voy a afirmar que sí podemos y, en verdad, debemos predicar a Cristo desde el Antiguo Testamento. Buscaré explicar que podemos hacerlo de una forma acertada y válida. Pero, primero que todo, necesitamos descartar algunos puntos, y esto es lo que haremos en el presente capítulo.

Infortunadamente, hay algunos predicadores que piensan que, sin importar el texto bíblico del cual estén predicando, tienen que forzar su mensaje para que sea acerca de Jesús. Para ellos, la *verdad* de toda la Biblia *se centra y se enfoca* en el Señor Jesucristo y testifica de Él de diversas maneras. De ahí han desprendido un método simplista de interpretación en el que cada uno de los versículos del Antiguo Testamento tiene que, de alguna manera, hablar "*acerca* de Jesús". Llegan incluso a empacar sus predicaciones en formulaciones persuasivas. Pero ese método tiene sus inconvenientes. Aquí se mencionan algunos de ellos. Forzar a cada texto del Antiguo Testamento a que consista nada más que en Jesús, puede producir los siguientes efectos negativos:

1. El peligro de ignorar el sentido original del texto

¿Cuál es la primera regla de la exégesis, lo primero que hemos de hacer al leer y entender cualquier texto de la Biblia? Debemos preguntar qué *significó* este texto en el tiempo en que fue escrito para la gente que lo escuchó o lo leyó inicialmente, qué era lo que el autor *estaba diciendo*, de qué era lo que hablaba cuando empleaba estos términos. En otras palabras, nos esforzamos por entender el texto en su propio contexto original *antes* de plantear cualquier otra pregunta o intentar alguna aplicación.[7]

Pero si aborda un texto del Antiguo Testamento asumiendo que "tiene que tratar acerca de Jesús", con mucha facilidad podría pasar por alto lo que su autor original quiso decir. De hecho, puede terminar por

---

[7] Si usted es parte del movimiento de predicación Langham en su país habrá aprendido esta regla desde el mismo comienzo. Es un principio básico que se trabaja en el Nivel 1. Pero no es algo que abandonamos y dejamos atrás cuando alcanzamos otros niveles. Ésta es *siempre* la primera regla que hemos de observar cada vez que estudiamos cualquier pasaje de la Biblia.

amordazar al autor original a fin de obligarlo a que diga lo que usted piensa que ese texto debe decir, pues todo debe centrarse en "hablar acerca de Jesús". ¡Eso no es algo muy positivo que se le puede hacer a la Biblia!

Una vez escuché a un expositor que predicaba sobre Amós 5.24: *¡Pero que fluya el derecho como las aguas, y la justicia como arroyo inagotable!* Luego de hablar por unos breves momentos sobre Amós, continuó diciendo: "La única justicia que podemos obtener es la justicia de Cristo". A partir de allí, mi predicador pasó a hablar de la justificación por la fe. Podría muy bien haber estado predicando a partir de Romanos. Todo lo que dijo, por supuesto, era cierto, ¡pero no tenía nada que ver con lo que Amós había dicho! Peor aún, su predicación *distorsionaba* el texto de la Escritura; silenciaba a Amós, quien había escrito en su texto sobre *hacer* justicia y terminar la explotación, la trampa, la opresión.

Ese predicador, por su preocupación en sacar a Jesús de, o meterlo a, ese texto, lo que consiguió fue ignorar su sentido original. Cuando Amós escribió esas palabras, *no* estaba hablando de Jesús, sino desafiando al pueblo de Israel a vivir de acuerdo con lo que Dios quería para ellos. Es posible predicar sobre este texto de *tal manera* que explique y aplique lo que Amós quiso decir *y, a la vez*, lo conecte a Cristo y al evangelio. En el próximo capítulo presentaré algunas sugerencias de cómo puede lograrse ese propósito adecuadamente. Pero "dar el salto hacia Jesús" justo al comienzo del sermón, no es la forma más apropiada.

2. El peligro de las interpretaciones fantasiosas

Tuve la oportunidad de participar en un círculo de estudio bíblico durante un tiempo en el que algunos de los participantes estaban obsesionados con la idea de que todos y cada uno de los pasajes del Antiguo Testamento tenían que, de alguna manera, referirse a Jesús directamente. La mayor parte del tiempo la invertían buscando la manera de demostrar que tal era el caso, y salían con cualquier clase de ideas extrañas. Uno de ellos observó que eran trece los Levitas que estaban de pie junto a Esdras cuando él leyó la ley en Nehemías 8, y concluyó que ese número tenía que representar los doce apóstoles originales de Jesús más Pablo. Esdras, entonces, se convirtió en Jesús que enseñaba al pueblo, y Nehemías 8, en un texto que se ocupaba de Él. Una vez que usted deja correr libremente su imaginación por esos senderos, cualquier cosa llega a ser "algo acerca de Jesús", de una manera u otra.

Ése es un modo irresponsable de tratar la Biblia. Si predicamos ese tipo de mensajes, todo lo que conseguiremos será reforzar la sospecha en las personas de que la Biblia es un libro que nunca podrán entender por ellas mismas. Pensarán que siempre necesitarán predicadores iluminados que puedan extraer de cualquier texto toda clase de significados "acerca de Jesús" que ellas nunca hubieran podido discernir por su cuenta. Pero la Biblia no consiste en esa clase de juegos. Ha visto los libros de ilustraciones de "¿Dónde está Javier?". Contienen complicados dibujos en los que, muy escondido en cada una de las escenas repletas de los más diversos personajes, se encuentra Javier (o Waldow o Wally, como se llama el personaje en otros países). La diversión consiste en tratar de encontrarlo. No es ése el tratamiento que hemos de darle al Antiguo Testamento, cual si fuera un juego ilustrado intitulado "¿Dónde está Jesús?".

Coincido con Dale Ralph Davis, a quien también le preocupan los efectos colaterales negativos que provienen de querer predicar de Cristo a partir de cualquier texto del Antiguo Testamento. Esto es lo que dice acerca de Jesús en Lucas 24.25–27, 44–47:

> Creo que Jesús está diciendo en su predicación que *todo* el Antiguo Testamento testifica del Mesías en su sufrimiento y en su gloria, pero no creo que Jesús esté diciendo que *todos y cada uno* de los textos y pasajes del Antiguo Testamento dan testimonio de Él. Jesús se refirió a las cosas que *en* la Ley de Moisés, en los salmos y en los profetas están escritas acerca de Él, pero no dijo que cada pasaje habla de Él (v. 44). Por lo tanto, yo no me siento obligado a hacer que cada pasaje del Antiguo Testamento apunte a Cristo en alguna forma porque yo no creo que ni el mismo Cristo lo haya exigido [...] [pero] sólo porque yo no crea que cada texto del Antiguo Testamento sea acerca de Cristo no significa que yo me oponga a que se predique a Cristo desde los textos del Antiguo Testamento si él, legítimamente, aparece allí expuesto [...]. Sin embargo, estoy convencido de que yo

no honro a Cristo forzándolo a que aparezca en textos en los que Él no está presente.[8]

3. El peligro de pasar por alto otras grandes enseñanzas de Dios

Lo que aquí estoy diciendo puede parecer un gran error. ¿Qué puede ser "más grande" que Jesús? Nada, por supuesto. Además, es cierto que nosotros podemos relacionar con Jesucristo todas las grandes cosas que Dios reveló y enseñó en el Antiguo Testamento. Por ejemplo, éste comienza (Historia de la Biblia, Etapa 1) con la creación. Ya sabemos por el Nuevo Testamento que todas las cosas en el cielo y en la tierra fueron creadas por Cristo y para Cristo (Jn 1.1–3; Col 1.15–20; Heb 1.3). Sí, pero cuando las Sagradas Escrituras hablan acerca de la creación (no solamente en Génesis 1–2, sino también en otros lugares, como Salmos 19, 33, 104; Jeremías 10; Job 28, 38–41), se refieren a la creación, no a Cristo Jesús. Tenemos mucho por aprender a partir de esos textos acerca de Dios, del universo, de la tierra y de nosotros mismos. Así que, aprendamos (y prediquemos) lo que el texto nos dice, no lo que leemos en esos textos a partir de lo que más tarde encontramos en la Biblia en textos posteriores.

Piense en todas las otras grandes enseñanzas que Dios revela en el Antiguo Testamento:

> Qué significa ser humano, hecho a la imagen de Dios.
> La realidad del pecado y las terribles consecuencias del mal.
> La ira de Dios contra la injusticia y la opresión.
> El amor de Dios y su fidelidad a sus promesas.
> La soberanía de Dios sobre todas las naciones y toda la historia.
> La adoración que Dios anhela que su pueblo le ofrezca.
> Lo que Dios quiere para la vida de su pueblo y sus relaciones los unos con los otros.
> El plan de Dios para restaurar la creación en su totalidad.

---

8 Dale Ralph Davis. *The Word Became Flesh: How To Preach From Old Testament Narrative Texts.* Fearn: Christian Focus, 2006, pp. 135–138.

Desde luego, podemos mostrar cómo cada uno de esos grandes temas terminan por conducirnos a Cristo (y sobre esto volveremos más tarde). Pero si leemos los textos mayores en los que Dios nos enseña acerca de *esas* cosas mientras pensamos: "Todo esto tiene que ser acerca de Jesús", perderemos de vista la riqueza y profundidad de lo que Dios en *realidad* está diciendo en esos textos originales. Además de arrojar un resultado triste, este procedimiento es igualmente trágico. Por esa vía, la gente se queda sin entender ni poder aplicar buena parte de lo que está en la Biblia. A decir verdad, esas lecturas distraen al pueblo y no les permiten escuchar lo que Dios quiere que ellos oigan desde esos textos, y eso es algo seriamente terrible para hacer tratándose de la Biblia.

Es posible que usted esté pensando en el apóstol Pablo, quien dijo: "Nosotros predicamos a Cristo crucificado", y cómo decidió "no conocer nada… excepto a Jesucristo y a Él crucificado" (1Co 1.23; 2.2). Algunos piensan que esto significa que Pablo predicaba únicamente acerca de Jesús y la cruz y nada más. Tal no fue el caso.

Primero que todo, observe el contexto de esos dos versículos. Pablo está contrastando su estilo de predicación del evangelio con el de la elocuencia elucubrante de los filósofos griegos. No llevó a los corintios unos argumentos deslumbrantes ni una retórica alambicada como ellos solían hablar, sino que les presentó la verdad histórica simple de Jesús con el poder del Espíritu Santo. En segundo lugar, Pablo mismo dice que él enseñó en sus iglesias mucho más que la historia de la crucifixión. Les recordó a los líderes de las congregaciones en Éfeso que durante sus años allí no dudó "en predicar todo aquello que fuera de provecho […] enseñándoles públicamente y de casa en casa", y que no dudó "en proclamarles todo el propósito de Dios" (Hch 20.20, 27). Esto es, la predicación de Pablo fue tanto *temática* (v. 20, apuntando a las necesidades y las preguntas de la iglesia) como *escritural* (v. 27, explicándoles todo "el propósito de Dios", lo que quiere decir: el plan y la voluntad de Dios revelados en las Escrituras, esto es, el Antiguo Testamento). Todo ello, desde luego, pudo *centrarse* en Cristo, pero sus contenidos no trataban "*acerca* de Jesús". Antes bien, pudo haber sido una rica enseñanza de todas las Escrituras, especialmente cuando interactuaba con los judíos. Pablo invirtió miles de horas durante sus dos años en Éfeso en sus exposiciones y debates cotidianos en la escuela de Tirano. ¡Los temas cubiertos tuvieron que haber sido mucho más que la crucifixión!

4. El peligro de limar la historia bíblica y desplazar la singularidad de la encarnación

Cuando hablamos de "Jesús en el Antiguo Testamento", el resultado puede ser que toda la Biblia termine ubicada, por así decirlo, en un mismo huso horario. Pareciera como si todo el mundo en el Antiguo Testamento estuviese viviendo en el mismo tiempo en que Jesús vivió y lo "conocieran", oraran a Él e incluso intimaran con Él de vez en cuando. Valga decir nuevamente que coincidimos en afirmar que Dios el Hijo, la Segunda Persona de la Trinidad, vive desde la eternidad y ha estado activo en el mundo desde antes de la creación. En ese sentido, el Dios a quien los santos del Antiguo Testamento adoraron fue el Dios que *nosotros* conocemos como el Padre, el Hijo y el Espíritu Santo. La persona divina que conocemos en Jesús de Nazaret en el Nuevo Testamento existió igualmente en los tiempos del Antiguo Testamento. A veces, de Él se habla como el "Cristo *preencarnado*", esto es, Dios el Hijo *antes* que tomara forma humana al ser concebido por el Espíritu Santo en el vientre de la virgen María.

Dios mismo, desde luego, es espíritu, invisible. No puede ser visto en un sentido físico en su esencia como Dios. Sin embargo, escogió tomar una apariencia humana en diferentes ocasiones en el Antiguo Testamento a fin de hablarle a su pueblo, como cuando se les apareció a Abraham, a Moisés y a otros. Algunos dicen que ésas fueron apariciones de la Segunda Persona de la Trinidad, Dios el Hijo, el "Cristo preencarnado", como ya lo mencioné. Ése podría ser el caso, pero no creo que debamos insistir en ello. La Biblia simplemente dice "Dios, el Señor, apareció". Dios hizo a los seres humanos a su imagen. Era perfectamente natural que tomara forma humana cuando quería entablar una conversación con alguien de manera directa.

Sin embargo, no podemos ignorar las maneras en las que la Biblia presenta la gran historia de la redención, y en tanto relato se mueve de un escenario al siguiente. Hay una diferencia crucial entre la Historia de la Biblia Etapa 3 y la Historia de la Biblia Etapa 4. Sólo en esta etapa Dios puso su pie en la historia humana en carne humana. Solamente en la Etapa 4 se *volvió* humano, desde la concepción, hasta la adultez, pasando por el nacimiento, la infancia, la niñez y la juventud. Y sólo *entonces*, en tanto hombre, asumió el nombre "Jesús". "Jesús" fue el nombre que le fue dado al hijo de María, Jesús de Nazaret. Debemos entender que algo nuevo y singular ocurrió en la encarnación, cuando Dios se hizo hombre, cuando la Palabra se hizo carne y habitó entre nosotros. Fue algo que *nunca antes había ocurrido*. Jesús no era simplemente otra de esas apariciones de Dios en forma humana que nos narra el Antiguo Testamento. Jesús no era "una aparición" en forma alguna, sino un ser humano real, físico, como usted y como yo.

Tal como los evangelios lo dejan en claro en sus capítulos iniciales, el nacimiento de Jesús en su vida terrenal fue el comienzo de la nueva era de la salvación provista por Dios. Esos eventos anunciaron la llegada del reino de Dios. Fueron el cumplimiento de todo lo que Dios había prometido en el Nuevo Testamento. Cuando José y María llamaron a su bebé "Jesús", dice Mateo, se cumplió la profecía de Emanuel. Dios, por fin, había venido a estar "con nosotros". Cuando Jesús nació, comenzó un nuevo mundo.

En realidad, no debemos usar el nombre "Jesús" antes de su nacimiento, ni hablar de Jesús en el Antiguo Testamento. Ése es el nombre del hombre Jesús, que nació en Belén, fue crucificado bajo Poncio Pilato, fue resucitado, ascendió a los cielos y ahora está sentado a la diestra de Dios como SEÑOR. "Jesús", en el sentido que le da el Nuevo Testamento, el hombre Jesús, simplemente no se hallaba en escena en los tiempos del Antiguo Testamento (aunque, desde luego, como ya lo dije, Dios el Hijo sí lo estaba). No debemos, entonces, leer ni predicar las Escrituras de la Historia de la Biblia Etapas 1–3 (el Antiguo Testamento) como si la Etapa 4 ya hubiera ocurrido, o como si los personajes de las etapas anteriores ya supieran todo lo que habría de acontecer en la Etapa 4 (aunque avizoraban esos tiempos confiando en las promesas de Dios).

5. El peligro de una predicación monotemática

Hubo un tiempo en una iglesia que conocí en el que todos los encargados del ministerio del púlpito asumieron la perspectiva de que el Antiguo Testamento no era otra cosa que un tratado "acerca de Jesús". Sus predicaciones eran excelentes, pero para mí (y para otros más en la iglesia), su lenguaje era siempre el mismo. Sin importar de donde proviniera el texto bíblico, el sermón era *predecible*. Siempre terminábamos oyendo, muy al comienzo del sermón, acerca de Jesús. Además, puesto que nuestros predicadores estaban muy comprometidos con la evangelización, todos los sermones terminaban llamando a la gente a la conversión y a la fe en Cristo. De hecho, hay quienes dicen que toda predicación tiene que ser evangelística y terminar con un "llamado al altar". Creo que debo manifestar mi desacuerdo en este punto, lo cual, pienso, también haría el apóstol Pablo, a juzgar por la descripción que él mismo hace de su propia predicación en Hechos 20.20, 27.

Le ruego que no me malentienda. Es obvio que creo en la importancia de la predicación evangelística, y en compartir con los demás acerca de Jesús e invitarlos a que pongan su fe en Él. Son muchos los textos en la Biblia que hacen exactamente eso, incluyendo los cuatros evangelios. Pero son muchos más los textos a lo largo de las Escrituras que *no* lo hacen. Si nuestra predicación pretende ser una instrucción al pueblo en lo tocante a lo que la Biblia dice, deberíamos hacer eso: *predicar lo que el texto de la Biblia dice*, y no lo que nosotros le forzamos decir mediante saltos abruptos a Jesús y a llamados a la conversión. En verdad, yo diría que la predicación fiel a la gran variedad de la enseñanza bíblica con el tiempo *llevará* a la gente a un mejor entendimiento de Cristo y lo que en realidad significa confiar en Él como Salvador y seguirlo como Señor. La gente verá a Jesús desde muchos ángulos y desde diferentes perspectivas, y vendrán a relacionarse con Él en la fascinante variedad de la enseñanza revelada de Dios tanto en el Antiguo como en el Nuevo Testamento.

Imagine por un momento que la Biblia es una casa enorme. Algunos predicadores siempre están parados en la puerta de entrada predicando acerca de Jesús (a partir de cualquier texto) e invitando a la gente a venir y admirar la puerta y entrar por ella a la salvación y la membresía de la iglesia. Ésa es una muy buena labor. Jesús mismo dijo: "Yo soy la puerta". Necesitamos predicar el evangelio en esos términos y llamar a la gente al arrepentimiento y a la fe. Pero la predicación evangelística no lo es todo. No debemos quedarnos parados en la puerta principal. ¿Por qué no invitamos a la gente a que entre y les mostramos el resto de la casa? ¡Hay tanto en la Biblia, tanta riqueza acerca de Dios, acerca de la vida, de lo que implica vivir con Jesús en el centro de la vida, del universo y mucho más!

¿Por qué no planear la predicación de tal manera que con el tiempo usted pueda, en toda fidelidad, predicar a través de diferentes partes de la Biblia y enseñar al pueblo lo que realmente se atesora allí? Es como ofrecer excursiones con guías turísticos por todo el resto de la casa de la Biblia. Así puede usted mostrarle a las personas todas las riquezas fascinantes que hay en cada habitación, de tal manera que anhelen regresar y quedarse a vivir allí. De esta manera, su predicación ganará en variedad, y a la vez quedará en claro que la única puerta de entrada a la casa es la de Cristo.

Preguntas y ejercicios

1. *Discuta cómo podría usted explicar la diferencia entre decir que el Nuevo Testamento apunta a Cristo, y afirmar que cada pasaje en el Antiguo Testamento "no es más que acerca de Jesús".*

2. *Piense en su propia predicación en los últimos años. Desde luego, es bueno, correcto y de importancia fundamental que conservemos nuestra mirada en Jesucristo como centro de nuestra predicación, pero ¿hay partes de la Biblia, o temas de enseñanza bíblica, que rara vez entran en su programa de predicación? Haga una lista de esos temas y reflexione (o discuta en su grupo) sobre cómo podría incorporarlas a su predicación futura, ¡sin olvidarse de Cristo!*

Capítulo 5

Conexión con Cristo

Regresemos a nuestros pastores en el minibús en la carretera de Guayaquil a Quito. La ruta atraviesa parajes escénicos. Son muchos los sitios en los que ellos quisieran detenerse para absorber la vista de las montañas y tomarse algunas fotos. Imagínese ahora a uno de esos pastores que, al regresar a casa luego de su participación en el seminario de Langham en Quito, le muestra esas fotos a la familia. ¿Qué piensa que haría a medida que vaya pasando una tras otra? Con toda seguridad, describirá cada una en detalle. Es posible que destaque en una foto la inmensa montaña y diga cómo se llama. O puede ser también que otra foto tomada en un restaurante en el que se detuvieron en el camino lo lleve a nombrar a cada uno de sus compañeros de viaje que aparecen allí. Quizás pase a la siguiente foto, que muestra un trecho del camino afectado por un derrumbe que los obligó a tomar un desvío. Lo que hará es hablar de lo que cada foto muestra, poniendo cada una en contexto. "Aquí paramos para almorzar", "Aquí tuvimos que regresar para buscar otra ruta", "Éste es mi amigo Ricardo cuando tuvo que bajarse del bus porque se estaba mareando". Cada imagen narra una historia, dice la gente.

Pero, de igual manera, también puede poner toda la colección de fotografías en un contexto más amplio. Todos iban *de viaje a Quito con el fin de participar en el seminario de predicación de Langham*. Por ello, bien podría decir: "Ésta es una foto de todos nosotros subiéndonos al minibús en la madrugada *para ir a Quito*". O también podría mostrar un impresionante paisaje desde lo alto de una montaña y decir: "Aquí estamos todos *mirando a Quito* a la distancia". Querrá *establecer vínculos* entre el contenido concreto de cada fotografía y el destino y el propósito del viaje que habían emprendido. Es posible que tenga una foto de una señal de tránsito apuntando hacia Quito. Las fotos corresponden al viaje y cada una tiene su contenido específico, pero están *conectadas* con lo que les espera al final del viaje. Esas fotos en particular pudieron tomarse porque el grupo de participantes estaban en el camino hacia Quito y no en otro lugar. Las fotografías, pues, *tienen un vínculo entre sí* (todas corresponden a un solo viaje), y *todas ellas están enlazadas al destino* (se trataba de un viaje a Quito para tomar parte de un seminario de predicación).

Lo que *no* haría el pastor de nuestra historia, sería señalar una de las fotos del viaje y decir: "Mira, éste es Quito". No podría hacer eso a menos que realmente ya estuviera en Quito y pudiera capturar en su cámara algunas escenas de la ciudad.

Piense nuevamente en el Antiguo Testamento. Hemos visto que se trata de un viaje que conduce a Cristo. Es un viaje rico en paisajes fascinantes. Imagine el contenido del Antiguo Testamento como si fuera un abultado álbum de fotos. Cuando usted escoge una de ellas (un texto en particular), ¿en qué consiste su primera tarea? Tiene que decir *lo que realmente aparece en ese texto*. Esto significa, tal como reza la primera regla de la buena exégesis, que usted observa lo que el texto realmente dijo (el contenido del texto) en su propio contexto. Aborda todo el trabajo de estudiar y entender el texto mismo. Cuando ya es la hora de predicar a partir de ese texto, ese trabajo inicial tiene que ser su punto de partida. Su sermón debe concentrarse en explicar y aplicar lo que el autor original escribió y quiso comunicar. Tiene que poner el texto en su propio contexto (su lugar en el transcurso del viaje) y equipar a la gente para que así lo entienda. Tal como vimos en el capítulo anterior, usted no puede "dar un salto abrupto hacia Jesús" e ignorar el punto principal del texto en cuestión. Eso sería semejante a si uno de los pastores mostrara una foto y dijera: "Esta foto fue tomada en nuestro viaje a Quito, déjenme ahora hablarles de Quito".

Sin embargo, puesto que todos esos textos están interconectados como parte de un gran viaje que nos lleva a Jesús, usted puede y debe hacer que su congregación entienda ese propósito *estableciendo vínculos* con Jesús y el evangelio del Nuevo Testamento. Hay diversas maneras en que eso es posible, lo cual miraremos en detalle más adelante. En este capítulo bastará con que se haga una lista de esas alternativas junto con unos comentarios sobre cada una. Cuando pasemos a la Parte 2 y trabajemos en la predicación a partir de los diversos géneros literarios en el Nuevo Testamento, podremos explicar algunas de ellas en mayor detalle e ilustrarlas con más ejemplos. Antes de mirar a algunos de los eslabones entre el Antiguo Testamento y Cristo, resaltemos algunos puntos importantes:

➤ El beneficio de establecer esos vínculos en su predicación consiste en que de esa manera su congregación puede, con regularidad, *ver la Biblia en conjunto por lo que es*: un gran relato-viaje, en el que el Antiguo Testamento conduce a Cristo, y el Nuevo Testamento nos lleva al retorno de Él y a la nueva creación. Sus oyentes podrán ver los puntos de contacto entre las diferentes partes y aprender a verse ellos mismos *dentro* de la narración bíblica, y empezarán, entonces, a leerla desde la perspectiva de la Etapa 5.

➤ Sin embargo, usted no puede convertir los eslabones en su sermón principal. Concéntrese en predicar lo que está en el texto, pero una vez llegado a un punto relevante, muestre cómo se conecta con Cristo y por qué eso es importante (lo que explicaremos más adelante).

➤ ¡No intente utilizar en cada uno de sus sermones cada clase de eslabón en la lista que aparece más abajo! Por lo general, con uno solo basta. A veces dos de ellos van muy bien juntos.

1. Conexión con Cristo a través de la historia

La primera y más obvia manera de enlazar cualquier texto del Antiguo Testamento con Cristo, es simplemente señalar cómo el texto encaja con una historia que, en un último análisis, conduce a Jesús. Este paso se hace aún más obvio cuando recordamos que todo el Antiguo Testamento es una historia cuyas fechas llevan la marca **a.C.**: antes de Cristo. Pero también las podemos mostrar como **h.C.**: hacia Cristo.

Establecer el eslabón de la historia se hace relativamente simple cuando usted predica desde un texto narrativo del Antiguo Testamento. Puede describir el trasfondo de un relato breve para mostrar que es parte de una historia mucho más englobante de Dios e Israel, y señalar que ese relato más extenso finalmente nos lleva a Cristo. Este paso no significa un trabajo largo. Un sermón no es una detallada clase de historia. Sin embargo, hacer esa conexión puede convertirse en un momento crucial para llevar a la congregación desde "¿Cómo se aplica esta historia en particular a mi situación?". hacia "¿Qué significa que esta historia sea parte de un relato englobante que nos lleva a Jesús?".

 Ejemplo

Supongamos que su texto es Josué 1. Usted puede explicar que este relato viene después de uno en el que se narra cómo Dios redimió a Israel y lo sacó de Egipto, lo condujo a través del desierto y proveyó para sus necesidades (Éxodo y Deuteronomio). Ahora les está dando la tierra que les prometió. Este texto es, entonces, el siguiente paso en una larga historia que conduce hasta Cristo, a través del cual Dios nos ha redimido del pecado y nos da una herencia y un descanso que son mejores que la tierra de Canaán, con una referencia a Hebreos 4. A estas alturas, usted necesita concentrarse en lo que dice Josué 1 y predicar a partir de ese texto. No puede saltar inmediatamente a Jesús o a Hebreos, pero al mencionarlos podrá mostrar que *esta* historia (Jos 1) encaja en y prepara el camino para *esa* historia (la del Nuevo Testamento).

 Ejemplo

Supongamos que su texto es el libro de Rut. El escritor concluye el libro señalando que el hijo de Rut y Booz fue abuelo del rey David. El libro mismo ubica su propia historia dentro del relato más amplio de Israel y del rey que habría de venir. Usted puede, entonces, indicar cómo Mateo vincula todo ese relato a Jesús cuando incluye a Rut en su genealogía (Mt 1.5–6) y hace de Jesús "el gran Hijo del gran David".

Puede parecer difícil establecer conexiones a lo largo de toda la historia de la Biblia si el texto proviene de otro tipo de literatura, como es el caso de los profetas o los salmos. Pero incluso en tales casos las conexiones son discernibles. Todos esos textos ocupan sus lugares en la historia de Israel y usted puede moverse hacia atrás y adelante al interior de ella.

 Ejemplo

Supongamos que su texto es el Salmo 96. Éste celebra el nombre, la salvación, la gloria y los hechos poderosos del SEÑOR Dios de Israel. ¿Qué significaron esas palabras para un israelita del Antiguo Testamento? Si usted le hubiera hecho esa pregunta a alguno de los autores de los salmos, o a algunos de sus cantores, ellos le habrían contado los relatos que forman parte de la historia de Israel. El nombre de Dios le fue revelado a Moisés en el Monte Sinaí. La salvación de Dios se hizo concreta cuando los liberó de Egipto. La gloria de Dios llenó el tabernáculo en el desierto y más tarde en el templo, en Jerusalén. Los hechos poderosos del SEÑOR incluían sus victorias sobre sus enemigos y el don de la tierra. Pero usted puede observar que el salmista avizora un futuro y canta que "las naciones", "todos los pueblos", en "toda la tierra", entonan "una nueva canción" acerca de las grandezas de Dios. ¿Cómo puede eso ser posible? Para el salmista tenía que tratarse de un acto de fe y de la imaginación, pero ahora sabemos que a través del Señor Jesucristo, el nombre, la salvación, la gloria y los hechos portentosos del SEÑOR Dios de la historia completa de la Biblia son proclamados entre las naciones en el mundo entero. A partir de una historia pasada, sobre la que se sustenta, el salmo en sí apunta hacia la historia que está por desarrollarse en el futuro.

Con un texto de la Ley, usted puede indicar cómo incluso dentro de ella misma (por ej., en Dt 29–30) se reconoce que Israel habría de fracasar en su obediencia a Dios, tal como nosotros lo hacemos. Aunque la Ley era un "tutor" y tiene mucho para enseñarnos, dirige nuestra atención, a través de nuestro pecado y nuestros fracasos, hacia el Señor Jesucristo. La ley también nos lleva a Cristo (sobre esto discutiremos con mayor detalle más adelante).

2. Conexión con Cristo a través de las promesas

Las promesas constituyen un vínculo que guarda una relación estrecha con el eslabón en la historia ya observado arriba. Tal como vimos en el capítulo 2, el viaje de la historia del Nuevo Testamento no solamente tiene un *destino* (Jesucristo), sino también un *propósito* (todo lo que Dios prometió en el Antiguo Testamento y que luego cumplió en el Nuevo). Cada vez que sea posible, debemos mostrar la conexión del Antiguo Testamento con esa promesa. Puede tratarse de una conexión directa cuando el texto mismo contiene un elemento de promesa, o habla del propósito futuro de Dios. O puede ser también una conexión indirecta, cuando el texto simplemente asume la promesa de Dios como una especie de conciencia activa en su telón de fondo. ¿Recuerda las maneras como Mateo se vale de varios textos del Antiguo Testamento; algunas directas, otras indirectas, y los ve todos cumplidos en Jesús? Así ve el resto del Nuevo Testamento al Antiguo, el cual constituye, como un todo, la gran promesa de Dios con respecto a la creación entera y a todos los pueblos.

Las conexiones directas pueden incluir pasajes tales como Génesis 12, 15, 17, etcétera, en los que Dios hace su promesa a Abraham (en cinco ocasiones el libro de Génesis la registra); las promesas de Dios a Israel en Egipto (Éx 6.6–8); sus promesas a David (2S 7); y los pasajes en los profetas acerca de la restauración futura de Israel luego del exilio. Todos esos cuadros apuntan a Cristo. El Nuevo Testamento les hace eco.

Las conexiones indirectas requieren de mayor tiempo para discernirlas y encontrarlas. Recuerde, por ejemplo, que toda la historia de *Israel como pueblo* es una historia de la promesa de Dios. Israel, en cuanto nación, existió por la promesa que Dios hizo de bendecir a todas las naciones a través de su pueblo. Pablo cita a Génesis 12.3, y en Gálatas 3.8 llama a esa promesa "evangelio". En teoría, cada vez que usted tiene entre manos un texto acerca de Israel, debe ser consciente del trasfondo de la promesa de Dios, *incluso si* con frecuencia el texto muestra que el Israel del Antiguo Testamento *fracasó* en su llamado a vivir a la altura de su vocación, frustrando así los propósitos de Dios para ellos. Ese fracaso es, en sí mismo, una flecha que apunta a Aquel que habría de venir y cumplir la misión de Israel en obediencia perfecta, y en sufrimiento, muerte y resurrección. El fracaso de Israel provee un eslabón indirecto pero poderoso a Cristo.

Un texto puede aportar otras claves. Observe el lenguaje del *pacto*, que es un recordatorio de la promesa de Dios: por ejemplo, cuando el texto habla de "tu Dios", o "mi pueblo". Ese lenguaje habla de la relación que finalmente llegó a ser nuestra en el nuevo pacto a través de Cristo. O cuando Dios promete estar "con" alguien o con su pueblo. En últimas, Dios está "con nosotros" a través de Jesús Emanuel. La esperanza y las expectativas de los salmistas, que Dios los libraría, descansan en la fidelidad de Él a sus promesas, lo cual, a su vez, apunta a la mayor de sus fidelidades, a Cristo. Preste atención a los giros mediante los cuales el texto asume la historia subyacente de la promesa de Dios, y piense cómo puede ese texto enlazarse con el cumplimiento de las promesas de Dios en Cristo.

Lo importante para tener presente es que *la Biblia como un todo es una historia de cumplimiento redentor*. Esto es, Dios hizo su gran promesa de bendecir y salvar a un mundo quebrantado, una humanidad pecadora y una creación mancillada. El Antiguo Testamento se mueve constantemente hacia el momento en el que Dios cumplirá su promesa de redimir al mundo, y el Nuevo Testamento muestra que lo logró a través del Señor Jesucristo. Pablo lo pone en términos más simples cuando les dice a los judíos en la sinagoga de Antioquía de Pisidia: "Nosotros les anunciamos a ustedes las buenas nuevas respecto a la promesa hecha a nuestros antepasados. Dios nos la ha cumplido plenamente a nosotros, los descendientes de ellos, al resucitar a Jesús" (Hch 13.32–33).

 Ejemplo

Supongamos nuevamente que su texto es Josué 1. Permítame dar un ejemplo de cómo di inicio a un sermón que prediqué sobre ese pasaje, al comienzo de una serie sobre el libro de Josué. Empecé pidiendo a la congragación que observara que los tres primeros versículos mencionan algunas cosas importantes: a) la muerte de Moisés; b) "todo este pueblo", es decir, el pueblo de Dios; y c) la promesa de Dios. Luego les pedí que regresaran solamente una página en sus Biblias para que vieran que la muerte de Moisés se narra en Deuteronomio 34. Allí también leemos acerca de la promesa de Dios y del pueblo de Dios. Deuteronomio 34.4 se refiere a la promesa de Dios a Abraham. Esas palabras nos empujan mucho más atrás, a Génesis. De esa manera podemos ver inmediatamente que el libro de Josué forma parte integral de toda una historia en la Biblia. Viene justo después del Pentateuco (Génesis–Deuteronomio) y necesitamos conocer la historia contenida en esos cinco libros hasta ese punto. Dios creó un mundo bueno, pero el pecado y la rebelión de los humanos lo mancillaron todo. Sin embargo, en Génesis 12, le prometió a Abraham que a través de él y de su pueblo, convertiría la maldición en bendición, la cual alcanzaría a todas las naciones. Dios también le prometió a Abraham que daría esa tierra a sus descendientes. Es eso lo que Dios se propone hacer en el libro de Josué. Pero necesitamos ver que la historia de Josué y la de la tierra no es una historia completa en sí misma. Es sólo un paso en el peregrinaje que conduce a Cristo y a la herencia que tenemos en Él. A decir verdad, la tierra prometida no solamente apunta a lo que ahora tenemos en Cristo (Ef 2.19–25; Heb 4.1–11; 12.22–24; 1P 1.4), sino también al nuevo cielo y la nueva tierra, la nueva creación en la que Dios ha de morar con su pueblo por siempre (Ap 21–22). Hice, entonces, que mis oyentes echaran una mirada retrospectiva al texto y atisbaran lo que el texto anunciaba respecto a lo que habría de venir.

Sólo me tomó unos pocos minutos resaltar esos puntos al inicio de mi sermón (y luego volver a ellos mismos al final, para sacar algunas implicaciones de cómo debemos vivir hoy). Tan pronto como situé el capítulo en ese contexto más amplio en relación con la promesa de Dios y el pueblo de Dios en el drama bíblico mayor, me pude concentrar en lo que le dijo a Josué y predicar el mensaje de esos versos cruciales. Mi objetivo era *predicar el texto*, pero *en su vinculación con Cristo* por medio de la historia general de la promesa de Dios y su cumplimiento.

Cuando miremos en la Parte 2 la predicación desde los profetas, trataremos con mayor detalle los "tres horizontes" de los textos del Antiguo Testamento. El Horizonte 1 es el periodo del Antiguo Testamento como tal, lo que el texto dice en su propio contexto. El Horizonte 2 es el horizonte de Cristo, específicamente los evangelios y Hechos. El Horizonte 3 es el regreso de Cristo y la nueva creación. Por ahora, basta con tener esos horizontes en mente. Cada vez que estudiemos un texto del Antiguo Testamento con la intención de predicar sobre él, vale la pena que nos preguntemos: "¿Dónde se *ubica* este texto en el contexto de lo que Dios prometió justo al comienzo de la historia? ¿Hacia dónde *apunta* el texto en relación con el cumplimiento de la promesa de Dios a través de Cristo, hacia su primera o segunda venida?".

3. Conexión con Cristo a través de las similitudes

"¡Dios es un buenazo!". Todavía recuerdo el entusiasmo con que la mujer lanzó ese grito, ¡y de paso le inventó un atributo! Hacía muy poco que se había convertido en cristiana y formaba parte de nuestro grupo familiar. Su alegría por lo que Dios hacía en su vida era desbordante. Sencillamente, estaba haciendo por ella lo que regular y repetidamente hace, y ha venido haciendo a lo largo de la historia. Dios es consistente.

No quiere decir esto que Dios simplemente se repite a sí mismo. Al contrario, opera de maneras que le son *características*. Cuando alguien que conocemos hace algo que sabemos es particular en él, algo que le es característico, sonreímos y decimos, "¡Típico en ti!". O también, "¡Ahí está Juan! Está pintado". Las personas que así actúan, funcionan de maneras que son fieles a sus características. Es lo que esperamos que ellos hagan. Una vez que usted llega a conocer a alguien lo suficientemente bien, puede esperar patrones y similitudes en el comportamiento de esa persona. Mi esposa me dice que yo siempre me paro de la misma manera cuando me estoy cepillando los dientes; que cada día siempre arreglo las cosas siguiendo un mismo orden antes del desayuno; que (si se me abandonara a mi suerte) siempre me pondría la misma ropa todo el tiempo. Se trata de mí. Típico. Un animal de costumbres.

Pues bien. Dios no es, por supuesto, una criatura ni tampoco tiene "hábitos", pero, a decir verdad, actúa de maneras que le son típicas, de tal forma que quienes lo conocieron bien en los tiempos bíblicos empezaron a reconocer sus operaciones. Los que intimaban con Dios descubrieron patrones y similitudes en la manera en que actuaba en una situación y luego en otra. Vieron lo que hizo en el Éxodo, y sabían que podría hacer lo mismo nuevamente, por Israel (restaurándolos después de una derrota o del exilio), y también a favor de individuos (los que sufrían injusticia o estaban expuestos al peligro). Oyeron lo que Dios hizo con Sodoma y Gomorra, lo cual se convirtió para ellos en un cuadro de otros momentos terribles del juicio de Dios, incluyendo a Jerusalén al final del cuento. Sabían que Dios había provisto para las necesidades de los israelitas a lo largo de toda una generación en el desierto, y por eso confiaban en que haría lo mismo por quienes se enfrentaban a necesidades apremiantes, incluyendo la del exilio. También sabían que Dios había probado a los israelitas en el desierto y descubrieron la misma clase de pruebas en periodos posteriores de la historia a fin de comprobar la confianza que tendrían en Él o la obediencia que observarían.

Los que conocieron a Jesús en el Nuevo Testamento vieron con claridad todas las maneras en las que el Dios que ellos conocían tan bien desde las Escrituras del Antiguo Testamento era un "buenazo" nuevamente. Los contemporáneos de Jesús descubrieron una correspondencia significativa entre lo que el Antiguo Testamento narraba y lo que Dios había hecho en y a través de Jesucristo. Así, entonces, echaron mano de esos elementos veterotestamentarios a fin de explicar varios de los aspectos del significado del nacimiento, la vida, la muerte, la resurrección y la ascensión de Cristo.

Realidad del Antiguo Testamento	Conexión a Cristo
Eventos	
Creación	Jesús es la Palabra de Dios a través de quien todas las cosas fueron creadas.
Éxodo	Jesús es el que derrota todos los poderes de opresión y libera al pueblo de la esclavitud.
Don de la tierra	Jesús es nuestra herencia y nos da "descanso" de nuestros enemigos.
Ungimiento del Rey David	Jesús es el ungido rey mesiánico, hijo de David.
Retorno del exilio	Jesús trae perdón, restauración de Dios y un nuevo pacto.
Personas	
Adán	Jesús es la imagen perfecta de Dios.
Noé	Jesús nos rescata del juicio.
Abraham	Jesús vivió en fe y obediencia perfectas.
Melquisedec/Aarón	Jesús es el perfecto Sumo Sacerdote.
Moisés	Jesús es el liberador de su pueblo y el mediador de un nuevo pacto.
Josué	Jesús (transliteración griega de Josué) es el Salvador y el líder de su pueblo.
David y Salomón	Jesús es el ungido Rey de Dios.
Ester	Jesús es el que salva a su pueblo en riesgo de extinción al precio de su propia vida.
Instituciones	
Pascua	Jesús es el cordero sacrificial cuya sangre nos protege de la muerte.
Templo, sacerdocio, sacrificios	Jesús es el "lugar" mediante el cual obtenemos una expiación y un perdón perfectos y entramos a la presencia de Dios.
Jubileo	Jesús es el que trae liberación y restaura a todos los que están esclavizados.

Otra palabra para hablar de este tipo de explicación es "analogía". Una analogía consiste en usar una realidad ampliamente conocida para explicar algo nuevo con la que comparte algunas similitudes. Las dos realidades comparadas no son exactamente iguales, pero usted puede descubrir una *correspondencia* entre ellas. En la Biblia, encontramos analogías entre Jesucristo y eventos, personas, instituciones, temas e imágenes del Antiguo Testamento. La tabla que presento a continuación muestra algunos ejemplos en cada una de esas categorías. Hay muchos más, por supuesto, pero estos ejemplos nos dan una idea de lo que quiero decir. Algunas de esas analogías pueden serle ya familiares. De eso no tengo duda. Hay otras que usted puede encontrar por usted mismo a medida que avanza en su lectura y estudio de la Biblia con el auxilio de comentarios que le pueden ser útiles.[9]

Como siempre, necesitamos ser cuidadosos en nuestro uso de tales similitudes cuando estemos predicando. A continuación, doy algunas de las cosas que debe recordar.

➤ Si usted está predicando a partir de un texto del Antiguo Testamento y se da cuenta de que hay algunas analogías en comparación con Cristo, particularmente si alguno de los autores neotestamentarios *citan* el texto que usted está trabajando para establecer una comparación, en algún punto de su sermón querrá decírselo a sus oyentes y explicarlo. Siempre es provechoso hacerle ver a la gente que toda la Biblia se conecta de esa manera y resaltar que Cristo "mantiene todas las cosas juntas". Recuerde, *sin embargo*, que su trabajo central es explicar y aplicar el texto del Antiguo Testamento en su propio contexto y predicar el mensaje que Dios quiere que el pueblo escuche a partir de *ese* texto. Lo animo, por supuesto, a que establezca un vínculo con Cristo, pero no "salte abruptamente a Jesús" ni ignore lo que el autor veterotestamentario está diciendo.

➤ Recuerde que cuando un escritor del Nuevo Testamento cita un texto del Antiguo es con un propósito específico o buscando ilustrar un punto particular que él (el autor en el Nuevo Testamento) quiere resaltar. Esto no significa que cuando *usted* predique a partir de ese mismo texto del Antiguo Testamento, su referencia en el Nuevo lo esté limitando al uso que se le dio en una situación particular. Por

---

9 En mi *Conociendo a Jesús a través del Antiguo Testamento*, ofrezco una explicación más completa de "tipología", esto es, patrones de correspondencia entre Jesús y el Antiguo Testamento.

ejemplo: la voz del cielo en el bautismo de Jesús hace eco a tres textos del Antiguo Testamento: Isaías 42.1; Salmo 2.7; y Génesis 22.2. Si usted está predicando sobre uno de esos textos (en el capítulo entero en el que se encuentran), no puede decir simplemente: "Esto habla acerca del bautismo de Jesús". No. Tiene que preguntarse por el significado original de todo el capítulo en el contexto del Antiguo Testamento y predicar *ese* mensaje. En el transcurso de su sermón, usted puede establecer un vínculo con Cristo de la manera más apropiada, pero su sermón es acerca del texto del Antiguo Testamento, y no de Jesús. Aquí hay otro ejemplo: tanto el autor de la Epístola a los Hebreos como Santiago, apelan a Rahab como la *ilustración* de una fe que fue demostrada en la acción (Heb 11.31; Stg 2.25–26). Pero si el texto base de su sermón es todo el relato, en Josué 2 y 6 hay mucho más material para trabajar y sobre el cual predicar que la sola referencia a la fe de Rahab, aunque ella es, ciertamente, un personaje central en la narración.

➢ Una similitud en *un* aspecto no necesariamente significa que la similitud se mantenga en *todos* los aspectos. Los personajes del Antiguo Testamento que prefiguraron de alguna manera a Cristo (como se citó arriba), fueron también pecadores como nosotros, y algunos de ellos cometieron actos realmente terribles en sus vidas. En ese sentido, desde luego, no hay similitud con Cristo.

➢ Permanezca en el mismo sentido *amplio* de similitud que enseña el mismo Nuevo Testamento, y no caiga en la tentación de deslizarse hacia territorios en los que va a elucubrar imaginando toda clase de similitudes en los detalles menores de un texto del Antiguo Testamento. Por ejemplo, el tabernáculo fue primordialmente el lugar de la presencia de Dios en medio de su pueblo, y el sitio en el que los sacrificios eran ofrecidos por los pecados y las impurezas del pueblo. El Nuevo Testamento ve a Cristo como su cumplimiento en ambos sentidos. Cristo es ahora "Dios con nosotros," y es la propiciación de nuestros pecados y nos limpia para que podamos tener acceso directo a Dios. Algunas personas insisten en que el color de las telas y los hilos, y las piedras preciosas que se utilizaron en la construcción del tabernáculo encierran grandes significados. Todo ello es rico en imaginación, pero es un distractor que no encuentra sustento alguno en la Biblia.

 Ejemplo

Una vez estaba predicando sobre Jueces 3.7–11, la breve historia de Otoniel, al comienzo de una serie sobre el libro de los Jueces. Yo quería mostrar que Otoniel establecía un patrón para los demás jueces en el libro, pero también me proponía explicar por qué hay jueces como él en la lista que Hebreos 11 elabora de los modelos de fe en acción, a pesar del hecho de que algunos de ellos, como Sansón, procedían de maneras francamente extrañas. Simplemente,

➤ Otoniel había sido la opción de Dios (Dios lo levantó).
➤ El Espíritu de Dios actuaba a través de él.
➤ Él fue el agente de la salvación de Dios. Otoniel puso las cosas en orden en Israel y lo libró de sus enemigos.
➤ Él trajo la paz de Dios (es decir, su "reposo").

En todos estos aspectos, Otoniel es un modelo de la clase de líder que Dios llamó y usó en ese tiempo cuando actuaban en fe y con obediencia. Pero todo el libro de los Jueces describe un cuadro deprimente de una situación que va de mal en peor. Ni siquiera los más grandes jueces pudieron evitar que las cosas, a la larga, empeoraran. El libro va más allá de sus fronteras y apunta a la gran maldad de una humanidad caída y, en últimas, señala a lo lejos, hacia la gran solución de Dios en Aquel que vino a poner las cosas en orden de manera definitiva.

Así que, brevemente, indiqué cómo Otoniel, con todo y los pocos datos que tenemos de él, es un pequeño modelo de Cristo en esos aspectos que resalté. Cristo fue escogido y levantado por Dios como su Mesías ungido. Fue lleno del Espíritu Santo de Dios. Vino a salvar y liberar a su pueblo, no sólo en la tierra de Canaán, sino en el mundo entero. Cristo hizo la paz, paz con Dios y entre los seres humanos. Mi intención fue seguir el ejemplo de Hebreos 11, que concluye no invitándonos a que nos concentremos en esos grandes héroes de la fe en el Antiguo Testamento, sino, más bien, a "fijar nuestros ojos en Jesús" (Heb 12.1–2). En el sermón como tal, prediqué ante todo la historia narrada teniendo como telón de fondo su contexto en Jueces 2, especialmente. Yo no prediqué que Jueces 3 era "*todo* acerca de Jesús", pero construí un enlace entre el texto y Cristo al observar una similitud entre el trabajo de jueces como él y la obra final de Jesús.

4. Conexión con Cristo a través de los contrastes

Pasemos ahora a algo completamente diferente. A veces podemos establecer una conexión desde el Antiguo Testamento con Cristo (o el Nuevo Testamento en general) al observar, no una similitud sino una diferencia o contraste claros. Algunos de esos contrastes son amplios y obvios, y los conocemos como elementos esenciales del mismo evangelio. Son tan sobresalientes que usted no los puede pasar por alto. Por ejemplo:

- Adán y Eva desobedecieron y nos trajeron la muerte. Cristo, el último Adán, obedeció y nos trajo la vida.
- El Antiguo Testamento desenmascara el pecado en todas sus dimensiones. Cristo trae la salvación en todas sus dimensiones.
- El pacto con Israel se hizo a través de Moisés en el Monte Sinaí, fue sellado con la sangre de animales sacrificados, y llamó a la obediencia a la ley. El nuevo pacto se hizo por medio de Cristo, fue sellado con la sangre de su sacrificio y llama a la obediencia por la fe a través del Espíritu Santo.
- En el Antiguo Testamento nadie podía entrar a la presencia de Dios en el Lugar Santísimo, en el templo, excepto el sumo sacerdote una vez el año en el Día de la Expiación. En el momento en que Cristo murió, y de una manera dramática, el velo en el templo se rasgó en dos de arriba hacia abajo, pues el sacrificio de Cristo abrió el camino para que nosotros pudiésemos entrar a la presencia de Dios.
- En el Antiguo Testamento Dios redimió a una nación, Israel, y las demás naciones no fueron incluidas todavía en el pueblo de Dios. En Cristo, Dios extiende su redención a todas las naciones, y los gentiles son parte de la familia de Dios.
- La historia del Antiguo Testamento ocurre principalmente en una tierra, que fue prometida y dada a un pueblo. Cristo envía a sus discípulos a que lleven la buena noticia a todos los confines de la tierra y a todos los pueblos (tal como el Antiguo Testamento lo había prometido).

De manera que si estamos predicando un texto del Antiguo Testamento en el que leemos acerca de algún pecado o alguna falta (¡y de esos hay muchos!), podemos apuntar hacia la salvación que solo Cristo trae. Si estamos predicando un texto en el que vemos restricciones o limitaciones que ya sabemos fueron abolidas por Jesús, podemos resaltar igualmente ese hecho. Si nuestro texto fija su atención en algo que afectó solamente a Israel en su tierra, nosotros podemos llamar la atención a la historia bíblica mayor que se abre a todas las naciones en el mundo entero.

Sin embargo, tal como advertimos arriba, necesitamos manejar con cuidado esos contrastes y diferencias aparentes. No debemos simplemente dibujar un cuadro oscuro y negativo del Nuevo Testamento para resaltar el brillo del evangelio. Ése es un contraste erróneo.

A continuación ofrezco algunos de los contrastes que constituyen una diferencia significativa.

a) La historia hace una diferencia

La razón principal por la que hay una diferencia y un contraste entre el Antiguo y el Nuevo Testamento es el momento histórico de la gran narración del trabajo redentor de Dios. Los acontecimientos se ponen en movimiento y se producen cambios desde las primeras hasta las últimas partes de la historia. Lo que fue aceptado por Dios en una etapa no fue ya la conducta más apropiada en algún periodo posterior. Esto no significa que haya una *contradicción* entre el Antiguo y el Nuevo. Más bien, lo que se produce es un desarrollo y una progresión a medida que Dios revela muchos aspectos de sí mismo y persiste en actuar, salvar, juzgar y enseñar de maneras diferentes a lo largo de muchas generaciones.

Hay muchos cambios y contrates sustanciales entre lo que yo soy ahora como adulto y lo que fui en mi niñez. Existen cosas que eran correctas y buenas en esos primeros años que ya no deben serlo ahora. Hay cosas que yo no podía hacer tiempo atrás pero que ahora sí las puedo hacer, y cosas que a veces me daban permiso para hacerlas que estarían completamente fuera de lugar en mi adultez. Pero nada de eso significa que mi época de adulto sea una *contradicción* de mi niñez, ni que la cancele del todo como si careciera de importancia. Esos primeros años fueron un periodo importante de aprendizaje y crecimiento, una *preparación* esencial para lo que sería como adulto. Esos años son parte de la historia continua de toda mi vida, hasta este punto.

Tal es la razón por la que es tan importante lograr que la gente vea que la Biblia, como un todo, es un relato continuo, como la historia de una vida, solo que muchos siglos más larga. Desde luego, hay diferencias entre lo que leemos en la Etapa 3 y lo que vivimos ahora en la Etapa 5, pero ésa es precisamente la razón por la que son *etapas*. Dios es el Dios vivo de la historia y no lo hace todo al mismo tiempo, ni lo revela tampoco todo a la vez.

b) Cristo hace la diferencia

Entre las etapas 3 y 5 ocurre, desde luego, la Etapa 4, los relatos del evangelio acerca de Jesucristo. *Eso* es lo que hace toda la diferencia. Todo lo que Dios prometió en el Antiguo Testamento fue, o será, cumplido a través de Cristo. Muchas de las cosas que estuvieron de alguna manera conectadas a la forma original de esas promesas veterotestamentarias cambiaron porque Cristo vino. Cristo es el que hace la diferencia. Es el que establece el contraste entre el Antiguo y el Nuevo Testamento.

Esto significa que cuando observamos algo en el Antiguo Testamento que sabemos que ya ha cambiado, o cuando esa porción de la Biblia nos ordena algo que ya no practicamos, o cuando notamos un contraste claro entre lo que se les ordenó a los israelitas hacer o lo que se les permitía y cómo nos comportamos nosotros como cristianos, debemos hacernos esta pregunta vital: "¿Qué hay en *Cristo* (lo que fue y lo que vino a hacer) que hace la diferencia o causa este contraste?".

No debemos sencillamente encogernos de hombros y decir: "Todo eso es asunto de por allá de los viejos tiempos del Antiguo Testamento, un texto que ya no se aplica a nosotros; así que, olvidémoslo". No. Tenemos que buscar *razones bíblicas y teológicas* que expliquen ese cambio. Veamos algunos ejemplos comenzando con uno que debe ser bastante familiar y obvio.

 ### Ejemplo: Los sacrificios

Nosotros, como cristianos, ¿tomamos acaso un cordero y lo llevamos a nuestro lugar de culto, buscamos un sacerdote que nos ayude a sacrificar el animal luego de confesar nuestros pecados sobre su cabeza, y después derramamos su sangre sobre el altar? No, por supuesto que no. Sin embargo, los israelitas del Antiguo Testamento hicieron eso durante varios siglos. Hay leyes que lo ordenan en el

Antiguo Testamento y que nosotros no obedecemos hoy en día. ¿Qué estableció la diferencia? La respuesta la conocemos porque el Nuevo Testamento, en muchos lugares, explica este contraste con claridad diáfana, especialmente en la Epístola a los Hebreos. El mismo Jesús ofreció el sacrificio último, el de su vida, y llevó nuestros pecados en su propio cuerpo, en la cruz. Su sangre es la expiación perfecta por los pecados del mundo entero. A través de Cristo tenemos acceso a la presencia de Dios, sin necesidad de un sacerdote que oficie los sacrificios, ni de un altar ni de un templo. En verdad, Cristo mismo *es* ese templo, el lugar donde habita Dios Emanuel, Dios con nosotros. Ese marcado *contraste* entre lo que los israelitas del Antiguo Testamento *tenían la orden* de hacer y lo que nosotros *tenemos prohibido* hacer se explica en *lo que Cristo hizo.* Si estamos predicando sobre esos sacrificios del Antiguo Testamento, tendremos que mostrarlos como la preparación al sacrificio de Cristo a fin de poder capturar su significado y poderlos entender.

 ## Ejemplo: Alimentos

¿Y qué acerca de los alimentos? ¿Nosotros como cristianos somos sumamente cuidadosos para evitar todos los alimentos (especialmente el cerdo) que el libro de Levítico considera impuros, y nos aseguramos de nunca mezclar los productos lácteos con los cárnicos? La mayoría ni siquiera se preocupa por pensar en esas distinciones entre puro e impuro que contempla la ley del Antiguo Testamento.[10] ¿Por qué no? Muchos, si se les preguntara, responderían: "Porque eso está en el Antiguo Testamento". Pero ésa no es una respuesta lo suficientemente acertada. El mandamiento que ordena "No cometerás adulterio" también se encuentra en el Antiguo Testamento, pero nosotros no diríamos que por esa razón ya no se aplica. No. Necesitamos preguntarnos qué diferencia ha establecido *Cristo* en lo relacionado

---

[10] Los judíos que han llegado a aceptar y creer en Jesús como el Mesías, Señor y Salvador (los judíos mesiánicos) por lo general optan por observar las leyes sobre los alimentos que establece el Antiguo Testamento, sobre la base de que es parte de su herencia judía, y eligen, por lo tanto, vivir como judíos que adoran a Jesús. Pero para la mayoría de los judíos mesiánicos, la observancia de las leyes dietéticas es un asunto de opción libre sustentada en una identificación cultural con su propio pueblo, antes que una obligación bajo la Ley.

con las leyes dietéticas para establecer tan marcado contraste entre entonces y ahora".

Para responder esa pregunta tenemos que hacernos otra: "¿Cuál era el propósito de que se hiciera una distinción entre puro e impuro, en primer lugar?". La respuesta la provee Levítico 20.25–26. Es una distinción simbólica, un recordatorio permanente a Israel en el sentido de que Dios había hecho una distinción entre ellos en tanto pueblo de su pacto y el resto de las naciones, en ese momento en la historia. Cada vez que los israelitas preparaban sus comidas, recordaban que habían sido llamados a ser una nación diferente de las demás alrededor de ellos. En la era del Antiguo Testamento la distinción entre judíos y gentiles era fundamental para los propósitos de Dios, ya que estaba trayendo salvación al mundo entero *a través* de Israel.

Cristo, sin embargo, el Mesías de Israel, trajo salvación para *todo* el mundo, cumpliendo así la promesa de Dios a Abraham. Por lo tanto, *en Cristo*, esa distinción entre judíos y gentiles ha sido abolida. En Cristo, Dios nos hizo una sola humanidad, tal como lo explica Pablo (Gá 3; Ef 2–3). Puesto que la distinción entre judíos y gentiles en la época del Antiguo Testamento fue abolida en Cristo, la ley que simbolizaba tal distinción quedó igualmente abolida. Era eso lo que Dios tenía que enseñarle a Pedro en su visión mediante la cual lo preparó para que estuviera dispuesto a ir a la casa de un gentil, Cornelio, y le predicara el evangelio a él y a todos sus allegados (Hch 10).

 Ejemplo: Violencia, venganza y maldición

Esta distinción es más difícil, para ser honestos. Uno de los contrastes más grandes que encontramos entre el Antiguo y el Nuevo Testamento es la presencia de la violencia, la venganza y la maldición en el Antiguo, y sus prohibiciones en el Nuevo. Eso es cierto, pero necesitamos ser cuidadosos para no terminar descartando del todo al Antiguo.[11]

---

[11] En *El Dios que no entiendo: reflexiones y preguntas difíciles acerca de la fe*. Miami: Editorial Vida, 2010, lucho frontalmente con este problema. En el capítulo 14 volveremos a este asunto en el contexto de los salmos de maldición.

Ante todo, necesitamos recordar que la Etapa 3 de la Historia de la Biblia involucra la tierra y la nación de Israel, que, aunque era el pueblo del pacto de Dios, conformaba una nación pecadora que vivía en un mundo caído constituido por naciones entre las cuales el conflicto y las guerras eran asuntos de tan común ocurrencia como sucede hoy en día. Dios no opera la salvación del mundo desde allá arriba. Se involucró con el mundo real, y el mundo real es un lugar desagradable. El Antiguo Testamento no endulza la historia, sino que la cuenta tal como ocurrió.

¿Cuál es la diferencia que Cristo hizo? Ganó la batalla última contra el pecado y la maldad al absorberla y derrotarla en la cruz. El pueblo de Dios en Cristo ya no es una sola nación que cultiva y defiende una tierra en particular, sino una comunidad multinacional sin fronteras territoriales. La iglesia atraviesa todas las fronteras y está llamada por el Príncipe de Paz a ser pacificadora y agente de reconciliación en el mundo a través de Cristo, sin guerras ni conquistas.

En segundo lugar, debemos recordar que los israelitas creían que Dios era un Dios de justicia. Repetidamente dice que derribará a los opresores malvados y rescatará y sostendrá a los pobres y los necesitados. Los israelitas habían visto a Dios actuando de esa manera a su favor en el Éxodo y en muchos otros eventos posteriores. Por eso, necesitamos poner en ese contexto las oraciones de venganza y la maldición a los enemigos. Ésas eran expresiones que apelaban a Dios para que actuara de la manera en que *actuaría* contra los malvados, sólo que más pronto, por favor.

¿Y cuál fue la diferencia que Cristo hizo? Tomó sobre sí mismo la maldición última de Dios y recibió en nuestro lugar todo el peso del justo juicio de Dios. Aunque Él nos llama a tener hambre y sed de justicia e implora que la voluntad de Dios se haga en la tierra como se cumple en el cielo, nuestra vía ha de ser ahora la de la cruz, la del sufrimiento y del amor que perdona. Estamos aquí para bendecir, no para maldecir; para renunciar a la venganza y vencer el mal haciendo el bien; para perdonar, así como Dios nos perdona en Cristo.

Tenemos, entonces, que predicar el Antiguo Testamento de una manera que muestre apropiadamente en qué aspectos el evangelio y la actuación de Cristo han hecho la diferencia y establecido contrastes como los ya citados. Pero no debemos hacerlo en maneras que denuncien y denigren el Antiguo Testamento. Al contrario, debemos mostrar cómo, en la gran corriente de la historia de la Biblia, Cristo hizo la diferencia, y que nosotros ahora vivimos en respuesta a todo lo que conquistó y nos enseñó en la Etapa 4.

5. Conexión con Cristo a través de la respuesta que el texto demanda

"Nosotros ahora vivimos en respuesta", es lo que acabo de decir. Sí, y lo mismo hicieron los israelitas del Antiguo Testamento. La vida del pueblo de Dios (tanto en la época del Antiguo como en la del Nuevo Testamento) es siempre vivida en respuesta a lo que Dios ha hecho y lo que Dios ha dicho. Ésa es la razón por la cual nuestra predicación de cualquier parte de la Biblia debe apuntar a los corazones y las voluntades de la gente, a buscar una respuesta de parte suya. Cuando estudiamos cualquier pasaje de la Escritura con miras a la predicación, debemos preguntarnos qué respuesta demandó este texto en su tiempo, qué era lo que el autor de este texto o el que pronunció estas palabras esperaban que sus lectores u oyentes hicieran, cuál fue el *propósito* de este texto cuando se escribió y se leyó en el pueblo de Dios. Más tarde podemos continuar preguntándonos qué respuesta quiero buscar en mis oyentes cuando *predique* este texto en el mundo de hoy, una respuesta que de alguna manera se ajuste a los propósitos mismos del texto. No basta con solamente explicarlo. No basta ni siquiera con establecer un eslabón que lo vincule con Cristo. Tiene que darse un momento para el "¿entonces, qué?". La palabra de Dios demanda una respuesta, y parte de nuestra tarea de predicación consiste en hacer ese llamado inevitablemente claro.

Cuando predico a partir del Antiguo Testamento, con frecuencia descubro que la clase de respuesta que el texto demanda es una que se conecte muy bien con los creyentes cristianos. Esto no es ninguna sorpresa, ya que, después de todo, la historia del Antiguo Testamento es parte de nuestra historia. A través de Cristo, pertenecemos al mismo pueblo de Abraham. Adoramos al mismo Dios. Hemos sido llamados a una misma misión: la de servir a Dios en el mundo, a dar testimonio de Él entre las naciones, a vivir y caminar en el camino del SEÑOR. Cuando el Antiguo Testamento les comunica a los israelitas palabras de ánimo, de bendición, de promesa y de esperanza, o cuando son palabras de mandamientos y exhortaciones, o cuando se trata de palabras de fuertes llamados de atención, represión, desafío y juicio, nosotros podemos escucharlas a sabiendas de que es el mismo Dios que nos habla a nosotros de maneras similares.

Desde luego, siempre debo tener presente que *no* estoy predicando para los israelitas del Antiguo Testamento, aun cuando el texto que esté exponiendo haya sido inicialmente dirigido a ellos. Yo predico para quienes conocen al Señor Jesucristo, asumiendo que mi sermón es para cristianos; pero incluso si no lo fuera, estaría llamando a la gente evangelísticamente a responder en fe a Cristo. Les predico a partir de palabras que fueron escritas en la Etapa 3 a gente que vive en la Etapa 5, y no puedo ignorar la Etapa 4. Necesito llamar a mis oyentes a que respondan a Dios, tal como el Antiguo Testamento lo hizo; pero debo hacerlo en relación con lo que Dios ha hecho a través de Cristo. ¿Eso qué significa? Aquí hay un ejemplo.

 Ejemplo

Me gusta predicar sobre Éxodo 19.1–6. Dios les está hablando a los israelitas en el Monte Sinaí después de haberlos sacado de Egipto. Les dice lo que quiere que ellos sean por Él en el mundo: un pueblo santo y de sacerdotes en medio de todas las naciones. También les indica cómo pueden lograrlo: mediante la observación del pacto con Dios y la obediencia. Todos esos puntos pueden aplicarse a los cristianos. De hecho, Pedro hace exactamente eso en 1 Pedro 2.9–12. Así que, en la predicación, podemos explorar lo que significó para Israel ser "santo" (quizás con referencia a Lv 19) y obedecer la Ley de Dios, y de qué manera esa dinámica iría a perfilar la vida de Israel en tanto sociedad que llevaría testimonio a las naciones. Ellos serían "sacerdotes" al llevar el conocimiento de Dios a las naciones (tal como los sacerdotes de Israel estaban para enseñar la Ley de Dios al resto del pueblo). Israel cumpliría su papel sacerdotal en tanto fuera el medio por el cual Dios atraería a las naciones a sí mismo (tal como los sacerdotes de Israel llamaban al pueblo a la comunión con Dios mediante los sacrificios). Así, podemos aplicar esos pensamientos a la vida que los cristianos debemos cultivar para vivir vidas "santas", que se distinguen, entre las naciones para que Dios sea conocido en el mundo y para que el mundo llegue a Dios (1P 2.12). Todo ese lenguaje tiene un fuerte acento misionero, hace un énfasis desenfadado en la necesidad de una respuesta, es altamente práctico y supremamente apto para ser predicado.

Hay aquí un momento clave. ¿Qué fue lo que Dios en realidad dijo, *primero que todo* a los israelitas en Éxodo 19.4? Él señaló *su propia iniciativa de gracia salvadora* que lo llevó a redimir a los israelitas de la esclavitud en Egipto. "Ustedes han visto lo que yo he hecho", dijo Dios. A decir verdad, ellos lo habían visto. Sólo tres meses antes, eran esclavos, sufrían la opresión, la explotación y el genocidio estatal. Ahora eran libres. Dios los había salvado. *A partir de ese fundamento*, los llama y demanda una respuesta. La obediencia a la Ley de Dios tenía que ser motivada por la experiencia de haber recibido su gracia salvadora.

¿Hacia dónde dirige nuestra atención todo esto? Esta historia nos apunta directamente a Cristo, y a esa "partida [*éxodo*] que estaba por llevar a cabo en Jerusalén" (como Lucas lo expresa en su relato de Jesús de su conversación con Moisés y Elías en su transfiguración, Lucas 9.31). De esta manera hago el enlace entre el Éxodo del Antiguo Testamento y Cristo como nuestro Redentor, y lo uso para hablar de la respuesta que el texto demanda: santidad y obediencia a Dios. Nosotros también somos llamados a ser santos y a vivir de una manera que complazca a Dios y que lo honre (observe el uso que Pedro hace de Éxodo 19.3–6 en 1 Pedro 2.9–12). Pero, como Israel, debemos poner toda nuestra obediencia en el contexto de la gracia redentora de Dios y, en cuanto cristianos, ello nos envía hacia Cristo, como si Dios apuntara a la cruz y nos dijera: "Ustedes han visto lo que he hecho. Ahora, ¿cómo vivirán en respuesta a lo que hice por ustedes?". Nuestra respuesta se convierte en una respuesta centrada en Cristo y motivada por el evangelio.

Desde luego, aparte de la obediencia, hay muchas otras respuestas que los textos bíblicos demandan. En el Antiguo Testamento encontramos que Dios habla a través de relatos, leyes, profetas, salmos y hombres y mujeres sabios. Toda esa variedad apela a una amplia gama de respuestas: confianza, perseverancia, ánimo, esperanza, alegría, dolor, arrepentimiento, vida sabia, o algún acto específico de obediencia. Usualmente oímos ecos de esas mismas respuestas en la predicación de Jesús en los evangelios y en el resto del Nuevo Testamento. Podemos encontrar todas esas conexiones y mantenerlas ancladas en Cristo motivadas por la gracia del evangelio.

6. Conexión con Cristo a través del evangelio de la gracia

Dejé este punto para lo último, no porque sea el menos importante, sino más bien debido a que es el más importante. Ésta es la base sobre la que se construye todo lo ya expuesto. Una predicación bíblicamente fiel debe y producirá una respuesta, como lo venimos diciendo. La respuesta de los oyentes debe, mediante la presencia y obra del Espíritu Santo, reflejar aquella que el mismo texto bíblico busca producir. Queremos que la gente piense, sienta y actúe de maneras que se ajusten a lo que Dios dice en su palabra cualquiera sea el pasaje que les abramos en nuestra predicación.

Sin embargo, la respuesta a la palabra de Dios puede (y debe) crear una crisis. Es la crisis del "¿Cómo puedo yo?".

- ¿Cómo puedo yo vivir la vida de manera que agrade a Dios?
- ¿Cómo puedo yo arrepentirme si sé que no quiero hacerlo?
- ¿Cómo puedo yo confiar en Dios y en sus promesas y dar un paso de fe?
- ¿Cómo puedo yo alabar a Dios y darle gracias cuando la vida es tan dura y me siento abandonado?
- ¿Cómo puedo yo serle fiel a Dios en un mundo rodeado por todos los dioses e ídolos de la gente a mi alrededor?
- ¿Cómo puedo yo dar testimonio de Dios cuando lo que tengo es miedo?
- ¿Cómo puedo yo buscar la justicia y la paz en el mundo cuando la maldad es tan poderosa y me siento pequeño y débil?
- ¿Cómo puedo yo vivir con el sufrimiento cuando Dios parece estar tan lejano?
- ¿Cómo puedo yo ser una persona de integridad y verdad viviendo en un mundo que fuerza a la gente a la corrupción para poder vivir?
- ¿Cómo puedo yo creer en la soberanía de Dios en mi mundo contemporáneo en donde todo parece estar fuera de orden y en contra de su voluntad?
- ¿Cómo puedo yo encontrar satisfacción en la vida y en mi trabajo si todo va a terminar, de todas maneras, en la muerte?

Todas ésas son preguntas con las que también lucharon los del Antiguo Testamento. Todas surgieron del desafío que la palabra de Dios les planteaba de una u otra manera. Muchas veces el Antiguo Testamento reconoce que la respuesta más honesta a todas esas preguntas es decir, simplemente, "No puedo". Ésa es exactamente la respuesta que le escuchamos a Moisés, Gedeón y Jeremías cuando Dios los llamó para que le sirvieran. Eso le dijo Josué a los israelitas cuando, con todo el entusiasmo, dijeron que *servirían* únicamente al Señor Dios. Sin ningún tacto ni diplomacia alguna, Josué fue cortante al decirles: "Ustedes son incapaces de servir al Señor" (Jos 24.19). De manera similar, tanto Dios como Moisés les advirtieron que fracasarían tratando de hacer lo que Dios quería, y que terminarían enfrentados a su juicio (Dt 29.22–28; 31.20–21, 24–29).

El asunto es que la palabra de Dios, de una parte, nos impulsa a buscar la respuesta que *debemos* dar, pero, por otro, también nos dice sin piedad que *fracasaremos* en nuestro intento, ya sea parcialmente o del todo.

Si nuestra predicación se mantiene en fidelidad a la palabra de Dios, especialmente nuestra predicación del Antiguo Testamento, debe producir un efecto *doble*.

➢ Debe presentarle a la congregación, con toda claridad, lo que Dios espera, anhela y busca de nosotros como pueblo suyo. Ésta es la manera en que *quiere* que vivamos. Éstos son los parámetros. Debemos darle a la gente todo el ánimo posible para que responda afirmativamente. Apelamos a las personas en nombre de Dios y hacemos el llamado a que lo amen y obedezcan con todo su corazón y toda su alma.

➢ Y, sin embargo, sin embargo… muy en lo profundo conocemos nuestra propia debilidad y nuestros propios fracasos. Incluso si nuestro corazón responde con un "¡Amén!" de buena disposición a lo que la Biblia nos demanda, sabemos muy bien que nuestra voluntad y nuestras acciones no lo seguirán. Sabemos que fallamos "por nuestra debilidad, por nuestra negligencia y por nuestras faltas deliberadas" (como reza la oración anglicana de confesión). Nuestra predicación necesita reconocer ese hecho.

¿Qué ha de hacer, entonces, el predicador?

Usted siempre puede gritar más fuerte si lo desea; ¡y muchos predicadores suelen hacerlo! Puede seguir fustigando a la gente con lo que deben y no deben hacer. Puede abrumarlos de culpa e intentar levantarles el ánimo. Puede exhortarlos, acosarlos, importunarlos, advertirles, amenazarlos, pero ninguna de esas cosas resolverá el problema de "yo no puedo". Ese tipo de predicación es, realmente, legalismo, moralismo y nada más. Sólo se trata de predicar todas las reglas y los deberes, todas las cosas que se espera que los cristianos hagan y no hagan. O, en el mejor de los casos, no es más que decirle a la gente todo el tiempo que trabaje más fuerte o mejor o más, que ame más, se preocupe más, dé más (especialmente esto último).

No. Cuando nuestra predicación muestra con claridad la respuesta que Dios espera pero no esconde que todos (incluido el predicador) podemos fallar, es cuando *debemos* predicar a Cristo. Una predicación bíblicamente fiel (especialmente fiel al Antiguo Testamento) debe producir *un vacío que tenga la forma de Cristo*, un sentido de la necesidad desesperada de la gracia y del poder de Dios que viene sólo por el evangelio. Por tal razón, una predicación desde el Antiguo Testamento debe ser una predicación centrada en el evangelio, *no* porque sea siempre evangelística, sino debido a que siempre nos conduce a descubrir que el evangelio de la gracia salvadora de Dios a través de Jesucristo es el corazón mismo, el centro, el punto y el propósito de toda la Biblia, de principio a fin. De esto se trata todo el relato de la Biblia.

Nada de esto significa que, una vez que hayamos establecido el vínculo con Cristo y el evangelio de la gracia, exoneremos a nuestro auditorio de la respuesta que necesitan dar a la palabra de Dios. Nada más lejos de la realidad. La gracia del evangelio es la que *genera* en nosotros la respuesta correcta en la práctica, una respuesta de fe, arrepentimiento y obediencia. Por esta razón, Pablo dijo que el trabajo de toda su vida buscaba producir *la obediencia de la fe* [...] *entre las naciones*. Buscaba llevar a la gente a la fe en Cristo, en primer lugar, mediante el evangelio y la predicación de las Escrituras (recuerde, el Antiguo Testamento). Pero *también quería que aquellos que habían llegado a la fe la vivieran*, mediante el poder del Espíritu que moraba en ellos, en vidas transformadas que fueran pruebas y frutos de la fe del evangelio.

Preguntas y ejercicios

1. *Si tiene apuntes de sermones que ha predicado en el pasado sobre textos del Antiguo Testamento, sáquelos y léalos de nuevo. ¿Pudo establecer una conexión con Cristo en alguna de las formas mencionadas arriba? ¿Pudo conectar el texto de alguna manera con el evangelio de la gracia? Si no, ¿qué revisiones podría hacer si fuera a predicar esos sermones una vez más?*

---

2. *Observe la gráfica en la sección 3. Seleccione los textos bíblicos que ilustrarían cada uno de los espacios: los textos del Antiguo Testamento en la columna de la izquierda, y los del Nuevo en la de la derecha.*

---

3. *Prepare un sermón, o varios sermones, de uno de los siguientes textos:*
   - *Deuteronomio 6.1–9*
   - *1 Samuel 3*
   - *Oseas 6.1–16*
   - *Deuteronomio 30.11–20*
   - *Isaías 52.7–10*

   Su propósito es entender, explicar y aplicar el texto mismo, pero considere también cómo establecería un vínculo entre el texto y Cristo en cualquiera de las formas mencionadas en este capítulo.

¿Cómo podemos predicar desde el Antiguo Testamento?

Capítulo 6

La historia de Dios y nuestras historias

A todo el mundo le gustan las buenas historias. Contarlas ha sido parte de la vida humana desde sus primeras etapas. A los niños les encanta escuchar historias mucho antes de que aprenden a leer. Son interesantes y emocionantes, y las seguimos recordando mucho tiempo después de que hemos olvidado otras cosas. Muchos predicadores tienen una conciencia tan clara de este hecho que dan a las historias un espacio amplio en sus sermones. El único problema es que, con frecuencia, las historias que relatan son de su propia cosecha, o las sacan de algún "manual de ilustración de sermones", a pesar de que la Biblia misma, el libro que Dios nos dio, es una historia completa, ella sola, que contiene un gran número de relatos más breves. Muchas congregaciones sobreviven con esta dieta magra de "anécdotas del predicador", y no llegan nunca a disfrutar el banquete completo de las historias de la Biblia, con la esporádica excepción de sus recuerdos de niñez. Pero incluso en esas ocasiones de antaño se les administraba una versión edulcorada de unas pocas historias que se ajustaban a sus condiciones.

1. La historia que Dios nos dio

En la Biblia, Dios nos contó una *larga historia completa* que abarca todo el espectro del tiempo y el espacio creados. Ese gran relato se divide en varios *megacuentos*[12] que ocupan secciones enormes de la historia. Cada

---

[12] Se usa aquí el término "cuento" en su sentido de relato literario, de creación artística, y no como si se quisiera hablar de un ardid engañoso. (Nota del traductor, en conversación con el autor).

uno de ellos es el resultado de un gran número de *historias más breves*, las que usualmente tenemos en mente cuando hablamos de "historia bíblicas". Pensemos por un momento en los tres niveles de historia en la Biblia, pues es un tema de importancia en nuestra discusión más adelante. Revise el Apéndice 1 para que pueda tener en cuenta un contenido más detallado.

a) La historia larga que la Biblia cuenta

Esta historia puede narrarse brevemente. Revise de nuevo los seis símbolos en el capítulo 2. Esos símbolos cuentan toda la historia de la Biblia en el dorso de un sobre.

↓	1. Dios creó el mundo y todo lo que en él hay, incluida la raza humana, que fue hecha a su imagen.
✕	2. Nosotros nos rebelamos contra Dios y lanzamos al mundo al caos y a la maldad.
→	3. Dios prometió a Abraham que revertiría ese curso de maldición y que traería bendición y salvación al mundo a través de su descendencia, el Israel del Antiguo Testamento, aunque ellos mismos pecaban y fallaban en esa misión.
✝	4. Dios cumplió su promesa a través de su Hijo Jesucristo, quien derrotó el pecado y la maldad a través de su muerte y resurrección.
→	5. Desde entonces, aquellos que siguen a Jesús se esfuerzan, en el poder del Espíritu Santo, por alcanzar a otros y llevar las buenas nuevas de salvación a todos los pueblos de la tierra.
↓	6. Jesucristo regresará y, luego de un juicio final y la destrucción de toda la maldad, Dios vivirá por siempre en la nueva creación con su pueblo redimido de entre todas las naciones.

A esta gran historia se la llama, a veces, el *metarrelato bíblico*. Esto quiere decir que es el relato que está por encima de todas las otras historias en la Biblia, a las cuales incluye en su narración. Es el barrido englobante de todo el mensaje de las Escrituras. Como puede observar, se trata de un relato con su comienzo (creación) y su final (nueva creación, que realmente es un nuevo comienzo). Usted también puede notar que justo en su centro, como la clave de todo el relato, están el Señor Jesucristo y lo que Dios ha hecho a través de su Hijo.

Este gran metarrelato bíblico, la gran historia completa, responde las preguntas fundamentales que se plantean todos los seres humanos:

- ➤ ¿En qué consiste el mundo en el que vivimos?
- ➤ ¿Quiénes somos nosotros y qué significa ser humano?
- ➤ ¿Cuál es el problema en el que estamos inmersos y por qué este caos?
- ➤ ¿Cuál es la solución a todo lo que está mal en el mundo y en nosotros?
- ➤ ¿En qué terminará todo esto y cuál es nuestra esperanza?

Vale la pena insistir en que las respuestas que la Biblia ofrece a esos interrogantes, y que las ofrece al contar su gran historia, constituyen la esencia de nuestra fe cristiana. Nuestra cosmovisión, doctrina y teología cristianas fluyen del relato englobante de la Biblia. Piense en todos los elementos clave de lo que nosotros creemos como cristianos, y podrá así ver que todos ellos aparecen a lo largo de toda la línea del relato: las doctrinas de Dios, la creación, la humanidad, el pecado, la salvación, la cristología, la doctrina del Espíritu Santo, la eclesiología, la misión, la escatología. Éstas no son creencias filosóficas abstractas. Son, por el contrario, doctrinas que sintetizan todos los grandes momentos de la historia bíblica. Necesitamos tener una comprensión comprehensiva de nuestra fe que mantenga todos sus componentes en una relación coherente, en una cosmovisión coherente. Para conseguirlo, necesitamos capturar la historia que la Biblia narra en su totalidad, en una gran historia completa.

b) Las megahistorias en la Biblia

Estos megacuentos son bloques narrativos que describen las fases mayores dentro de la historia englobante de la Biblia. Son varios los bloques narrativos que podemos identificar en el Antiguo Testamento. Por ejemplo:

- ➤ El bloque que va desde la promesa de Dios a Abraham hasta el establecimiento del reinado de David.
- ➤ El que cubre el espacio entre Salomón y el exilio.
- ➤ Posteriormente, el relato entre el retorno del exilio y la venida de Cristo.

Ésos son los tres bloques narrativos que Mateo descubre a lo largo de los cuales organiza la genealogía de Jesús (Mt 1.1–17).

Un segundo análisis al interior de esos bloques narrativos permite descubrir la presencia de secciones narrativas extensas que se agrupan todas juntas, tales como la vida de Abraham, o el Éxodo y el peregrinaje por el desierto, o la llegada del pueblo hebreo a la tierra prometida y el periodo de los jueces, o el que va desde el nacimiento de Jesús hasta la llegada de Pablo a Roma (que incluye los dos volúmenes de Lucas, desde su evangelio hasta el libro de los Hechos), y así sucesivamente. A veces un solo libro se concentra en un gran periodo singular de la historia de la Biblia, por ejemplo Josué o Hechos.

Necesitamos conocer el perfil general de esos megacuentos al interior de la Biblia. Con frecuencia, esos bloques narrativos comunican un mensaje de largo aliento que enfatizan a lo largo de varios relatos más breves. Por ejemplo:

➢ El mensaje predominante del bloque narrativo que va desde Abraham hasta David es que Dios cumple sus promesas a pesar de los muchos obstáculos en el camino. Dios es fiel. Necesitamos conservar ese mensaje siempre presente cuando leemos cualquiera de los relatos más breves que se relatan dentro del bloque narrativo mayor.

➢ El mensaje predominante desde Salomón hasta el exilio es que Dios es paciente con las generaciones pecadoras de Israel a lo largo de muchos siglos. Durante todo ese lapso, fueron de mal en peor, rechazando a Dios y sus mandamientos, pero al final Él actuó pronunciando un juicio justo. El pecado de Israel se tradujo en la destrucción casi total de este pueblo. Dios es justo.

Cuando capturamos el mensaje general de esos relatos mayores, podemos leer las historias breves desde la perspectiva correcta en esos contextos.

c) Las historias breves

Hay cientos de episodios que ocurren dentro de los bloques narrativos mayores. Cada uno de esos episodios constituye una historia en sí mismos, y cada uno está interconectado con los demás en toda una cadena narrativa total. Al interior de un bloque narrativo, o una megahistoria, pueden darse muchas historias más breves, o menores.

Aunque los siguientes conceptos pueden no resultar muy claros en algunos contextos, al menos en español podemos hablar de tres niveles narrativos, yendo del más breve al más extenso.

- ➤ *Cuentos:* o historias breves individuales. Cada uno de ellos describe un evento que involucra uno o más personajes en un periodo corto de tiempo.
- ➤ *Relatos:* o bloque narrativo mayor (megahistoria), conformado por cuentos breves y que describe un periodo significativo que cubre un lapso mayor.
- ➤ *Metarrelato:* o el gran esquema envolvente de toda la Biblia que provee la verdad y el mensaje esenciales.

Es importante considerar todos esos tres niveles cada vez que prediquemos a partir de las historias bíblicas. Es posible que, por lo general, usted predique nada más que desde los cuentos más breves. Con todo, necesita tener en cuenta que su historia menor, esto es, el texto de su sermón, se ubica en el contexto del relato más extenso del cual es parte, que puede ser el libro de la Biblia en el que se encuentra el texto del cual usted está predicando. Usted no puede darle a su historia breve un tratamiento aislado para sacar de allí lecciones morales. Si se limita únicamente a resaltar algunos puntos de una historia en particular sin prestarle atención al contexto mayor en el que se encuentra, usted puede perder de vista el sentido general de toda la narración. Usted no podría dar cuenta de las razones por las cuales el autor bíblico incluyó esa historia en ese punto de su relato mayor. Podría incluso distorsionar lo que el autor quiso decir, ya que podría terminar enfocándose en los aspectos *incidentales* de la historia en lugar de interpretarla a la luz de *todo su contexto.* Más adelante trataré este aspecto en detalle, pero por ahora permítame resaltar el punto que busco enfatizar:

No lea una historia breve de la Biblia sin pensar en la narración mayor de la cual es parte y su lugar en el contexto más amplio de la gran historia envolvente de la Biblia. En realidad, esto no es nada diferente de lo que ya conoce acerca de toda interpretación bíblica: *Lea cada texto en su contexto.* Aquí no estamos haciendo más que extendiendo a los relatos breves de la Biblia lo que ya sabemos en lo relacionado con uno de sus textos o pasajes cortos. Haga lo mismo. Lea en contexto.

2. Un mundo de historias

Así, entonces, la Biblia es ella misma una historia, y contiene muchas historias. No es, desde luego, el único libro en el mundo que está constituido de esa manera. Las historias se pueden encontrar en todas partes, en todas las culturas. Algunas de ellas se conservan por escrito, pero la mayoría se atesoran y transmiten oralmente. Las historias son una parte importante de la vida humana. Pensemos en lo que hacen y en cómo lo hacen. Así podremos apreciar más profundamente la razón por la cual Dios optó por que su libro, la Biblia, fuera una gran historia compuesta por muchos relatos breves. A su vez, podremos también darnos cuenta de cuán importante es incluir las historias de la Biblia en nuestros planes de predicación. ¡Mi expectativa es que la importancia del relato podrá, al menos, inspirarlo a aprovechar las narraciones bíblicas en su predicación y no solamente sus propias anécdotas ni los relatos de otras personas!

a) ¿Qué es lo que hacen las historias?

Son cinco las funciones que, por lo general, cumplen las historias en la sociedad humana. Tras reflexionar en cada una de ella podremos ver que se aplican también a las dinámicas de las historias en la Biblia.

1. *Nos valemos de las historias para decirnos unos a otros quiénes somos.* En mi trabajo interactúo con una amplia diversidad de público en iglesias, universidades y centros de reuniones públicas. La persona que me presenta siempre me pide que comparta "mi historia". Dependiendo del tiempo disponible, cuento lo que ha sucedido en mi vida en algunos puntos cruciales. Eso es lo que soy. Desde luego, como alguien que fue creado a la imagen de Dios, yo soy más que mi historia de vida. Pero contarla y compartir pequeños detalles le permite a la gente conocerme, incluso si nunca me han visto antes. Desde luego, los que ya me conocen son aquellos que han compartido conmigo trechos largos o cortos de esa historia: mi familia, viejos amigos. Las historias son esenciales a la identidad personal. Ésa es la razón por la que Dios dio el don de la memoria. ¿Con cuánta frecuencia nuestros amigos y familiares preguntan: "Recuerdas cuando…", y empiezan a contar una historia conocida por todos? Por eso es una tragedia personal real cada vez que alguien pierde la memoria a manos de la demencia o alguna lesión. Es como si perdieran su identidad, que ya no tuvieran acceso a los elementos que los constituyen ni a lo que ellos son. Para todos nosotros, la vida misma es una historia.

2. *Nuestras comunidades construyen y conservan su sentido de cohesión gracias a las historias.* La gente que ha vivido una experiencia común cuenta historias que les permiten mantener viva esa memoria vivida por todos. Las historias dicen: "Esto es lo que somos porque eso fue lo que nos sucedió a todos". Esas historias pueden ser antiquísimas o muy recientes. La longevidad de la historia es lo de menos. Lo importante es que son historias compartidas por todos y que todo el mundo conoce. Yo crecí en Irlanda del Norte. La comunidad protestante de allá repite vez tras vez las historias de las victorias del rey Guillermo III sobre las fuerzas católicas de Jacobo II en 1689-90, y las celebran anualmente con desfiles coloridos y bulliciosos. Ésa es una celebración que se viene festejando desde hace de trescientos años. Las historias son parte de su identidad.

   Aquellas comunidades que han sufrido alguna tragedia relatan historias de esos tiempos y se unen en torno a esa experiencia compartida. Pudo haber sido un desastre natural, un tiempo de declive y deterioro económico o la devastación en algún tiempo de guerra. Las historias perfilan la memoria cultural de la comunidad. Si usted forma parte de esa historia y su propia historia se conecta con la de la comunidad, puede decir, entonces, que usted pertenece a ese entorno. La gente a su alrededor sabrá de qué está hablando cuando usted cuente la historia.

3. *A través de las historias expresamos y transmitimos valores morales.* ¿Cuáles son las historias que los padres les cuentan a sus hijos en su país? Muchas historias infantiles cumplen la función de entretener y divertir, pero con frecuencia las historias son el empaque de un mensaje. Los relatos proveen ejemplos de conductas que producen buenos resultados, y de aquellas que sólo traen lágrimas o cosas peores. Las historias sobre animales son populares. Algunos animales son buenos y heroicos. Algunos son engañosos, astutos y llevan a finales desastrosos. Por escuchar esas historias vez tras vez, los niños llegan a aprender acerca de la vida y del tipo de comportamiento que debe ser imitado y aquél que debe evitarse. Las historias son el medio por el cual las sociedades transmiten sus valores a lo largo de muchas generaciones.

4. *Nos valemos de las historias para enfrentar el presente y aspirar a un mejor futuro.* Las historias más poderosas en cualquier cultura son

las que contribuyen a darle sentido a la vida presente, especialmente cuando es dolorosa, como fue el caso de la experiencia de la esclavitud, por ejemplo. Al mismo tiempo, algunas historias (como las canciones) pueden mantener viva la esperanza en un futuro mejor. Las historias pueden imaginar una nueva realidad, pueden crear un nuevo mundo al cual podemos proyectarnos.

5. *Nos valemos de las historias para denunciar y desafiar las cosas que no están bien.* En los países en donde hay libertad de expresión y de prensa, una de las armas más poderosas contra la corrupción y los males en la sociedad es la narración de historias. Un periódico o un documental de televisión cuentan la historia de alguien que sufre la injusticia en manos "del sistema". La historia empieza a calar, otros medios la vuelven a publicar y se amplía así su radio de circulación. Incluso puede convertirse "viral" en las redes sociales, en Internet. La historia puede ser contundente. Puede incluso cuestionar lo que la gente hasta entonces creía de las autoridades. La historia, con su interés en lo humano, puede ser más poderosa que cualquier cantidad de investigaciones, reportes y discursos de políticos. Esa historia la vamos a recordar por más tiempo de lo que recordaríamos un debate político.

Todos esos puntos son ciertos en lo que tiene ver con el impacto de las historias en la cultura en general. Sin duda alguna, usted está en la capacidad de añadir otros más a medida que piensa en las historias que le son conocidas, o que actualmente circulan en los medios en su país. Lo que quiero enfatizar en este momento es que *las historias en la Biblia cumplen las mismas funciones y cuentan con una capacidad de impacto similar.* Los siguientes cinco puntos muestran esas funciones en el caso de las historias bíblicas.

1. ¿Cómo sabemos quién fue Abraham o David o Ana y Eliseo o incluso Jesús? A través de sus historias. Sus identidades y caracteres son revelados en las historias de la Biblia que protagonizan, sean pocas o muchas.

2. ¿Cuál fue el elemento que mantuvo a Israel cohesionado a lo largo de miles de años? El lazo de unión fue el recuento permanente de sus historias centrales desde las Escrituras. Los cristianos también nos definimos como comunidad, incluso teniendo en cuenta las

diferentes culturas que representamos, por la historia central de Jesús de Nazaret y lo que le sucedió en su nacimiento, vida, muerte y resurrección. Esa historia, y las historias contenidas en ella, nos dicen quiénes somos como comunidad de seguidores de Cristo.

3.   ¿Cómo supo Israel YHWH era su Dios, y cómo podían vivir de una manera que estuviese acorde con su voluntad? Eso era posible por las historias de Dios en acción, particularmente en la historia del Éxodo y todo lo que aconteció después. YHWH era el Dios que actuaba en amor, compasión, justicia, y que rechazaba la mentira y la maldad. Por lo tanto, su pueblo debía vivir de manera similar. Las historias del Antiguo Testamento constituyeron el proyecto masivo de educación moral de toda una cultura. Su mensaje fue: "Esto es lo que somos, y es así como debemos vivir por lo que cuenta nuestra historia".

4.   Cuando los israelitas pasaron por la prueba, ¿cómo pudieron mantener la esperanza? Lo lograron gracias al recuento de las historias de Dios redimiéndolos en el pasado al sacarlos de Egipto, sabiendo que lo haría nuevamente en el futuro, e imaginando en cuadros vívidos lo que el futuro podría traer en el tiempo de Dios.

5.   Cuando el rey David necesitó recibir represión por su adulterio con Betsabé y el asesinato de Urías, ¿qué hizo el profeta Natán? Le contó una historia, una que el rey creyó se trataba de un caso judicial, y luego dejó que David sacara su propia conclusión. La historia atrapó a David en su propia condenación. Si nosotros necesitamos que se nos convenza del poder de las historias, no tenemos que ir tan lejos. Ahí están las parábolas de Jesús. Muchas de ellas son sorprendentes y chocantes, con la virtud de denunciar las actitudes y las mentalidades erróneas. Nosotros recordamos esas historias mucho mejor de lo que recordaríamos si Jesús hubiera dicho eso mismo mediante discursos políticos.

Cada vez que prediquemos las historias de la Biblia, tengamos en cuenta que no se trata *sólo de historietas bíblicas*, pequeños trozos de provecho y de interés local, como si fueran atractivos turísticos, de las cuales podemos extraer unas pocas lecciones superficiales. Esas historias son, por el contrario, herramientas poderosas en las manos de Dios que nos las dio a nosotros. Las historias hacen un gran trabajo en los corazones y las mentes de la gente. Dios lo sabe. Prediquemos, entonces, las historias que Dios nos dio, y dejemos que realicen la labor que Él tuvo en mente para ellas.

b) ¿Por qué las historias son efectivas?

¿Podemos identificar con claridad los mecanismos internos, o las razones, por los cuales las historias funcionan de maneras tan efectivas? Si podemos hacerlo, estaremos en la capacidad de contar con instrumentos que nos serán de provecho cuando estemos trabajando las historias del Antiguo Testamento. Si sabemos cómo funcionan las historias en general, podremos "trabajar con ellas" cuando prediquemos o enseñemos las historias de la Biblia. A continuación ofrezco algunas razones por las cuales las historias son activas y dinámicas, que explican por qué son tan efectivas. Esos puntos son marcas distintivas de las *buenas* historias, lo que no quiere decir que se traten de historias de gente que es buena, sino que son relatos bien construidos que resisten el paso del tiempo. Son aquellas historias que se mantienen a lo largo de muchas generaciones. En ese sentido, la razón por la cual las historias bíblicas son tan conocidas en muchas culturas que han recibido su impacto por la vía de la fe cristiana, no es solamente porque estén en la Biblia, sino debido a que son memorables; son de esas historias que se quedan en nuestras mentes y corazones haciendo continuamente su trabajo silencioso.

Los siguientes puntos corresponden a las historias verdaderas en general. En el siguiente capítulo veremos algunos ejemplos de historias del Antiguo Testamento.

i) Una buena historia captura nuestro *interés* y nuestra *imaginación*

Todo predicador ya lo sabe instintivamente. Si la congregación parece no responder al sermón, si incluso parece estar aburriéndose, tan pronto usted comienza a narrar una historia, antes de concluir la primera frase, o la segunda, puede ver que se despierta el interés.[13] La gente quiere

---

[13] He podido comprobarlo en mi salón de clases. Cuando mi charla se extiende por un rato considerable, me detengo a veces y digo: "Pues sí. Muchas cosas raras pasaron en el camino cuando yo venía para acá". Inmediatamente los estudiantes me miran y parecen retomar su interés. Quieren saber qué sucedió. Quieren oír una historia. Usualmente los defraudo diciéndoles: "La verdad es que no pasó nada, pero observé que ustedes

escuchar lo que pasó, y lo que sucedió después, y cómo terminó todo. Probablemente ésa es la razón por la cual los predicadores tienden a no hacer más que contar historias; es la única alternativa que conocen para mantener el interés de sus oyentes, pues no tienen mucho que decir.

¿Por qué una buena historia mantiene nuestro interés? Porque un buen relato captura nuestra imaginación. La imaginación es uno de los grandes dones que Dios nos ha dado a nosotros como seres humanos. Nosotros contamos con una habilidad increíble para crear en nuestra mente realidades imaginarias alternativas que son totalmente diferentes de lo que en realidad estamos viviendo en un momento determinado. Justo ahora, en este momento, en mi mente, yo puedo estar en otro lugar. Puedo imaginarme en otra parte del mundo, y puedo imaginar lo que podría estar haciendo allá. Míreme ahora nadando en el mar en alguna costa africana. O también puedo imaginarme en alguna otra situación en un momento histórico del pasado y lo que yo pude haber sido entonces. Aquí estoy junto a Jeremías en una Jerusalén sitiada. Puedo pensar en un futuro "imaginario", y lo que puedo hacer en ese momento, ya sea bueno o malo. Puedo imaginar conversaciones que nunca he sostenido o que nunca tendré con gente que conozco muy bien o que nunca conocí del todo. Puedo imaginar grandes sueños para el futuro, no sólo para mí sino también para mi país o para la raza humana. Esa clase de imaginación es lo que llamamos "visión".

Las buenas historias nos llevan a vivir "dentro" de ellas en nuestra imaginación. Nosotros vemos, oímos y experimentamos, en nuestra imaginación, lo que el narrador de historias nos está contando. Por ello, nos desesperamos por saber lo que sucederá después y cómo terminarán las cosas. Nosotros entramos en el mundo de la historia, incluso si es ficticia, como las parábolas de Jesús, y nos imaginamos a nosotros mismos en ese escenario.

ii) Una buena historia tiene una *trama* cautivante

La trama de una narración es la que la empuja hacia adelante. Allí están en secuencia los eventos que ocurren. La secuencia puede no seguir una

---

mostraron interés tan pronto *creyeron* que les iba a contar una historia. Eso demuestra cuán poderosas son las historias para capturar la atención. Ésa es la razón por la que Dios nos ha dejado tantas historias en la Biblia. Dios sabe cómo llamar nuestra atención".

línea recta ("esto sucedió, y justo después esto otro, y más tarde esto…"). Un buen tejedor de cuentos puede llevarlo a usted hacia atrás y hacia adelante todo el tiempo. Pero en últimas, el hilo secuencial tiene un punto de partida. A partir de allí lo lleva a través de una o más situaciones, problemas y desafíos complejos que describen las maneras en las que los personajes del relato tratan de salir airosos. Al final, la trama lo lleva a un punto culminante, sea éste un final feliz o no.

Por "cautivante" quiero decir que una buena trama dispone de sus elementos de tal manera que mantiene al lector o al oyente intrigado, en una condición permanente de pregunta, con su curiosidad en alerta roja. Las *sorpresas* van a venir ("¡Caramba! ¿Cómo pudo haber sucedido eso?"). Habrá *suspenso* ("¿Cómo puede escapar esa pobre muchacha de ese peligro o amenaza?"). Habrá *espanto,* llegadas repentinas e inesperadas, momentos de alegría, tragedia imprevista, reveses de fortuna, etcétera. Son muchas las ocasiones en las que usted (el lector o el oyente) sabe algo que los personajes del cuento no conocen, y usted espera en suspenso hasta que ellos lo descubren. En otras ocasiones sucede lo contrario y usted, mucho más tarde, se entera de lo que ya conocía el personaje en la historia.

En cualquiera de los casos, el escritor o el relator siempre tienen que "seguir la trama". Una de las virtudes ingeniosas de las historias largas es que usted puede memorizar la trama y resumirla en pocas palabras.

iii) Una buena historia tiene *personajes* fuertes

Al decir "fuerte" no estoy insinuando que el personaje central en una buena historia tenga que ser un superhéroe. Lo que quiero decir es que, incluso si la persona es débil físicamente o de alguna otra forma, su carácter resalta con firmeza. Las buenas historias, por lo general, tienen un personaje central, algunos otros personajes secundarios, y muchos más que pueden jugar un papel en la historia pero que no tienen un color específico ni un carácter determinado que los resalte.

A medida que leemos o escuchamos la historia, nos identificamos con los personajes principales, ya sea positiva o negativamente, o a veces en esas dos dimensiones al mismo tiempo. Algunos de los personajes de una historia pueden ser muy buenos, y otros, perversos; pero con frecuencia una buena historia muestra que la vida es más ambigua que eso. La gente real no se divide simplemente en tipos buenos y tipos malos, en héroes y villanos. Las buenas historias muestran que la gente buena puede tomar malas decisiones o cometer errores lamentables, y que la gente mala puede, a la postre, hacer algo bueno.

Los personajes en una historia producen lo que se puede llamar "interés humano". Nosotros nos descubrimos a nosotros mismos respondiendo a sus pensamientos, motivaciones y acciones, sea que sepamos que se tratan de personajes históricos concretos o completamente ficticios. Nosotros los evaluamos, los juzgamos. Es posible que los admiremos o detestemos. Incluso llegamos a pensar: "¿Yo habría hecho eso?". Nos sumergimos en los enigmas y los desafíos a los que se enfrentan los personajes de la historia, y nos interesamos en sus luchas para vencer (o no) y en sus motivaciones para superar sus dificultades. Queremos saber en qué puede parar toda la trama y cuál puede ser su desenlace final.

iv) Una buena historia deja *espacios* para la curiosidad

¿Por qué estaba ese personaje ahí, después de todo? El narrador del cuento puede no decírnoslo y es posible que prefiera dejar que lo imaginemos. ¿Qué pasó entre este evento y este otro posterior? ¿Fue el uno la causa del otro? El narrador del cuento podría no contárnoslo para dejar que llenemos ese hueco por nosotros mismos. ¿Y qué de ese otro personaje? ¿Era que ya sabía la verdad en ese punto de la historia? No se nos dice. La narración nos deja adivinando, a solas con nuestras preguntas. ¿Qué pasaba por la mente del personaje principal cuando esta otra gente cometió esos actos tan horribles / realizó esa hazaña fenomenal?

Una buena historia no lo cuenta todo sino que deja que la imaginación del lector u oyente llene los espacios en blanco. De esta manera, no solamente consigue involucrarlo en la historia mediante las preguntas que le suscitan —¿Qué? ¿Por qué? ¿Cómo?—, sino que, además, lleva a que la historia se haga memorable. Como resultado, ésta lo afecta más profundamente de lo que sucedería si usted mismo hubiera hecho todo el trabajo. Una buena historia es "interactiva" entre el contador de cuentos o el autor y el oyente o lector.

v) En una buena historia el lector u oyente es el *juez*

Algunas historias terminan diciéndonos lo que debemos pensar acerca de lo que sucedió en el relato y nos explican su significado. Jesús hizo eso con su historia del sembrador y los cuatro tipos de terreno. Pero ello es inusual. Las mejores historias nos dejan como jueces sobre la base de lo que hemos leído u oído. Ésa es la razón por la cual las parábolas de Jesús terminan con esta sentencia: "El que tenga oídos para oír, oiga". Esto es: "Piensen en lo que les acabo de contar y saquen sus propias conclusiones".

Las buenas historias no son solamente interesantes y entretenidas, sino que también nos desafían a que respondamos de alguna manera. Una historia puede suscitar toda clase de cuestiones morales a medida que sus personajes trasiegan por los vericuetos de su trama. Nosotros como lectores nos sentimos llamados a evaluar sus opciones, acciones y motivaciones. Una historia puede también desafiar nuestros propios valores y presupuestos y llevarnos a ver las cosas de manera diferente.

Antes de pasar al siguiente capítulo, piense en cómo todo esto se aplica a las historias del Antiguo Testamento. Tome un momento para pensar en las historias más conocidas en su país o cultura. Puede pensar en los libros que se han escrito, o las películas que todo el mundo ha visto, o las grandes epopeyas religiosas, o las leyendas de los ancestros más gloriosos. ¿Por qué cree que esos relatos perduran en el tiempo y calan tan hondo? ¿Por qué forman parte del acervo educativo de la gente? ¿Puede ver si alguno de los puntos discutidos arriba se ajustan a los relatos de su cultura en la manera como operan en las mentes, los corazones y los valores de la gente?

c) ¿Qué hace que una historia sea "cierta"?

Hay otro punto que debemos mencionar antes de pasar a la Biblia. Es posible que a esta altura de la discusión usted esté pensando: "Sí, está bien, todo esto es muy interesante acerca de las historias en general, pero la Biblia no está compuesta de cuentos; no, la Biblia tiene que ver con la historia. Es nada menos que la historia *verdadera* de Dios e Israel en el Antiguo Testamento, y de Jesús y la iglesia en el Nuevo". Desde luego, está en lo cierto y estoy de acuerdo con usted completamente.

Sin embargo, no hay contradicción entre afirmar que la Biblia ofrece una *verdad histórica confiable* (lo que sucedió, lo que Dios hizo en la historia), y observar que ella nos da esa verdad histórica en la forma de *historias bien articuladas que son memorables y contundentes*. En otras palabras, cuando digo que necesitamos entender y apreciar la *forma* de los textos históricos en el Antiguo Testamento y verlos cómo funcionan en tanto historias (algo que necesitamos hacer a fin de poderlas predicar bien), *no* estoy diciendo que las historias bíblicas sean leyendas artificiosas sin fundamento histórico alguno. No hay razón para dudar de que *esos* relatos no puedan, a la vez, estar fundamentados en hechos históricos *y* narrados en estilos hábilmente elaborados que capturan nuestra imaginación y despiertan nuestro interés en maneras ya mencionadas arriba (y más adelante, cuando hablemos de la historias del Antiguo Testamento). Personalmente, estoy convencido de que las historias bíblicas reúnen esas dos características.

Además, hay un punto adicional que quiero resaltar. Cuando hablamos de "la verdad de la Biblia", estamos mencionando algo que es mucho más que simples hechos históricos. Pensemos por un momento en la historia del Antiguo Testamento. ¿Qué diríamos de David y Goliat? ¿Cuál es la verdad en esa historia? A un nivel queremos decir que el relato recoge verazmente un evento que sucedió en la historia de Israel y en la vida de David. Podríamos afirmar: "Creo que ésta es una historia cierta; esto fue lo que realmente sucedió". Está bien. Estoy de acuerdo.

¿Pero es eso todo lo que usted predicaría a partir de ese texto? ¡Por supuesto que no! Sabe muy bien que el escritor de la historia quiere contarnos mucho más que un simple hecho histórico: "Goliat era un hombre enorme, pero David, un muchacho, lo mató y los filisteos huyeron. ¡Bravo!". Ésa es la verdad, pero la médula de la historia se encuentra en un nivel más profundo. ¿Cuál es la verdad de *Dios* que ese relato comunica?, ¿cuál es la verdad a cerca de *Dios e Israel*?, ¿cuál es la verdad a cerca de *Dios y David*? De hecho, el autor de la narración nos da una pista que nos conduce a la verdad más profunda de la historia en lo que David le dijo a Goliat antes de arrojarle su piedra: *Hoy mismo el* Señor *te entregará en mis manos* [...] *y todo el mundo sabrá que hay un Dios en Israel* (1S 17.46, énfasis mío). Cuando usted predica la verdad de la historia, se fija en lo que ese relato *significó* para Israel, y lo que *significa* para nosotros. Su atención no se queda únicamente en el hecho en el que está fundamentado.

Cuando estamos tratando con los relatos históricos del Antiguo Testamento nosotros podemos ver que una *parte* de la verdad está en los hechos históricos allí registrados, pero ésa no es *toda* la verdad de la historia. Necesitamos bucear más profundamente y plantearnos preguntas acerca de por qué el narrador incluyó la historia y la contó de esa manera: ¿Cuál es la verdad incrustada en la historia que va más allá de los hechos a secas?

Preguntas y ejercicios

1. *Discuta una o dos de las historias más famosas y que gozan de mayor aceptación en su país o cultura. ¿En qué medida usted ve que se les pueden aplicar los puntos observados en este capítulo?*

____

____

____

____

2. *¿Qué producen esas historias en la gente en su cultura, desde su niñez?*

____

____

____

3. *¿Cuáles son las historias de su país o cultura que contribuyen a que las comunidades mantengan su sentido de cohesión?*

____

____

____

____

4. *¿Puede pensar en historias populares que expresan lo que su cultura celebra como provechoso y benéfico o cuestiona como malo y dañino?*

____

____

____

____

5. *Como preparación para el siguiente capítulo, escoja una historia bíblica conocida y empiece a pensar hasta qué punto los aspectos discutidos en el punto b, "¿Por qué las historias son efectivas?", se aplican a esa historia.*

____

____

____

____

Capítulo 7

Cinco preguntas para formular al predicar las historias del Antiguo Testamento

Volvamos nuevamente a la Biblia. Imaginemos que usted ha planeado su predicación (¡y espero que lo esté haciendo!) y piensa que ya es tiempo de ahondar en el Antiguo Testamento. Decide, entonces, predicar por algunas semanas a partir de uno de los libros históricos. Es posible que seleccione una serie de historias de cada libro sobre los cuales va a predicar. ¿Cuáles serían los pasos al preparar la predicación de cada una de esas historias? Aquí hay cinco que yo he encontrado de provecho. El cinco suele ser un número útil, ya que los dedos de la mano nos ayudan a recordar las cinco preguntas en torno a cualquier historia:

➢ ¿Cuándo y dónde?
➢ ¿Qué y cómo?
➢ ¿Quién?
➢ ¿Por qué?
➢ ¿Y qué?

Tomemos la historia de David y Goliat como modelo para ilustrar esas preguntas. Usted necesitará tener 1 Samuel 17 en frente.

1. ¿Cuándo y dónde? El contexto

Toda historia tiene un escenario. El lugar puede ser totalmente imaginario en el caso de los mitos y las leyendas. Los relatos históricos, sin embargo, ocurren en un tiempo y lugar particulares. Ese trasfondo es importante para entender la historia y su significado. Debemos tratar de responder las preguntas en tres niveles.

a) El contexto inmediato de la historia

Usualmente la ubicación de la historia, el lugar en donde ocurren los hechos, es descrito brevemente. Necesitamos conocer las circunstancias básicas. En nuestro modelo, el narrador nos da un contexto inmediato en 1 Samuel 17.1–3. Hay una guerra. Los filisteos han invadido y atacado a los israelitas en tiempos del reinado de Saúl. Las líneas de batalla están definidas y los dos ejércitos acampan en colinas opuestas. Un valle los separa. Ya sabemos por historias anteriores que los filisteos son enemigos sumamente feroces. Así, entonces, esta situación es realmente amenazante. Tal es el contexto inmediato para lo que sigue en la historia.

b) El contexto más amplio en uno de los "megacuentos" de la Biblia

Todo relato del Antiguo Testamento en los libros históricos se produce al interior de una historia más amplia. En nuestro modelo, ultimar a Goliat es un incidente en la vida de David. La vida de éste, a su vez, es parte de un relato mayor que da cuenta del inicio de la monarquía en Israel, la cual comenzó con Saúl. Entonces, esta *historia* es parte de un *relato* más extenso que traza el surgimiento de David desde sus raíces humildes hasta convertirse en rey sobre todas las tribus de Israel. Necesitamos, por lo tanto, leer esta historia de David y Goliat no como una hazaña aislada en "la saga de un héroe" (un muchacho pequeño que derriba a un enorme gigante! ¡Bravo!). En el mundo abundan historias como ésa, y si hasta ahí llega el único mensaje que usted predica de esta historia ("No importa cuán grande sea el problema o cuán insignificante te sientas, al final tú puedes ganar"), la Biblia se verá gravemente minimizada en sus manos. Cuando ubicamos la historia en su propio contexto, la vemos como parte del *plan y propósito de Dios* para David e Israel, y más adelante, desde luego, para el mundo entero a través del Hijo de David.

c) El contexto entero de la Biblia

¿Cuándo y dónde ocurre esta historia en el marco del paisaje amplio de la historia total de la Biblia? Es un relato que aparece en el Antiguo Testamento, esto es, antes de Cristo. Eso hace la diferencia. No es una historia que les esté diciendo a los cristianos cómo deben proceder con sus "enemigos". Se trata de un evento que ocurre después de que Israel ha salido de Egipto y se ha asentado en la tierra (una porción de las promesas de Dios se han cumplido), sin que todavía haya tomado control de todo el territorio. La ciudad de Jerusalén aún no está en manos israelitas. Hay todavía una parte de las promesas que aún no se han cumplido. Usted debe abordar cualquier historia del Antiguo Testamento de manera similar; piense en dónde encaja dentro de toda la historia más extensa.

 Lista de control

> ➤ ¿Qué viene antes de la historia?
> ➤ ¿Qué viene después?
> ➤ ¿Cómo afecta el significado de la historia su contexto textual inmediato?
> ➤ ¿El relato ocurre antes o después de la promesa de Dios a Abraham?
> ➤ ¿El relato sucede antes o después del pacto de la ley que fue dada en el Monte Sinaí a través de Moisés?
> ➤ ¿El relato ocurre antes o después de la entrada de Israel a la tierra de Canaán?
> ➤ ¿El relato ocurre antes o después de la división del reino tras el reinado de Salomón?
> ➤ ¿El relato ocurre antes o después del exilio?

Saber dónde y cuándo se desarrollan los acontecimientos influye en el entendimiento de la historia misma, en lo que sus personajes saben o no saben todavía, y en cómo actúan o reaccionan.

¿Puede ver cuán importante es que usted lea toda la Biblia una y otra vez para poder familiarizarse con el cuadro total? Necesita saber en qué lugar de la historia total aparece el evento particular que está estudiando.

2. ¿Qué y cómo? La trama

Toda historia tiene su trama. Algo tiene que *pasar*, y algo tiene que *hacer que las cosas pasen* de manera tal que la realidad cambie de una situación a otra. Necesitamos, entonces, preguntarnos: "*¿Qué* sucede en esta historia y *cómo* una situación lleva a la otra?".

Si yo digo o escribo: "Ayer me senté en mi silla preferida en la casa", eso puede ser cierto, pero no es una historia en sí misma. ¡No pasa nada! Pero si digo: "Ayer, mientras yo estaba sentado en mi silla preferida en la casa, de repente se produjo un ruido ensordecedor en la puerta. Cuando la abrí, había un hombre con su ropa hecha jirones y su rostro sangrante que gritaba '¡Venga rápido, ayúdenos!'". Ahí ya he dado inicio a una historia. Se interrumpe una situación apacible. Surge un problema. Hay un desafío que puede llevar a toda clase de complicaciones y peligros. Inmediatamente usted quiere saber: ¿Quién era el hombre a la puerta? ¿Por qué había sangre en su cara? ¿Corrí a prestar ayuda? ¿Qué pasó después…? Etcétera. Ha nacido una trama narrativa.

Desde luego, cada relato tiene su propia trama, pero la mayoría comparten las siguientes características que les son comunes:

1. Una *situación inicial*
2. Un *problema* (un conflicto, una situación complicada, un peligro)
3. Un *proceso para tratar de superar ese problema* (que a veces conduce a otros problemas en lo sucesivo). Por lo general, ésta es la parte más extensa del relato
4. Un *clímax*, cuando los problemas alcanzan su punto culminante; y luego viene…
5. El *desenlace*, cuando el problema es finalmente resuelto y superado.
6. Una *situación de cierre*.[14]

Miremos ahora cómo "tramó" el autor de 1 Samuel la historia de David y Goliat:

---

[14] Si lo considera detenidamente, la Biblia, como una sola historia completa, sigue esa línea general. Comenzamos con (i) la creación buena de Dios. Luego viene (ii) la caída y todo lo que el pecado trae a la vida en la tierra. A continuación vienen (iii) las promesas de Dios a Abraham y la larga historia del Israel del Antiguo Testamento, hasta que (iv) Dios mismo llega en la persona de su Hijo Jesucristo y logra su victoria culminante sobre el mal en la cruz y la resurrección. Esta victoria conduce al (v) extenso periodo del "ya, pero todavía no", la misión de Dios a través de la iglesia que lleva hasta lo último de la tierra la solución que logró Cristo. Finalmente (vi) llegamos a la escena de cierre, la nueva creación, la cual, por supuesto, no implica el final de la historia de la Biblia, sino el comienzo de una nueva historia que no conoceremos hasta cuando ya estemos participando en ella.

1. *Versículos 1–3: La escena inicial* (la puesta en escena, el contexto al que me referí arriba). Como lectores entramos a esperar que la siguiente parte de la historia nos describa una batalla entre dos ejércitos, pero...

2. *Versículos 4–11: El problema.* ¡Goliat! Este sujeto es un gigante de enormes proporciones, con una armadura que lo hace lucir más como un tanque. Si nadie puede desafiarlo y vencerlo, los israelitas tendrán que regresar a la esclavitud.

3. *Versículos 12–40: El proceso para tratar de superar ese problema.* A esta altura del relato podemos apreciar el ingenio del narrador. Filtra en su trama las migajas de la trama de otra historia: la de David y sus hermanos. El cuentista describe el conflicto entre los hermanos mayores —soldados hechos y derechos pero tan atemorizados como el resto— y el hermano menor que debería estar en casa cuidando el rebaño en lugar de andar importunando a los mayores con sus preguntas atrevidas. ¿Podrán los hermanos de David forzarlo a que se regrese a casa? Pero David llama la atención de Saúl. El muchacho hace su oferta ridícula de ir a pelear contra Goliat, con la ayuda de Dios. Pero surge otro obstáculo: no puede manejar la armadura de Saúl. Decide, entonces, ir a pelear sin armas, excepto su honda y sus guijarros. En el entretanto, mientras el narrador se extiende en esta parte del relato, ¡el gigante ha estado allá afuera fanfarroneando y gritando todo el tiempo!

4. *Versículos 41–47: El clímax.* ¡Goliat no puede creer lo que ve! Se burla de David. Lo amenaza. Pero la respuesta de David resalta el punto central de la historia: Goliat no está solamente desafiando al ejército de Israel. Se encuentra retando al Dios de Israel, como ya lo había dicho David en el versículo 26. La pelea, entonces, pertenece a Dios y a Él le pertenecerá su resultado.

5. *Versículos 48–54: El desenlace.* David aturde a Goliat con un tiro preciso, y luego lo mata. Los israelitas persiguen a los filisteos a lo largo del camino, el mismo por el que habían venido.

6. *Versículos 55–58: La situación de cierre.* Saúl queda tan impresionado por la hazaña de David que empieza a preguntar por su procedencia. Esto no deja de ser sorprendente puesto que David ya ha sido músico en la corte del rey (16.14–23), pero Saúl sufría una especie de enfermedad mental o espiritual y pudo no haberle prestado mucha atención a la identidad familiar de este arpista de la aldea. O quizás ya

había oído reportes del incidente sospechoso ocurrido en la casa de Isaí (16.1–13) y tenía ahora mayores razones para andar con cautela en lo relacionado con David. ¡Este muchacho era un destructor de gigantes, no un simple arpista!

Ese cierre abre el camino a una nueva trama: la persecución de Saúl contra David. Así es como, con frecuencia, operan las historias en el Antiguo Testamento: el desenlace de una trama es la puerta hacia el comienzo de otra.

 Lista de control

Cada vez que trabaje una historia bíblica con el ánimo de predicarla, usted necesita formularse esas mismas preguntas:

➤ *¿Qué* pasa en la trama de la historia?
➤ *¿Cómo* enteteje el narrador todos sus puntos de tal manera que llega a una conclusión satisfactoria?
➤ *¿Cuál* es la *secuencia* de las escenas de la historia?
➤ ¿Puede observar al menos algunos, si no todos, de los seis *elementos de una trama* que mencionamos?

No se enfoque sólo en una parte pequeña de la historia, ni en algún detalle menor de las descripciones. Es muy fácil quedar obsesionado en una historia con aspectos laterales que suelen confundirnos, pero de esa manera corremos el riesgo de desatender el enfoque al que el narrador nos invita en su relato. Esfuércese por capturar la trama entera y observe la estructura que le da el narrador. Es de mucha utilidad escribir una síntesis de la trama del relato, escena por escena, resaltar las transiciones y aprovechar un bosquejo como el ofrecido arriba. Sólo así estará en la capacidad de pensar en lo que la historia *significa*. Únicamente de ese modo podrá predicarla con fidelidad.

Preste atención, además, a los siguientes factores adicionales que están presentes en una buena trama narrativa:

➤ *Suspenso.* Un cuentista busca engancharlo y que usted se quede deseando saber lo que sucederá a continuación. A veces lo deja así: esperando. Fíjese en el versículo 11. Éste concluye con los israelitas "consternados y aterrorizados". ¿Cómo podrán lidiar con Goliat? Queremos saberlo. ¡Y rápido! Pero el escritor comienza a hablarnos de David y su familia. Luego oímos que pasan las semanas (v. 16). Luego viene la historia de las raciones que David debe llevar a sus hermanos. ¿Cómo va todo eso a resolver el problema con Goliat? Y así siguen las cosas, de una escena a otra, antes de que alcancemos el clímax.

> *Sorpresa.* Muchas historias bíblicas contienen giros repentinos, sorpresas que nos dejan atónitos. La sorpresa en nuestra historia modelo es el meollo del relato: un chico que es pastor, sin armas, mata a un monstruo cuya armadura es tan pesada que no la podría llevar. Pero en la sorpresa vemos a Dios en acción.

> *Humor.* Los escritores bíblicos saben cómo provocar una sonrisa. La interacción de David con sus hermanos mayores y con otros soldados busca, sin lugar a dudas, introducir un elemento cómico. Imagínela como una escena en el cine. El humor subraya la seriedad de la situación, la imposibilidad a la vista de todos de combatir a Goliat, y cuán ridícula (o arrogante) pudo haber sonado la oferta de David.

3. ¿Quién? Los personajes

Toda historia se refiere a alguien. Por lo general, hay un personaje central, la persona que desempeña el papel central a lo largo de todo el relato. A veces son varios los personajes centrales, y en ocasiones el foco de una historia larga puede centrarse ora en una persona, ora en otra. Pero hay una pregunta de importancia clave que usted debe hacerse y es: *"¿Quién es el personaje central en esta historia?"*. Ésta es la persona de la cual tenemos mayor información en la historia. Los personajes de una narración son tridimensionales, o bien podríamos decir que muestran "caracteres reales como la vida". En nuestro modelo, ese personaje es David, a todas luces.

Además del personaje central vamos a encontrarnos con uno o más personajes secundarios, quienes, o bien se oponen al protagonista en sus esfuerzos por vencer los obstáculos centrales, o lo respaldan. El relato puede darnos algunos detalles de estos personajes, pero son, por lo general, bidimensionales. Los personajes secundarios apoyan u obstaculizan la trama a medida que se va desenvolviendo, pero no copan nuestra atención total en cada uno de los puntos de la historia. En lo tocante a nuestro modelo, yo diría que Goliat, obviamente, se encuentra en esta categoría, y probablemente también Saúl. Ellos no son tan centrales, pero sí de suma importancia para todo el hilo narrativo. Por lo general, lo que dicen son las ventanas que nos permiten asomarnos a su carácter.

A veces hay un número mayor de otros personajes en la historia. A ellos se los menciona sin dar mayores detalles. Es posible que se nos den sus nombres (Isaí, Eliab, Abner), o pueden estar en el relato simplemente como contribuyentes a su hilo narrativo (el ejército israelita, el escudero de Goliat, el soldado que le respondió a David su pregunta). Estos últimos personajes son unidimensionales, esto es, son parte de la historia pero no poseen un "carácter" real que les sea propio, al menos en lo que tiene que ver con la historia.

 Lista de control

Permítame repetir que, a medida que usted avance en la preparación de su sermón, le será de utilidad escribir sus respuestas a la pregunta "¿Quién?".

> ➤ ¿Quién es el personaje principal?
> ➤ ¿Quiénes son los personajes secundarios?
> ➤ ¿Qué otras personas son parte de la historia? (Sea cuidadoso en sus observaciones. Hay ocasiones en que una persona que parece insignificante puede jugar un papel muy importante en algún punto de la historia. Las historias bíblicas son expertas en darnos ese tipo de sorpresas).

Ahora viene la parte interesante. *¿Cómo describe el narrador a los protagonistas de la historia, esto es, al personaje central y a los secundarios?*

Ellos son seres humanos como nosotros, de tal manera que, por instinto, nos podemos identificar con ellos. Nos causa curiosidad saber si sus *acciones* (lo que ellos hacen en la historia) fueron buenas o malas. Eso depende, en parte, en las razones por las cuales actuaron de esa manera. Nos interesan sus *motivaciones*. ¿Cómo puede el narrador llevarnos a responder esas preguntas? A veces lo hace de manera directa. Ya estamos acostumbrados a la sentencia con la cual el escritor bíblico concluye los relatos de los reyes de Israel y de Judá: "Y él hizo lo malo ante los ojos del Señor". Esa frase es suficiente. Pero en muchas de sus historias, el narrador no es así de claro.

Sin embargo, la narración puede describir sus personajes por medio de lo que *dicen*. Hay que prestar atención a cualquier *diálogo* o *discurso* que formen parte de la historia.

✓ Lista de control

> ➤ Por ejemplo, ¿hay alguna contradicción entre lo que un personaje dice y lo que ya usted sabe a partir de lo que el narrador le ha contado?

> ➤ ¿Hay algún conflicto entre un personaje y otro en la historia? ¿En cuál de ellos puede confiar?

> ➤ ¿Qué permite saber el discurso de un personaje en cuanto a lo que está pasando por su mente?

> ➤ ¿Cuál es el significado de la historia que puede inferir a partir del discurso de un personaje?

¡Aún más interesante…! Nuestra tendencia es preferir las historias simples en las que un personaje es, a todas luces, "el bueno", y el otro es "el malo". Algunas historias están en esa línea. La de David y Goliat se acerca a ese nivel de simplicidad. Pero la Biblia es, con frecuencia, mucho más realista y cercana a la vida en toda su complejidad y ambigüedad. La gente buena puede cometer errores. La gente mala puede convertirse y cambiar. Así que, cuando esté preparando una predicación a partir de la historias de la Biblia, no le tema a la complejidad.

Esas dinámicas de complejidad y ambigüedad saltan a la vista con mayor claridad en las secuencias de historias de la vida de los personajes centrales de la Biblia. Por ejemplo, Abraham confió en Dios y lo obedeció sin ninguna duda, pero se deslizó hacia los terrenos del engaño y la mentira (en dos ocasiones). La manera como trató a Agar e Ismael es francamente decepcionante. O piense también en David. Era una figura tan promisoria. Son tantas las historias fascinantes en su juventud, pero también fue un líder inmisericorde y ambicioso. ¿Pudo, acaso, controlar sus apetitos sexuales? Aparentemente no. Además, cuando cayó en pecado, a pesar de haber experimentado el perdón de Dios, ya no pudo controlar a su propia familia.

Por lo tanto, cuando aborde la tarea de predicar a partir de las historias del Antiguo Testamento, no crea que puede llegar donde su congregación a decirles: "Imiten a este personaje", ni tampoco: "Sean como este otro".

Puede que haya alguna verdad en todo eso, pero lo más seguro es que al menos un rasgo del carácter de ese personaje será cuestionable. Los personajes bíblicos fueron tan humanos como nosotros. La Biblia es honesta al retratar a sus héroes, incluso a los más grandes. Cuando prediquemos a partir de sus historias, *seamos tan honestos como la Biblia misma.*

Pasamos, entonces, a un punto final en torno a los personajes. *¿Cuál es el personaje central en todo el drama de la Biblia?* Por supuesto, es Dios. Toda la Biblia no presenta la historia de cómo Dios, el Creador del mundo, actúa en la historia humana con el fin del salvar al mundo de las consecuencias del pecado y la maldad. Dios es el que empuja toda la trama hacia adelante, a través de las promesas del Antiguo Testamento, pasando por su clímax en Cristo en el Nuevo Testamento, hasta su destino último en la nueva creación, su morada con nosotros por siempre. Esto significa, entonces, que incluso cuando Dios no aparece de manera prominente en una historia bíblica en particular[15], está allí como el que participa activamente en toda la historia y se hace cargo de ella. Cada una de las historias en particular tiene sus personajes humanos, pero detrás y más allá de lo que nos cuentan, está la presencia de Dios. Todas las historias son, en últimas, relatos acerca de Dios en *algún* aspecto, no importa cuán pequeño pueda ser. Las historias bíblicas son narraciones que dan cuenta de las operaciones del propósito y del plan de Dios.

Tome la Biblia como si fuera la "biografía" de Dios, al menos en relación con la historia del mundo. Una biografía se centra en una persona, el personaje principal, el objeto mismo de todo un libro. La biografía de una persona puede incluir muchos relatos en los que participan otras más que protagonizan incidentes en cada fase de la vida del "héroe". Sin embargo, cuando leemos en el contexto de una biografía un relato en particular en el que participan otros personajes, sabemos que todos ellos aparecen en la historia con el único fin de contarnos algo acerca del personaje *principal.* Los relatos menores y sus personajes arrojan luz sobre el carácter del personaje central, o explican por qué actuaron de maneras específicas, o muestran los resultados de tales actuaciones, ya

---

15 O incluso si Dios ni siquiera se menciona, como es el caso del libro de Ester, en el cual, si bien no se lo cita, cualquier lector que conozca el resto del Antiguo Testamento puede ver sus huellas a lo largo de todo el relato.

sean esperados o sorpresivos, placenteros o trágicos. Leer una biografía es también leer un gran número de historias breves, pero el resultado principal de leerla, a decir verdad, la razón fundamental por la cual se escriben biografías, es poder conocer a su personaje central sin importar cuántas personas más aparezcan en el libro. Así funciona la Biblia. Su trama está repleta de personajes humanos, pero el protagonista *principal*, aquel que es el eje central de todo el drama, es Dios mismo.

 Lista de control

Cuando leamos y prediquemos *cualquier* historia del Antiguo Testamento preguntémonos qué nos dice acerca de Dios.

> ➤ ¿Qué papel juega Dios en este evento o en una serie de eventos?
> ➤ ¿Dónde encaja esta historia en todo lo que Dios ha venido haciendo en Israel hasta ese punto?
> ➤ ¿Cómo afecta este evento a lo que Dios hace más tarde en la historia de Israel?
> ➤ ¿Qué puedo aprender en esta historia acerca del carácter y los propósitos de Dios?
> ➤ ¿Cómo debo responder a Dios a la luz de lo que esta historia revela acerca de Él?

4. ¿Por qué? El narrador

Toda historia necesita un narrador, sea que se relate oralmente o se transmita por escrito. En este contexto podemos usar el término "narrador" para referirnos a la persona que nos aportó la historia bíblica que estamos leyendo y sobre la cual queremos predicar. Es frecuente que no pensemos en la existencia de un narrador y que simplemente demos la historia por sentado, pero *alguien* tuvo que haberla escrito, alguien tuvo que haberla compilado, alguien tuvo que haberla editado en los bloques narrativos mayores que hoy conforman el Antiguo Testamento. En la mayoría de los casos no sabemos quiénes fueron esos escritores y esos editores. ¿Por qué, entonces, habría de preocuparnos por saber quiénes fueron? A continuación doy dos buenas razones por las cuales debemos tener en cuenta al narrador; son razones de suma importancia a la hora de entender una historia bíblica con el ánimo de llevarla a la predicación.

a) *El narrador decidió contarnos esta historia; debemos entonces preguntarnos: ¿Por qué?*

Los autores de los libros de la Biblia tuvieron que ser *selectivos*. ¿Recuerda el sorprendente evangelio de Juan? Al final él asegura que hubo muchas otras cosas que Jesús dijo e hizo; fueron tantas que si se escribieran, ¡todos los libros del mundo no podrían relatarlas (Jn 21.25)! Juan, entonces, decidió *seleccionar* las historias que incluiría en su relato, y nos dio informó sobre la razón por la cual hizo esa selección: *…para que ustedes crean que Jesús es el Cristo, el Hijo de Dios, y para que al creer en su nombre tengan vida* (Jn 20.31). Ese propósito está muy claro. Infortunadamente, la mayoría de los narradores bíblicos no dan una explicación *directa* de las razones por las cuales seleccionaron las historias que decidieron incluir en sus textos. Pero eso no debe desalentar nuestras preguntas, ya que pueden haber diferentes razones, y son muchas las pistas que nos pueden llevar a entender cuáles pueden esos criterios de selección.

Todo esto quiere decir que cuando leemos una historia bíblica debemos no solamente hacernos las preguntas que ya hemos mencionado en torno a la historia misma —el contexto (¿cuándo?, ¿dónde?), la trama (¿qué?, ¿cómo?) y los personajes (¿quién?)—, sino que también necesitamos preguntarnos: *¿Al final de cuentas, por qué aparece esta historia en la Biblia?* ¿Cuál es la razón —o razones— por la que el narrador decidió contarnos *esta* historia cuando debieron ser numerosos los relatos que decidió hacer a un lado?

Piense en torno a ese asunto. La historia de Israel en el Antiguo Testamento, para no mencionar toda la historia antes de Abraham, cubre un extenso periodo de más de mil años. Cada año tuvo que haber sido testigo de cualquier número de eventos diversos, miles y miles de historias posibles. Pero la Biblia no es una colección monumental de reportes anuales y anécdotas; no es una bolsa que contenga una amplia variedad de golosinas (si bien, es triste admitirlo, muchas iglesias la predican y enseñan cual si fuera nada más que eso). Los narradores y editores de los libros de la Biblia trabajaron con esmero al seleccionar su material y les debemos respeto por haber asumido ese trabajo de selección y tener en cuenta las razones que tuvieron para escoger las historias que nos dejaron en legado.

Recuerde que detrás de esos narradores y editores está Dios mismo, quien es el que nos dio su palabra a través del trabajo humano. Lo que ellos *decidieron* incluir es lo que *Dios quiso* que se incluyera. Con toda seguridad, ése es un dato de importancia capital para nuestra predicación. La razón por la cual nosotros decidimos *predicar* sobre una historia debe reflejar, de alguna manera, la razón por la cual el narrador decidió *escribirla*, y el motivo por el que Dios decidió *incluirla* en la Biblia.

Me permito mencionar a continuación cuatro razones generales por las cuales las historias fueron seleccionadas para ser incluidas en la Biblia.

i) Algunas historias registran eventos históricos sobre los cuales se fundamenta nuestra fe

Esos eventos se caracterizan por su singularidad, en el sentido de que dan cuenta de actos inaugurales de Dios en la historia de la salvación. Son eventos que constituyen "el esqueleto" de todo el relato bíblico, la columna vertebral y la estructura ósea en las que hunden sus raíces los demás relatos bíblicos. Desde mi perspectiva, corresponden a esta categoría los siguientes relatos, que son la parte central de todo el drama bíblico, estructurados entre el comienzo (creación y caída) y el final (nueva creación) de toda la trama de la Biblia:

- ➤ La promesa de Dios a Abraham
- ➤ El Éxodo
- ➤ El pacto en el Monte Sinaí
- ➤ El don de la tierra de Canaán
- ➤ La promesa de Dios a David
- ➤ El exilio y el regreso del exilio
- ➤ Nacimiento, vida, muerte, resurrección y ascensión de Jesús de Nazaret
- ➤ El derramamiento del Espíritu Santo en el Pentecostés
- ➤ La segunda venida de Cristo

¿Por qué se incluyeron estas historias y por qué han llegado hasta nosotros? Porque son momentos cruciales del gran plan de salvación de Dios para el mundo. Debemos, entonces, predicar esos momentos y no usarlos para sacar de ellos lecciones sobre cómo hemos de vivir, sino valernos de ellos para dirigir la atención hacia el amor y la gracia salvadora de Dios.

Éstas son las hazañas que el Antiguo Testamento denomina "los actos poderosos de Dios".

ii) Algunas historias ilustran la clase de experiencias que pueden ser típicas de la fe y la obediencia

Muchas de las historias particulares, así como de los relatos más extensos en el Antiguo Testamento, revelan lo que implica oír la promesa de Dios y responder en consecuencia. Algunas de esas narraciones describen lo que significa experimentar la salvación de Dios en toda suerte de situaciones. En cierto nivel, son relatos en cuyos personajes se resaltan la confianza y la obediencia, pero aún más importante que eso, en otro nivel subrayan la fidelidad de Dios. A través de las circunstancias más difíciles y peligrosas (piense en José), Dios puede cumplir sus propósitos. Con frecuencia, opera en formas sorprendentes. Puede traer redención, victoria, vida, bendición incluso cuando la vida sufre los embates del peligro, la derrota, la muerte y la maldición.

iii) Algunas historias ilustran el sufrimiento y el costo que demandan la fe y la obediencia

Muchas historias no son agradables. La Biblia es sumamente honesta y realista, incluso cuando la gente buena, los que buscan ser fieles y obedientes a Dios, sufren cosas horribles. A veces Dios los rescata (Jeremías). A veces, no (el profeta Urías en ese mismo capítulo, Jer 26). Hebreos 11 nos ofrece un catálogo que ilustra *esas dos* clases de experiencias. Allí aparecen los que recibieron bendición y salvación mediante la fe, y los que, si bien son aplaudidos por el calibre de su fe, sufrieron y no fueron librados del tormento cuando vivieron (observe con cuidado Hebreos 11.35–40).

iv) Algunas historias ilustran las consecuencias del pecado y de la rebelión

Algunos de los relatos veterotestamentarios más horribles tocan el problema del juicio de Dios que cae sobre quienes persisten en la desobediencia y la rebelión, o sobre las sociedades que caen a los niveles más bajos de corrupción y degradación (Sodoma y Gomorra, los cananeos, Israel y Judá). Pero incluso en los relatos más tenebrosos hay momentos en los que interviene la mano redentora de Dios. Lot y su familia son rescatados. Rahab alcanza salvación. El remanente de Israel sobrevive en el exilio y, pasado un tiempo, regresa a la tierra. Debo insistir en que necesitamos predicar estas historias, no sólo para exponer el pecado de los seres humanos, sino también para enseñar el carácter de Dios, marcado por la rectitud y la gracia.

Para traer a cuento nuestra historia modelo de David y Goliat, pregúntese "¿Por qué?". ¿Por qué cree que el editor de 1 Samuel incluyó esta historia?

Aquí hay una pista. Observe con cuidado los *discursos principales de David* en la historia en los versículos 26, 32, 34–37 y 45–47.

➤ ¿Qué es para David el desafío de Goliat?

➤ ¿Cómo espera David ganar la batalla?

➤ ¿A qué conclusión quiere David que la gente llegue tras su victoria sobre Goliat?

➤ ¿Quién es el enemigo real de Goliat?

➤ ¿Cuál es el mensaje que el narrador le está comunicando a su lector a través de las respuestas a todas esas preguntas?

En síntesis, creo que el narrador nos contó esta historia para mostrarnos que, al menos en la primera etapa de su vida, David era un hombre que conocía a Dios y confiaba en Él, uno que entendió que Dios saldría en defensa de su propio nombre y de su reputación por amor a sí mismo y a su pueblo. David habría de afrontar luego muchas más pruebas en los capítulos subsiguientes, pero el narrador nos muestra el calibre de este muchacho, quien se convertiría más tarde en el rey ungido por Dios, el rey cuya vida daría gloria a Dios y a su pueblo (hasta que cayó en pecado y estropeó todo el plan), porque confiaba en el Dios viviente.

b) El narrador decidió contar la historia de esta manera; tenemos que preguntarnos: ¿cómo?

En el ejemplo anterior, el narrador apeló a los *discursos* de los personajes no simplemente para darle un tono más colorido y vívido (y jocoso, v. 29) al cuento, sino también para enfatizar el propósito del relato y dar a conocer al Dios de Israel. Éste es tan solo un ejemplo. Los discursos y los diálogos de los personajes que el narrador incluye en su relato son siempre dignos de atención. Con frecuencia son la clave para descifrar la perspectiva del narrador y su intención.

Toda historia tiene una serie de *escenas* que permiten que el enfoque cambie de un momento a otro, o de una persona a otra. ¿Quién controla la secuencia de esas escenas? Por supuesto, el narrador. Piense en la historia como si fuera una película. Las escenas que usted ve dependen del ángulo de la cámara. Detrás de la(s) cámara(s) está el director. Él decide qué tanto mostrar, cuándo hacer un acercamiento sobre el rostro de un actor o una actriz y cuándo ampliar el foco para dar una vista panorámica. El director decide cuándo pasar de una escena a otra, o dar un giro repentino en un *flashback* hacia algo que sucedió atrás. Toda la historia se cuenta en la película desde su *punto de vista*. Lo mismo sucede con las historias bíblicas. Uno lee y "mira" desde los ángulos que el narrador seleccionó para nosotros. Uno ve la historia desde su punto de vista.

 Lista de control

Cuando lea las historias bíblicas y las predique, piense en la manera en la que el narrador contó la historia.

> ➤ ¿Puede usted reproducir en su sermón el *suspenso* y la *sorpresa* que el narrador pone en su relato?

> ➤ ¿Cuáles son los *énfasis* del narrador y cómo los trabaja? Preste atención a la *repetición* de palabras o frases. Por lo general, éste es un mecanismo que el narrador utiliza para llamar su atención hacia algo. Asegúrese de que su congregación también lo observe.

> ➤ ¿Cuál es el *ritmo* con el que el narrador va hilando su relato? ¿Cubre un largo periodo en unos pocos versículos para luego hacer una pausa y narrar un breve lapso en una sección más extensa e intensa? Las historias pueden desenvolverse con rapidez o lentamente. Piense en la aplicación de estas dos técnicas en las historias de Moisés y José.

> ➤ ¿Hay *vacíos* que el narrador abre para que usted los llene apelando a su imaginación (por ej., en 2S 11: ¿Por qué David no salió con su ejército al frente de batalla cuando llegó la primavera? ¿Betsabé tenía la opción de resistirse a los requerimientos de David, o no? ¿Urías ya sabía lo que había sucedido entre David y Betsabé? ¿Lo supo Joab? El narrador, simplemente, no nos dice nada sobre esos detalles). Permita que su congregación piense en posibles

respuestas en lugar de insistir en que las que a usted se le ocurre son las correctas.

➤ ¿Hay un gran *contraste* entre lo que el narrador cuenta en una historia y lo que relata en otra?

➤ ¿El narrador *hace eco a otras historias* de la Biblia en el relato que le está contando? Por ejemplo, hay elementos en las historias de Josué y Elías que hacen eco a las de Moisés. Igualmente, existen maneras en las que Noé y Abraham son "segundos Adanes" (Jesús, por supuesto, es "el último Adán").

5. ¿Para qué? El lector

Toda historia necesita un oyente o un lector. Ése es usted, quien se prepara para predicar a partir de una historia bíblica, y su congregación, cuando predica para ella. La historia demanda una respuesta, sea directa o, más frecuentemente, indirecta.

El mejor ejemplo de una respuesta directa a una historia es, en realidad, una historia dentro de una historia (2S 12). David tomo a Betsabé y orquestó la muerte de Urías, su marido. Problema resuelto, pensó David. No lo fue ante los ojos de Dios. Fue así como Dios envió al profeta Natán para que confrontara a David con su pecado. ¿Cuál fue la ruta que tomó Natán? *Contó una historia* acerca de un hombre rico con más ovejas de las que podía tener, que fue y le robó a un hombre pobre su única oveja y la preparó para su cena. David creyó estar escuchando un caso real y explotó en ira y dio su veredicto. David *respondió* a la historia con un claro juicio moral y legal. A continuación Natán le dijo: "¡Tú eres ese hombre!". ¡Brillante! Natán llevó a que David se juzgara *a sí mismo* al ponerlo a juzgar *la historia*.

¡*Ése* no será el efecto de cada historia bíblica ni de cada sermón! Pero historia y sermón deben producir *algún* efecto. De hecho, una de las alternativas a las que apelaron los narradores bíblicos para que sus trabajos quedasen tan bien hechos consistió en que siempre *llevaron* a sus lectores a responder de alguna manera, a ejercitar su juicio moral, a evaluar lo que acontecía en la historia.

➤ ¿Cuáles momentos o acciones en la historia fueron buenos y cuáles fueron malos?

- ➤ ¿Qué hubo de correcto o erróneo en las actitudes y acciones de los personajes?
- ➤ ¿Cuáles son los criterios que usted usa para juzgar lo bueno y lo malo, lo correcto y lo erróneo, en la historia?
- ➤ ¿Qué hubo de agradable para Dios? ¿Qué produjo su desaprobación?
- ➤ ¿Cómo y por qué se dieron los resultados de la manera relatada en la historia?
- ➤ ¿Qué debemos aprender?
- ➤ A la luz de esta historia, ¿qué debemos pensar, hablar y hacer en nuestras propias vidas?

Aquí necesitamos recordar algo que ya expliqué en el capítulo 2. Leemos y predicamos las historias bíblicas *en el marco de la historia de la Biblia como un todo.*

¿Recuerda las seis grandes etapas del drama de la Biblia? Estamos en la Etapa 5, pero todo lo que pasó en la Etapa 3 (el periodo del Israel del Antiguo Testamento), es *parte de nuestra historia.* En otras palabras, esta gran historia de la Biblia y sus muchos relatos más breves, *nos involucran* a todos. Todos ellos son relatos que hacen parte de las iniciativas de Dios para traernos salvación. Son parte de la redención que Dios trae a toda su creación. Nosotros, por nuestra parte, jugamos un papel en esa historia, pues Dios nos ha llamado a participar en su misión. Continuamos esa historia como seguidores de Cristo en el poder del Espíritu. Todo lo acontecido antes en la historia bíblica que cuenta la actuación de Dios en el mundo necesita conectarse a la vida que vivimos hoy, en este mundo, para Dios, en la realidad de hoy. Debemos *responder* a la historia que Dios decidió contarnos en la Biblia, en todos sus relatos múltiples.

Lista de control

No debemos contentarnos con preguntarnos por la *aplicación* de una historia bíblica, sino también por sus *implicaciones.* ¿Qué quiero decir?

Nuestra tendencia es leer una historia de la Biblia y quedarnos con la pregunta: "¿Cómo se aplica todo esto a mi vida?". A partir de aquí procedemos a sacar algunos principios presentables, algún buen consejo que bien podría haberse encontrado en otra historia por ahí, sea en la Biblia o en otra parte. O es posible que sintamos que la historia no tiene aplicación alguna; en cuyo caso, ¿por qué está en la Biblia y por qué tomarnos la molestia de leerla y predicar sobre ella?

Al contrario, debemos preguntar:

> ➤ ¿Cómo me involucra esta historia? Yo pertenezco a este pueblo como hijo de Abraham a través de Cristo. Dios sigue siendo el mismo Dios, y Dios me salvó y me injertó en ese pueblo. Dios estuvo activo en ese tiempo y Dios se mantiene activo hoy en día. ¿De qué manera he de responder a mi Dios luego de leer esta historia de "mi" pueblo?

> ➤ ¿Dónde quepo yo en *toda la historia* de Dios a la luz de *esta particular* historia de la Biblia?

> ➤ ¿Cómo me ayuda esta historia en mi compromiso de ser un seguidor de Jesús y de obedecer su mandamiento de ir y hacer discípulos en todas las naciones?

> ➤ ¿Cómo me desafía esta historia a participar fiel y efectivamente en el gran drama de Dios en mi generación?

> ➤ ¿Qué me enseña esta historia acerca del Dios que me salvó y me hizo parte de su pueblo para que participara en su misión?

Preguntas y ejercicios

1. *Si ya ha predicado antes sobre varias historias del Antiguo Testamento y conserva notas de sus sermones, revíselas y obsérvelas de nuevo. A la luz de lo estudiado en este capítulo, ¿podría volverlas a predicar de manera diferente?*

____

____

____

____

____

____

____

2. *Lea detenidamente la historia de Abraham e Isaac en Génesis 22.1–19. Trabájela, ya sea en su grupo o a solas, y formúlese las cinco preguntas clave que observamos en cada sección de este capítulo. Comparta sus pensamientos, si está trabajando en grupo, y considere la diferencia que sus observaciones pueden efectuar si predica a partir de esa historia.*

Capítulo 8

Siete peligros que se deben evitar al predicar las historias del Antiguo Testamento

¡Lo que jamás quiero hacer es desanimarlo de que intente predicar las historias maravillosas del Antiguo Testamento! Sin embargo, sin importar su alto nivel de entusiasmo, hay algunos aspectos respecto de los cuales hemos de proceder con cuidado. La mayor parte de ellos resultan de lo que ya hemos observado hasta ahora. Mi expectativa es que los párrafos siguientes no parezcan negativos. La intención, que debe ser cierta en todo momento en nuestro ministerio de predicación, es mejorar en nuestra tarea evitando lo que no sea provechoso.

1. No convierta la historia en principios morales

Éste es el peligro de *moralizar* las historias bíblicas. Una lectura moralizante es aquella que extrae de una historia algunas ideas morales simples para que la congregación las reciba en la predicación. Por ejemplo, yo podría decir que en la historia de David y Goliat, "una persona pequeña con muy pocos recursos supera un obstáculo gigantesco porque tiene fe en Dios; así que no le teman a los grandes problemas, confíen en Dios". Por supuesto, eso es cierto, pero es más cierto que no es lo único, ni siquiera lo más importante, que la historia nos está diciendo.

Ese tipo de moralizaciones tiende a ignorar el contexto histórico de la historia en el Antiguo Testamento. Es una lectura que no tiene en cuenta las razones por las cuales el narrador la incluyó en su relato. Se trata de un abordaje que no repara en el entronque de esta historia en particular en la narración mayor del desarrollo de la relación de Dios con Israel y el cumplimiento de su promesa. La lectura moralizante no consigue conectar la historia al cumplimiento de su promesa en Cristo, y refuerza la perspectiva errónea de que la *única* razón por la que tenemos en la Biblia esas historias es la de enseñarnos a imitar a "los buenos" en el cuento y evitar lo que hacen "los malos". Desde luego, *hay* muchas lecciones que podemos aprender de los relatos bíblicos, y ésa es una parte de su propósito, pero no debemos *atenuar* el color ni la rica variedad de las historias bíblicas para adecuarlos a la monocromía de principios morales simplistas.

De otra parte, si persistimos en moralizar las historias bíblicas de manera tal que sólo le digamos a la gente "hagan esto" o "no hagan aquello", corremos el riesgo de socavar el mensaje global de la Biblia, que se ocupa, más bien, de resaltar la fascinante noticia nueva de la gracia soberana y salvadora de Dios. Sobre este asunto volveremos más adelante.

2. No convierta la historia en unas cuantas verdades espirituales

Éste es el peligro de *espiritualizar* las historias de la Biblia. Por lo general, esta práctica consiste en dar un salto desde la historia directamente a algunos puntos de contacto con Jesús y nuestra relación con Él. Por ejemplo, yo podría decir algo así: "David tenía fe en Dios. Eso nos enseña a poner nuestra fe en Jesús si es que queremos ser salvos. Jesús es lo suficientemente fuerte como para vencer a nuestros más grandes enemigos, los cuales son el pecado y Satanás". Hay que aclarar, nuevamente, que eso es cierto, pero predicar de esa manera implica pasar por alto el centro mismo de la historia sin prestarle atención alguna a su contexto terrenal en el Israel histórico. Ese tipo de predicación sólo consigue reducir las historias del Antiguo Testamento en viñetas minúsculas que ilustran una verdad neotestamentaria, para decir que una vez que usted entiende esa verdad espiritual ya no necesita en lo sucesivo la historia veterotestamentaria. Esa predicación no repara en las cosas *reales* que les sucedieron a personas *reales* en una historia *real*, ni en lo que nos puede contar la participación concreta de Dios en esas realidades.

A veces la gente, al leer una historia del Antiguo Testamento, llega a decir que es un relato "acerca de Jesús", como si Él hubiese estado ahí, en ese relato. Ya vimos, en el capítulo 4, por qué no debemos leer de esa manera incluso si parecieran existir nexos válidos que establecen una conexión con Jesús en algún punto del sermón (como vimos en el capítulo 5).

Usted podría, incluso, espiritualizar la historia del Éxodo. "En el Éxodo, Dios libró a los israelitas de la esclavitud de Egipto. Ése es un cuadro que muestra a Dios librándonos del pecado a través de la cruz de Cristo". Pues bien, no hay duda de que el Nuevo Testamento echa mano del Éxodo para explicar el gran poder liberador de la cruz, pero si usted predica *nada más que* ese mensaje extraído del Éxodo, va a ignorar el hecho de que Dios liberó a un pueblo concreto de una opresión política real, una explotación económica concreta y un genocidio patrocinado y perpetrado por el Estado. La historia nos enseña, así como enseñó a los israelitas, que a Dios le importan esos asuntos. El Dios de la Biblia se apasiona por la justicia y la compasión a favor de los pobres y los oprimidos. Ésa es una parte esencial de la verdad de la historia del Éxodo, y una espiritualización que convierte al relato en un cuadro de la salvación del pecado (únicamente) no debería echarla a perder ni eclipsarla.

O es posible que usted espiritualice la historia de Josué y la tierra de Canaán. "Dios le dio a Israel la tierra de Canaán en herencia. Ése es un cuadro de la gran herencia que tenemos en Jesucristo, o es un cuadro del 'cielo' cuando hayamos 'cruzado el Jordán' y llegado a la 'tierra prometida'". Una vez más, es cierto que el Nuevo Testamento discierne un sentido similar en la tierra de Israel de la cual habla el Antiguo Testamento, pero si usted predica *únicamente* ese mensaje a partir de la tierra prometida, ignorará todo lo que el Antiguo Testamento dice acerca de la tierra real, terrenal, de Israel. La tierra fue una prueba de la fidelidad de Dios a su promesa. Al mismo tiempo, representaba una enorme responsabilidad económica para los granjeros y campesinos reales y sus familias en el Israel de la historia. Dios el Señor dijo a los israelitas que deseaba que vivieran en esa tierra en condiciones de compasión y justicia económica. Son muchas las leyes y las historias acerca de la vida en la tierra de Israel que esconden grandes lecciones acerca de lo que Dios espera de nuestra vida aquí en la tierra. Esos relatos no señalan simplemente a Cristo Jesús, o al "cielo", de manera espiritual.

3. No busque fantasiosos significados escondidos en la historia

Éste es el peligro de *alegorizar* las historias de la Biblia. Una alegoría es una historia que se escribe de tal manera que todos los personajes y detalles del relato intencionalmente carguen con un sentido espiritual o moral. El mejor ejemplo en el mundo cristiano es el famoso libro de John Bunyan, *El progreso del peregrino*. Bunyan inventó todos los personajes, lugares y acontecimientos en la historia para describir los diferentes aspectos de la vida cristiana. Los lectores saben que cuando Bunyan describe el Pantano del Desaliento, el Castillo de la Duda o la Feria de Vanidades, está realmente hablando de la depresión, de la falta de fe y de la mundanalidad, respectivamente. Pero cuando leemos las historias del Antiguo Testamento nos encontramos con que esos relatos se refieren, precisamente, a aquello de lo cual están hablando y a nada más. No son relatos que vienen con códigos secretos ni con significados escondidos.[16]

Volviendo a David y Goliat. David tomó cinco guijarros de un arroyo. Si nos preguntamos por qué solo cinco (y no estoy muy seguro de que debamos importunarnos con eso), probablemente fue porque ahí uno puede encontrar piedras de ese tamaño y forma, y él tomó cinco para estar bien preparado. El narrador solamente nos cuenta lo que pasó sin agregar comentario alguno. Sin embargo, hay muchos predicadores que toman como punto de partida, precisamente, esos cinco guijarros, o el arroyo, o la honda de David, imaginando que "representan" algo. Esas figuras no "representan" nada; están ahí como simples factores de una historia; forman el equipaje de un muchacho que es pastor. ¿Ha escuchado alguna vez a ciertos predicadores que dicen que las cinco piedras significan…

---

[16] La gente, en realidad, sabía de historia alegóricas, o fábulas, en los tiempos del Antiguo Testamento, y bien pudieron haberlas usado de manera efectiva. La fábula de Jotán en Jueces 9 es una historia acerca de los árboles, pero todos sabían que se estaba hablando de Abimelec y su ambición de ser rey. Sus palabras tenían un significado simbólico y la gente sabía interpretarlas. Las narraciones históricas del Antiguo Testamento, por el contrario, no son simbólicas en ese sentido. Son historias que pueden apuntar a Cristo de diversas maneras, pero no están llenas de significados escondidos. Son relatos que simplemente nos cuentan qué pasó y por qué.

➤ cinco cosas acerca de David: coraje, confianza, preparación, fe, victoria (o cualesquiera otras virtudes que usted quiera incluir en la lista)?

➤ los cinco libros de Moisés?

➤ los cinco panes en el milagro de Jesús?

➤ los cinco ministerios de la iglesia: apóstoles, profetas, evangelistas, pastores y maestros?

➤ las cinco heridas de Cristo?

Otras interpretaciones alegóricas dicen:

➤ Las piedras fueron sacadas de una corriente de agua, la cual representa al Espíritu Santo y por eso estaban "ungidos".

➤ David es Jesús. Goliat es el diablo. Las piedras somos nosotros ("piedras vivas"). La corriente del arroyo es el Espíritu Santo. La honda es la oración.[17]

El problema con este tipo de predicación es que puede sonar muy inteligente y muy espiritual, y puede incluso anotarse algunos puntos espirituales a favor que son ciertos (en efecto, *necesitamos* resistir al diablo en el poder del Espíritu Santo y en oración), pero tales ideas fantasiosas no son las que el narrador entreteje en su historia.

Alegorizaciones especulativas de ese tipo pueden acarrear resultados seriamente dañinos. Pueden, por ejemplo, distraer la atención de la historia global y el propósito del narrador al contarla para enfocarse en detalles menores y tratarlos cual si fueran símbolos de cosas que no tienen participación alguna en el relato. O también, pasan por alto el contexto de la narración en el marco de la historia de Israel y la perspectiva englobante del plan de Dios en toda la Biblia. Pueden, además, llevar a que los

---

[17] Estas interpretaciones, y muchas más, aparecen en sitios en la red que ofrecen sermones basados en historias bíblicas. La "explicación" de que David tomó cinco guijarros porque Goliat tenía cuatro hermanos también gigantes (2S 21) y David los necesitaba para matarlos a todos, no es alegórica sino puramente especulativa. No conocemos nada de lo que David pudo haber sabido acerca de Goliat o del resto de los filisteos. El hecho es que *el narrador simplemente no nos dice* por qué David tomó cinco piedras, quizás porque pensó que ese dato era demasiado obvio o insignificante. Todo lo que podamos decir al respecto no pasa de ser especulación y, francamente, una pérdida de tiempo.

miembros de la congregación piensen que no pueden leer ni entender las historias de la Biblia por ellos mismos, que todas son historias plagadas de significados ocultos y que para desentrañarlos se necesita siempre al pastor para que les diga lo que allí se esconde. Adicionalmente, reemplazan la autoridad simple y el poder del texto bíblico inspirado por la adivinación imaginativa del predicador. La gente olvida el texto bíblico y recuerda "lo que el pastor nos dijo acerca de su significado".

No niego que algunas historias pueden tener diferentes *niveles de sentido*, especialmente cuando las vemos a la luz de otras partes de la Biblia. En el capítulo 5 observamos ya diversas formas que nos permiten ver indicadores de significados en los relatos del Antiguo Testamento que apuntan a Cristo. Hay eslabones y conectores al interior de todo el relato de la Biblia. En ocasiones, los escritores del Nuevo Testamento vieron mucho más en el texto veterotestamentario que su significado inmediato cuando lo leyeron a la luz de Cristo. Pero eso no significa que la historia original "no fue más que una alegoría", o que una viñeta de algo completamente diferente a los eventos históricos de los que nos narra.

 Ejemplo

En Josué 8, tras la derrota en Hai, Josué ejecutó al rey de ese lugar y colgó su cuerpo en un árbol. ¿Qué sucede allí? Primero, tenemos que relacionar este incidente con la declaración de Deuteronomio 21.22–23, que dice que todo aquel que sea colgado en un madero luego de haber sido hallado culpable de un gran pecado está bajo la maldición de Dios. La acción de Josué fue una demostración visible de que la derrota y la destrucción de los cananeos era un acto del juicio de Dios por sus maldades, y no se trataba de un acto de violencia al azar (como Dios ya lo había explicado en Dt 9.4–6). Debemos ubicar la historia en el contexto del texto precedente en el Antiguo Testamento, el cual nos permite explicar el significado de lo que está ocurriendo.

Pero, en segundo lugar, bien podemos recordar que Pablo destaca que *Jesús* también fue "colgado en un madero" en la crucifixión (Gá 3.13), pero no por su propio pecado ni por su propia perversidad. No. Jesús llevó la maldición y el juicio de Dios *en nuestro lugar*. Así, entonces, al predicar a partir de esa historia, podemos mencionar esa conexión con Cristo y la cruz. Debido a que Jesús murió por nosotros, no necesitamos ya estar bajo el juicio de Dios tal como los cananeos lo estuvieron. La historia de la victoria de Dios sobre los cananeos es parte de la misma historia que, al final, nos lleva a la victoria de Dios sobre el mal en la cruz. Es parte de la historia global de la salvación en la Biblia.

Sin embargo, lo que *no* debemos hacer es tratar a Josué 8 (ni a esa parte del relato) como si fuera una simple alegoría que "realmente" involucra directamente a Jesús. No debemos decir: "El árbol *representa* la cruz", ni tampoco: "El rey colgado en ese árbol *representa* al Rey Jesús colgado en la cruz". Eso es una alegorización de la historia que magnifica los detalles pequeños y los convierte en la idea principal. Esos detalles no "representan" nada; son simples elementos de la historia, pero otras partes de la Biblia les dan un significado mayor.

4. No reduzca la historia a algunos puntos del sermón

Éste es el peligro de *generalizar* las historias de la Biblia. A algunos predicadores les encantan las historias y llenan sus sermones con cientos de ellas. Tristemente prefieren sus propias historias, no las de la Biblia. Pero también los hay a quienes *no les gustan* las historias y muy rara vez las usan, lo cual es extraño, ya que Jesús las empleó de maneras poderosas y con suma frecuencia en sus propias predicaciones y enseñanzas. Estos últimos son predicadores que se apasionan con la *doctrina* cristiana; creen en la importancia de *enseñar* a la congregación las grandes verdades doctrinales de la fe cristiana. Ésa es una tarea estupenda. Me gustaría encontrar muchos más pastores con esa pasión. El peligro, sin embargo, radica en que su entusiasmo los puede llevar a hacer a un lado más de la mitad de la Biblia, que está en forma narrativa y no es doctrinal. O también se corre el riesgo de que cuando lleguen a predicar a partir de una historia bíblica, su pasión por la doctrina los lleve a *ignorar la historia en sí* y la conviertan en algún encabezado doctrinal.

Esos predicadores usarían nuestra historia modelo de la siguiente manera:

Predicador: "Estoy seguro de que todos conocemos la historia de David y Goliat. No vamos, entonces, a perder tiempo repitiéndola. Aquí hay tres doctrinas que podemos aprender de ese relato.

Primera: *la soberanía de Dios*. Dios había escogido a David. Él era el futuro rey elegido por Dios (puede venir a continuación una extensa enseñanza sobre la doctrina de la elección).

Segunda: *el poder de Dios*. David confiaba en el poder de Dios, que era superior a todo el tamaño y la fuerza de Goliat (puede venir a continuación una extensa enseñanza sobre todo lo que el resto de la Biblia dice acerca de la omnipotencia de Dios).

Tercera: *la salvación de Dios*. Él salvó a David y a los israelitas de la mano de los filisteos. Pero nosotros sabemos que la salvación de Dios es solamente a través de Cristo (puede venir a continuación una extensa enseñanza sobre la doctrina de la salvación, la expiación substitutiva, etc.).

No me malentiendan. Todas ellas son doctrinas bíblicas ciertas e importantes. Podemos, incluso, decir que es mucho mejor encontrar en ese pasaje enseñanzas acerca de *Dios* y no contentarnos con simplemente sacar de allí lecciones morales generales para nosotros. Es decir, una predicación doctrinal es preferible a una predicación moralizante, ya que conserva a Dios en el centro.

Pero hay algo que se pierde en todo el ejercicio, ¿no es así? ¿Qué le ha pasado a la historia con todo su interés, su suspenso, su sorpresa, su trama, sus personajes, su dialogo, su drama y su emoción? Hemos perdido el filo cautivante y el sabor específico con los que el narrador nos cuenta *esta historia tan peculiar*. Podemos predicar acerca de la soberanía, del poder y de la salvación de Dios a partir de casi cualquier rincón de la Biblia, así que ¿cuál es el propósito de contar con *esta* historia si no le permitimos hacer su trabajo en la imaginación, en los corazones y en las mentes de nuestra gente?

Este asunto me lleva a la siguiente reflexión: Dios pudo habernos dado la Biblia cual si fuera un libro lleno de doctrinas, todas ellas nítidamente catalogadas por temas. A decir verdad, nos ha *dado* algunos libros en la Biblia que son predominantemente textos de enseñanza, los que necesitamos conocer y en los cuales creer. Son libros que, como algunas de las cartas en el Nuevo Testamento, son ricos en lecciones. Sin embargo, Dios optó por darnos la Biblia como un libro en el cual más de la mitad son historias. Si pensó que éstas eran importantes, no podemos ignorarlas ni transformarlas en cuerpos doctrinales cuando las predicamos.

En verdad, tal como vimos en el capítulo 2, todas las grandes doctrinas de nuestra fe cristiana se basan en una gran y única historia que le da cuerpo a la Biblia como un todo. Las diversas historias breves de ella, cada cual a su manera, refuerzan e ilustran el flujo de la enseñanza doctrinal que subyace a esa historia mayor. Lo que creemos, como israelitas o como cristianos, se basa en lo que Dios ha hecho. Allí reside la gran diferencia entre la doctrina cristiana que surge de la Biblia y las especulaciones filosóficas y religiosas que parten del razonamiento humano inteligente.

Se ha preguntado alguna vez ¿por qué los israelitas creían lo que creyeron?

Imagínese escuchando a un israelita que entona el Salmo 33:

> La palabra del Señor es justa;
>> fieles son todas sus obras.
> El Señor ama la justicia y el derecho;
>> llena está la tierra de su amor *(Sal 33.4–5).*

Imagínese ahora que usted se le acerca y le pregunta: "Perdóneme la molestia, pero *¿cómo sabe todo eso?* ¿Cómo sabe que Dios es veraz y fiel? ¿Qué sabe de la justicia y del amor de Dios?" (a propósito, todas ellas son grandes doctrinas).

Creo que el israelita, cantor de salmos, le respondería: "¿De cuánto tiempo dispone? Siéntese aquí y permítame contarle nuestra historia; un montón de historias, para serle franco".

A continuación, él le contaría las historias de la promesa de Dios a Abraham y de cómo Dios las ha cumplido. Por eso, sabe que Dios es *fiel.* Le contaría historias de Dios destruyendo la injusticia arrogante de los egipcios al rescatar a su pueblo. Por ello, sabe que Dios es *justo.* Le contaría historias de un Dios que cuida a su pueblo y les provee durante su travesía por el desierto. Por eso, sabe que Dios es *amor.* Y así por el estilo. En algún momento, él se pondría de pie y diría: "Ésa es nuestra historia. Por eso sé cómo es Dios y por eso creo en lo que creo. ¿Puedo regresar a mi canto, por favor?".

En síntesis, *Israel aprendió sus doctrinas a partir de sus historias.* Ésa es la razón por la que es importante seguir contándolas, una y otra vez, de generación en generación (Dt 6).

Desde luego, haga todo lo posible para que su congregación entienda las doctrinas centrales de la fe cristiana, pero no ignore las historias bíblicas en el entretanto. Ellas son sus mejores aliadas. Enganchan nuestro aprendizaje a nuestra imaginación; una conexión poderosa. Que las historias cumplan su función, la que Dios les confió al ponerlas en la Biblia. ¡Predíquelas![18]

5. No se enrede en dificultades y detalles

Éste es el peligro de *complicar* las historias de la Biblia. Desde luego, muchas de las historias en el Antiguo Testamento despiertan preguntas en nuestra mente. Eso sucede de manera especial si hay elementos milagrosos, que no son tan frecuentes como la gente se imagina. Queremos saber cómo se abrió el mar para que los israelitas cruzaran, o cómo y por qué cayeron los muros de Jericó, o cuáles fueron realmente las plagas de Egipto, o "a dónde" fue Elías en realidad, etcétera. Si la Biblia no se toma el trabajo de explicarnos esas cosas para satisfacer nuestra curiosidad, no debemos nosotros andar perdiendo tiempo en el púlpito ofreciendo toda clase de explicaciones posibles que hayamos oído o sobre las cuales hayamos leído. Cuente la historia y deje esos detalles al poder y la sabiduría de Dios.

Las historias del Antiguo Testamento ocurrieron en el mundo del antiguo Medio Oriente y contamos ahora con un rico caudal de conocimientos acerca de esa parte del mundo gracias a los descubrimientos arqueológicos. A veces es útil compartir con la congregación alguna información que contribuya a entender mejor la historia, o permita ubicarla en sus contextos histórico y cultural, pero el púlpito no fue construido para que usted haga gala de todo el conocimiento que haya podido obtener al leer muchos libros. Incluya en su sermón solamente aquella información que sea suficiente para que su congregación *genuinamente* entienda mejor el texto bíblico. De lo contrario, su exposición será tediosa y aburrida, y la gente podrá perder todo interés en la historia, lo cual sería trágico.

Como ya hemos observado, muchas de las historias del Antiguo Testamento son ricas en detalles descriptivos, como los guijarros de David o las frutas específicas que Abigail cargó en su asno para llevárselas a él. No caiga en la tentación de tratar de explicar cada detalle de la historia como

---

[18] Dale Ralph Davis habla acerca de las historias de la Biblia como "huesos doctrinales bajo el ropaje de carne narrativa". En *The Word Became Flesh: How To Preach From Old Testament Narrative Texts*. Fearn: Christian Focus, 2006, p. 127.

si todas fueran importantes y estuvieran en un mismo nivel. En especial, no se enrede tratando de calcular números, fechas ni detalles similares. Tomando *la historia en su integridad*, ¿cuál es el énfasis del narrador? ¿Qué es lo realmente importante en la presentación que el narrador hace de sus personajes y el entramado del texto en conjunto? ¿Cuáles son las cosas que realmente "capturan la cámara" a medida que las escenas se suceden unas tras otras? Concéntrese, entonces, en esos asuntos mayores en su sermón.

A veces las historias de la Biblia son embarazosas, horribles o chocantes. Es fácil sentirse tentado a justificarlas o a decir que las cosas realmente no fueran tan malas como parecen. No haga eso. Dios lo cuenta tal como es en este mundo. Las personas son pecadoras y pueden hacer cosas exasperantemente perversas y depravadas. La maravilla de la Biblia es que Dios sigue haciendo su trabajo con y a través de gente pecadora. Al final, Él cumple su propósito a pesar de todos los problemas que causamos.

6. No genere expectativas equivocadas

Éste es el peligro de *personalizar* erróneamente las historias de la Biblia. Lo que quiero advertir es el peligro de leer una historia del Antiguo Testamento como si todo el asunto tuviese que ver conmigo, o predicarla como si todo fuese acerca del oyente sentado en la iglesia. Aquí necesitamos crear un balance adecuado. De un lado, por supuesto, debemos preguntarnos: "¿Qué significa esta historia para mí? ¿Cómo he de responder? ¿Cuáles son las implicaciones personales de esta historia en mi vida / en nuestras vidas?". Pero, por otro lado, el peligro radica en pensar que todo lo que Dios hizo en la historia a favor del héroe está obligado a hacerlo también para mí o para usted. Es como si el argumento estuviese regido por *si yo fuese esa persona en la historia*, de tal manera que puedo ahora alegar que toda la narración es para mí. Empiezo, entonces, a tratar la historia como si fuese una promesa para mí.

¿Ha oído la vieja canción que dice: "No es un secreto lo que Dios puede hacer / Lo que hizo por otros, lo hará por ti"?[19] Si a lo que nos

---

19 Estribillo de "The Chimes Of Time Ring Out The News", por Stuart Hamblen. Es un himno de la década de 1950.

referimos es al perdón de nuestros pecados y la dádiva de vida eterna en Jesucristo, es cierto lo que Dios hace por nosotros, pero si pensamos que *necesariamente* va a hacer por nosotros todo lo que hizo por los personajes de las historias bíblicas, estamos personalizando erróneamente el texto. Le estamos haciendo proferir al texto promesas que no están ahí.

Muy fácilmente podría, entonces, predicar la historia de un Dios que protege a Elías alimentándolo a través de los cuervos de una manera que implique que hará exactamente lo mismo por nosotros, con la excepción posible de los cuervos. O, puesto que Dios protegió a Daniel en el foso de los leones, entonces nos librará de todo peligro. Pero sabemos que, incluso en la Biblia misma, Dios no siempre intervino para que la gente fiel no fuera atacada o asesinada (Hebreos 11 enfatiza este punto de manera contundente). Las historias que resaltan la provisión y la protección de Dios deben, a todas luces, *estimularnos*, y ciertamente podemos *orar* para que haga lo mismo en favor nuestro, pero no podemos simplemente asumir que cada una de las historias es una promesa personal que Dios siempre hará exactamente lo mismo por nosotros.

En cierta ocasión, durante una clase de homilética en una universidad en la que yo enseñaba, un estudiante predicó un sermón sobre cómo Dios trajo a los exiliados de Judá en Babilonia de regreso a su propia tierra. Dijo que su congregación imaginaria estaba compuesta por cristianos de África refugiados en su país. Su predicación versó sobre esa historia bíblica que era una *promesa* de Dios para los refugiados africanos en el sentido de que muy pronto podrían regresar a su propio país.

Sin embargo, no podemos transmutar las historias de lo que Dios *hizo*, historias que demuestran lo que *puede* hacer, en cheques en blanco, en promesas de lo que Dios *hará*, o *tiene que* hacer por usted, por mí, por todos. ¿Por qué no? Porque la Biblia misma no lo hace. De hecho, el texto bíblico nos da ejemplos que prueban la equivocación de confiar en esa clase de expectativas falsas.

➤ Dios sacó a José de la prisión, pero el panadero fue decapitado (Gn 40).
➤ Dios salvó a Moisés de la muerte en el Nilo, pero muchos otros bebés con toda seguridad murieron ahogados.
➤ Dios protegió a Jeremías de una turba que quería matarlo, pero el Rey Joacim (Jer 26) asesinó al profeta Urías.

➤ Dios bendijo a Abraham con una riqueza creciente, pero Jeremías sufrió la soledad, el odio, el castigo físico y la prisión, *porque* confiaba en Dios y lo obedecía con fidelidad.

➤ Un ángel rescató a Pedro de la cárcel, pero Jacobo fue ejecutado a filo de espada (Hch 12).

➤ Jesús sanó a muchos, pero Dios no exoneró a Pablo de sufrir "un aguijón en la carne", que fue probablemente una dolencia física. Además, en una ocasión, Pablo tuvo que partir sin su colega Trófimo porque estaba enfermo (2Ti 4.20). Estoy seguro de que Pablo oró por él, pero Dios no lo sanó inmediatamente.

Los tres amigos de Daniel tenían una perspectiva correcta. Cuando Nabucodonosor los amenazó con arrojarlos al horno de fuego, dieron una respuesta clásica: *Si se nos arroja al horno en llamas, el Dios al que servimos puede librarnos... Pero aun si nuestro Dios no lo hace así, sepa usted que no honraremos a sus dioses ni adoraremos a su estatua* (Dn 3.17–18). Sabían por las historias de mucha gente que el Dios de Israel podía perfectamente rescatarlos. Sin embargo, sabían también que no estaba obligado a hacerlo. Confiando en su soberanía, reconocían el amplio espacio en el que se mueve la libertad de Dios. El punto era que sin importar lo que su Dios viviente hiciera o no, ellos no servirían a otro dios.

Ciertamente podemos hacer lo que el salmista hizo; esto es, aprovechar las grandes historias del Antiguo Testamento acerca del poder salvador de Dios y usarlas para *estimular* nuestra fe y oración ("nuestro Dios es capaz de..."). Desde luego, podemos descansar completamente seguros en la salvación perfecta de Dios en y a través de Cristo ("cualquiera que invoque el nombre del Señor será salvo"), pero no debemos usar esas historias veterotestamentarias para *prometer* a la gente que siempre estará a salvo y que nunca padecerá el sufrimiento ni el hambre ni la enfermedad ni la persecución ni la muerte. No levante falsas expectativas.

Hay otra manera de despertar esperanzas ilusorias, y puede parecernos sorprendente. A ese fin se llega al ser selectivo en las historias que escoja en su programa de predicación, en el caso de que sólo predique a partir de las historias felices.

Ahí está usted, una vez más planeando su ministerio de predicación, y decide predicar sobre una serie de personajes bíblicos del Antiguo Testamento. Usted decide, entonces, seleccionar las historias que comuniquen entusiasmo de cada uno de ellos, digamos Abraham, Jacob, José, Moisés, Josué, David y, posiblemente, Elías. Usted quiere mostrar, como su tema general, que la fe en Dios derrota cualquier dificultad. Así procede a predicar a lo largo de todas esas historias cautivantes. Yo estoy seguro de que será muy estimulante para su congregación.

Pero es posible que el ejercicio tenga un efecto escondido. Las historias seleccionadas parecen decir que *en la medida en que confiemos en Dios, todo saldrá bien*. Los miembros de su congregación pueden sentirse tentados a pensar: "Yo soy cristiano y confío en Dios. La vida será un camino de ricas bendiciones y victorias". O pueden decir: "Nada me sale bien. La vida es caos y sólo sufro grandes penalidades y dolor. Yo no tengo la fe que tuvo toda esa gente en la Biblia, o es posible que Dios no me ame por alguna razón".

Ninguna de las dos opciones es cierta, pero pueden darse como resultado de una predicación que privilegia solamente las buenas historias.

Una estrategia mejor es la de predicar toda una serie de historias en torno a la vida de *una* misma persona, sea Abraham, Jacob, José o David. Así quedará claro que cada uno de ellos enfrentó toda clase de problemas causados ya sea por sus propios deslices y pecados, o por el odio y las mentiras de otros: traiciones, celos, familias disfuncionales, inmoralidad sexual, violencia, desobediencia, depresión. Toda la gama de posibilidades está ahí. A veces las cosas fueron terribles en las vidas de esos personajes, y sin embargo Dios continuó trabajando a través de tales individuos a despecho de todos los reveses. *De esa manera se puede conseguir un mayor sentido de la realidad.* Su predicación será más fiel a la realidad de la vida, mejor balanceada y más apegada a todo lo que la Biblia enseña. Ésa es la clase de equilibrio que se logra en Hebreos 11. Sí; muchos fueron los que hicieron grandes cosas y ganaron grandes batallas por la fe. Pero otros, *que también reciben una ovación por la robustez de su fe*, sufrieron pérdidas, hambre, desarraigo, violencia y muerte (Heb 11.35–40).

7. No subvierta el evangelio

Esto puede parecerle extraño. ¿Cómo podría usted socavar el evangelio al predicar a partir de las historias de la Biblia? Es demasiado fácil, a decir verdad. Yo creo, en realidad, que eso sucede cada vez que se cuenta a los niños las historias bíblicas. A veces en el púlpito no les va mejor.

Una vez leí un reportaje que decía que si a los niños de alguna iglesia de sana doctrina en la que se enseña la Biblia, usted les preguntase por qué murió Jesús, responderían: "Para que nuestros pecados sean perdonados". Y si les preguntara cómo llegamos al cielo, muchos contestarían: "Portándonos bien; siendo buenos". Ése es el mensaje que han internalizado, aun cuando no se les haya dicho explícitamente que para que puedan ir al cielo tienen que portarse bien, ya que sólo irán allí los chicos buenos y las niñas buenas. Ese mensaje se refuerza sutilmente a medida que se van contando las historias de la Biblia en las que los niños oyen de un Dios que ama y cuida a los personajes buenos de la historia, y que castiga a los malos. El mensaje que escuchan dice: "Tú necesitas ser bueno para que Dios te ame y haga cosas buenas por ti, y de manera especial puedas ir al cielo".

Espero que a estas alturas usted se dé cuenta de que estamos hablando de algo que es lo exactamente opuesto al evangelio. Ese mensaje es la negación del evangelio de la gracia de Dios. El mensaje de la Biblia no es que usted tiene que se ser bueno y que sólo así Dios lo amará y colmar de bendiciones. La noticia sorprendente, contracultural, maravillosa y supremamente buena de la Biblia es que Dios nos ama a pesar de nuestro pecado y rebelión; que Dios ha entrado en acción para traernos salvación y bendición; que la gracia de Dios viene primero, y que nuestra obediencia y "buen comportamiento" es una *respuesta* a la gracia, y nunca, jamás, los medios para ganar una gracia que merezcamos.

Tal verdad del evangelio es tan parte del Nuevo Testamento como del Antiguo. Dios es el que toma la iniciativa. Llama a Abraham y le hace una promesa, y éste responde en fe y obediencia, y luego Dios lo bendice. Dios tiene compasión por los israelitas que sufren la esclavitud en Egipto y actúa para liberarlos. Sólo después les pide obediencia y se mantiene fiel a su pacto. En el próximo capítulo pensaremos en detalle acerca del significado de ese orden de eventos.

Necesitamos recordar que las historias de los israelitas en el Antiguo Testamento son historias de gente que *ya conocía y ya había experimentado el poder redentor del amor y la gracia de Dios*. Solamente *después* de que los hubo rescatado de Egipto y llevado a la tierra de Canaán, les dijo que lo obedecieran, y les prometió que si lo obedecían *seguirían* disfrutando sus bendiciones, pero si desobedecían yéndose tras otros dioses y cometían toda clase de males sociales y espirituales, sufrirían la ira y el juicio de Dios.

El orden es:

1. Dios actuó para salvar y bendecir al pueblo y les dio los grandes dones que les había prometido.
2. Dios luego reclamó el amor, la adoración y la obediencia de su pueblo como respuesta a su pacto.
3. Dios prometió una bendición continua sobre aquellos que respondieran a su gracia en obediencia al pacto.
4. Si el pueblo le daba la espalda al Dios que los había salvado, sufrirían las consecuencias inevitables de su propio pecado y maldad.

El problema es el siguiente: cuando predicamos a partir de algunas historias del Antiguo Testamento, tendemos a dejar por fuera los primeros dos puntos y a concentrarnos en los puntos 3 y 4. Por supuesto, los primeros dos puntos pueden no aparecer en la historia particular sobre la cual podamos estar predicando, pero ésa es precisamente la razón por la cual es tan importante que consideremos cada historia menor como parte integrante de una historia más extensa. *Todas* las historias breves acerca de los israelitas en la tierra *presuponen* la historia previa de salvación y del pacto, lo cual esencialmente constituye la historia del evangelio de la gracia salvadora de Dios en el Antiguo Testamento. Es decir, todas las historias que ilustran los puntos 3 y 4 se basan en los hechos contemplados en los puntos 1 y 2.

Si llegamos a olvidar esa secuencia fácilmente terminamos convirtiendo las historias veterotestamentarias en pequeñas ilustraciones de "la bendición como premio a la obediencia", o su opuesto. Nosotros predicamos que si la gente obedece, con frecuencia con el énfasis puesto en las reglas que nosotros mismos consideramos como importantes, esto es, la esencia del legalismo, entonces Dios bendecirá a su pueblo en todas las formas imaginables. A renglón seguido ilustramos esa idea trayendo a colación alguna historia del Antiguo Testamento que parezca probar nuestro punto, *ignorando el relato original de la gracia salvadora de Dios.* De esa manera subvertimos el corazón del evangelio de la gracia y lo sustituimos por una especie de mensaje del tipo "Dios ama a la gente que se porta bien". El efecto es que, o bien se alimenta el orgullo y legalismo de la gente (yo soy bendecido porque soy supremamente bueno), o bien se les empuja a la desesperación porque nunca se sienten lo suficientemente buenos.

Recuerde siempre lo siguiente: en el Antiguo Testamento, tanto como en el Nuevo, la obediencia a Dios no es nunca un ardid para *ganarse* su bendición, sino más bien una *respuesta* apropiada a la salvación de Dios y la única manera de *disfrutar* su bendición permanente que fluye de su gracia.

Preguntas y ejercicios

1. *Discuta si alguno (¡o todos!) de los peligros descritos arriba se aplican a la clase de predicaciones desde el Antiguo Testamento que usted escucha. ¿Cuál es el más recurrente y qué problemas origina?*

____

____

____

____

____

____

2. *Como ya hicimos antes, si todavía tiene notas de sermones que usted ha predicado en el pasado a partir de historias del Antiguo Testamento, léalas nuevamente y observe si necesitan algún cambio antes de predicarlas otra vez, con el fin de evitar los peligros que hemos considerado en este capítulo.*

____

____

____

____

____

Modelo de bosquejo para sermón

Nota: Éste es un bosquejo para un sermón sobre Génesis 22.1–19. Quizás usted ya lo ha trabajado por su cuenta, siguiendo la sugerencia hecha en el capítulo 7. Puesto que la historia implicó una caminata larga, decidí "caminar a través de la historia" varias veces:

- **Primero** que todo, llevé a que la congregación palpase la historia haciéndola viva, siguiendo de cerca al narrador y observando qué tan bien mantiene el suspenso y la sorpresa y cómo nos deja preguntándonos acerca de lo que Abraham e Isaac estaban pensando. Ésta fue la parte más larga del sermón.
- **Segundo**, recorrí toda la historia más brevemente con los israelitas del Antiguo Testamento que debieron haberla escuchado antes, para mostrar cómo Abraham llegó a ser para ellos un modelo de obediencia mediante la prueba. ¿Cómo encaja esta historia en el relato más amplio del Antiguo Testamento?
- **Tercero**, conecté esta historia al Nuevo Testamento allí donde se usa como un cuadro de Dios el Padre y Dios el Hijo cooperando en el sacrificio voluntario en la cruz por nuestra salvación.
- **Cuarto**, mostré cómo el Nuevo Testamento usa la historia para animarnos en nuestra caminata de fe y obediencia.

Caminando con Abraham a través de la prueba

Génesis 22.1–19

Pulso del sermón: Abraham e Isaac *son* modelos de lo que Dios ha hecho por nosotros *y* de cuál ha de ser nuestra respuesta a Dios en fe y obediencia.

1. Caminando con Abraham e Isaac

V. 1: *Aconteció después de estas cosas* […] (RVR 60) ¿Qué cosas? = cap. 21: el gozo del nacimiento de Isaac, y luego la tragedia del despido de Agar e Ismael. Abraham se quedó solamente con Isaac.

...Dios puso a prueba a Abraham [...]. Nosotros, los lectores, sabemos que es "sólo una prueba": Abraham no lo sabía. Para él era una realidad terrible.

—*¡Abraham!* —*Aquí estoy* [...], se repite tres veces, vv. 1, 7, 11, marcando así la historia.

V. 2: ...*tu hijo, el único que tienes y al que tanto amas* [Isaac]...: *crescendo* enfático de frases.

...*ofrécelo como holocausto* [...]. El choque y la sorpresa. ¿Acaso Dios ha olvidado su promesa?

El suspenso de la historia. ¿Era Isaac consciente de lo que estaba pasando? ¿Sabía algo? El narrador es muy hábil y consigue que nuestra imaginación participe en la tensión de la historia.

Vv. 5–8: ¿Qué significan las palabras de Abraham? ¿Se trata de alguna oración desesperada? ¿Es la fe de que Dios puede levantar a Isaac de entre los muertos? Irónico, ...*Dios se proveerá de cordero* [...] = ¡mi hijo!

Vv. 9–10: Disponibilidad de Isaac. Él ya no era un niño, sino un joven. Bien podría haber huido si así lo hubiera querido. Su padre era un anciano de cien años de edad.

Vv. 11–14: La voz y el sustituto.

Vv. 15–18: La promesa de Dios se reconfirma —fe y obediencia—. Éste es el clímax de los relatos de Abraham desde el capítulo 12. Dios ha probado la fe de Abraham y ahora Dios refuerza la obediencia de Abraham confirmando su promesa con un juramento.

2. Caminando con Israel

Tres palabras en la historia se repiten vez tras vez en el relato del Israel del Antiguo Testamento:

- Prueba (v. 1)
- Temor (v. 12)
- Obediencia (v. 18)

Observe cómo se usan en Éxodo 20.20 y Deuteronomio 8.2; 10.12 (ejemplos de Dios en los que prueba a Israel para ver si era obediente).

Pero allí donde Abraham fue fiel y obediente, Israel fracasó tristemente.

Abraham como modelo israelita en fe y obediencia.

3. Caminando con el Padre y el Hijo

Ecos de la historia en el Nuevo Testamento:

- El bautismo de Jesús —"Mi Hijo, a quien amo"—, probablemente el eco del mensaje de Génesis 22.2, así como del Salmo 2.7.
- Juan 3.16: Dios como el Padre que dio a su único Hijo.
- Romanos 8.31–32: Dios no escatimó su único hijo, sino que lo entregó…

Sin embargo, Dios, trasegando ese camino con Abraham e Isaac en Génesis, sabía que un día andaría la misma senda con su propio Hijo, y que al final de ese día no habría ningún sustituto para el Hijo de Dios. Al contrario, Él sería nuestro sustituto, el cordero de Dios que quita el pecado del mundo. Así como Isaac se sometió voluntariamente a su padre, de manera similar el sacrificio de Dios fue la voluntad de Dios el Padre y la de Dios el Hijo que se entregó a sí mismo, los dos actuando juntos por nuestra salvación (Gá 1.4).

4. Caminando la senda de Abraham

El Nuevo Testamento echa mano de esta historia para estimular nuestra fe y nuestra obediencia confiando en la provisión de Dios en tiempos de prueba.

- Hebreos 11.17–19, la prueba de la fe de Abraham.
- Santiago 2.21–23, la prueba de la obediencia de Abraham.
- 1 Corintios 10.13, la prueba viene con la provisión.

Capítulo 9

Entendiendo la Ley
del Antiguo Testamento

Siempre es bueno saber de lo que uno está hablando antes de abrir la boca. Así que, antes de empezar a hablar acerca de la *Ley del Antiguo Testamento*, aclaremos lo que queremos decir con esa frase. Cuando Jesús, y los judíos antes que Él y los que los han sucedido desde entonces, se referían a "la Ley, los profetas y los salmos (o escritos)" (por ej., Lc 24.44), estaban hablando de las tres grandes secciones de lo que ahora llamamos Antiguo Testamento, en su forma hebrea.

➤ *La Ley* quería decir los primeros cinco libros de la Biblia, el Pentateuco, de Génesis a Deuteronomio. Ésa es la piedra angular del resto de la Biblia.

➤ *Los profetas* se dividían en "los primeros profetas" (esto es, los libros históricos de Josué a 2 Reyes) y "los profetas postreros" (es decir, Isaías, Jeremías, Ezequiel y el Libro de los Doce: Oseas a Malaquías).

➤ *Los escritos* incluían lo demás: Salmos, Job, Proverbios, 1 y 2 Crónicas, Esdras–Nehemías y los cinco libros menores: Rut, Ester, Lamentaciones, Eclesiastés y el Cantar de los Cantares.

En su sentido canónico, "La Ley" se usa como una traducción de la palabra hebrea *Torá*, y se refiere al Pentateuco, pero ésa no es una buena traducción, pues no significa 'ley' en el sentido moderno de 'legislación'; más bien quiere decir 'guía' o 'instrucción'. Por supuesto, la Torá incluye narraciones extensas como los libros de Génesis, mitad del Éxodo y Números, y también las leyes, además de algunas canciones y poemas.

Cuando hablamos de la "Ley del Antiguo Testamento", por lo general queremos decir aquellas partes de la Torá que lucen más como un código de leyes en el sentido que hoy le damos al término: mandamientos, casos legales, jueces y testigos, instrucciones detalladas, castigos legales, etcétera. Esa clase de material se encuentra mayormente en la segunda mitad de Éxodo, especialmente Éxodo 20–23, Levítico y Deuteronomio, de manera especial en los capítulos 12–26.

A partir de ahora, en estos dos capítulos, 9 y 10, concentraremos nuestro estudio en la Ley del Antiguo Testamento en este segundo sentido. Cada vez que mencione la "Ley del Antiguo Testamento" o la "Ley de Moisés," me estaré refiriendo a aquellas partes de la Torá que son ricas en mandamientos e instrucciones. Es importante tomar esas leyes en el contexto de la narración de la Torá en su totalidad, pero nuestro enfoque principal recae sobre aquellas secciones en esos libros que *contienen* las leyes. ¿Cómo debemos entender y predicar esos grandes pasajes en los que hay tantos mandamientos detallados e instrucciones minuciosas?

En el presente capítulo busco contribuir a que pensemos correctamente en torno a la Ley, a que entendamos por qué está en la Biblia, cómo encuadra con el gran drama bíblico y qué significó para los israelitas en los tiempos del Antiguo Testamento. Posteriormente, en el capítulo 10, nos preguntaremos por la relevancia de la Ley del Antiguo Testamento para el cristiano de hoy. ¿Cómo podemos predicarla de una manera que esclarezca esa relevancia y que, a la vez, se ocupe en resaltar el mensaje del evangelio de la gracia de Dios en Cristo y que nosotros andamos en el Espíritu y no, como lo decía Pablo, "bajo la Ley"?

1. La Ley del Antiguo Testamento se celebró como el don de Dios

Aquí quiero invitarlo a que preste atención y escuche a fin de que pueda pensar de una manera un tanto diferente a la usual. Puede resultarle incómodo al comienzo. Suele suceder cada vez que enseño esta parte, pero acompáñeme. Lo que busco es que nos mantengamos fieles a la Biblia, a toda la Biblia y no solamente a algunos de sus fragmentos. ¿Listos? Arranquemos.

Si alguien le pregunta qué se supone que los cristianos debemos pensar acerca de la Ley del Antiguo Testamento, ¿a dónde va en busca de respuesta? Lo más probable es que acuda al apóstol Pablo, y a lugares como Gálatas y Romanos, en donde se dicen algunas cosas no muy positivas de la Ley. Ésta expone nuestro pecado. Nos muestra que todos somos culpables ante Dios. Nos conduce a la muerte. No tiene el poder para justificarnos ante Él. Funcionó, más bien, como un guardián que mantenía a Israel bajo su ojo vigilante, hasta que Cristo vino. Pero ahora, mediante la fe en Cristo, ya no estamos bajo la Ley de Moisés. Gracias a Dios. ¡Puede soltar un suspiro de alivio!

Quiero dejar en claro, y que no le quede duda, que yo acepto y creo todo lo que el apóstol Pablo dice en el Nuevo Testamento. Más adelante volveremos sobre este punto, pero lo que quiero hacer ahora es resaltar dos puntos.

Primero, Pablo estaba inmerso en un conflicto serio con algunos que ponían un énfasis desmedido sobre la Ley del Antiguo Testamento, de manera tal que estaban minimizando o malinterpretando lo que había sucedido con la venida del Mesías, Jesús. Para ellos, guardar la Ley de Moisés era una marca importante de pertenencia a la nación que se mantenía en una relación de pacto con Dios, esto es, la judía. Si alguno quería ser parte del pueblo del pacto tenían que obedecer toda la Ley de Moisés (hacerse circuncidar, observar el Sabbath, comer solamente alimentos ritualmente puros, etcétera). Ésa era la única manera de pertenecer realmente a la gente recta que Dios aceptaría en el día final. Esas personas hacían de la Ley una condición para la salvación, la manera de estar en paz con Dios.

El apóstol Pablo sostiene, sin embargo, que ese entendimiento de la Ley es incorrecto. *La Ley no pretendió nunca ser el medio para la salvación*. La salvación siempre fue, y todavía lo es, un asunto de fe en las promesas de Dios que depositamos ahora en Cristo Jesús. Pablo, entonces, estaba interpelando a quienes habían *distorsionado* la Ley, forzándola a ser lo que nunca se quiso que fuera. Necesitamos escuchar ese argumento a fin de entender algunas de las cartas del apóstol Pablo, pero el mejor punto de partida para empezar a pensar en la Ley es *tomarla en su contexto del Antiguo Testamento*, lo cual me lleva a mi segundo punto.

Segundo, ¿qué sucede si en lugar de empezar nuestra comprensión de la Ley del Antiguo Testamento con el apóstol Pablo, comenzamos, más bien, con aquellos a quienes les fue dada, esto es, con los israelitas de ese tiempo? Preguntémosles a algunos de los salmistas por el significado que la Ley tenía para ellos. Esto es lo que nos dirían:

La Ley del Señor es perfecta:
    infunde nuevo aliento.
El mandato del Señor es digno de confianza:
    da sabiduría al sencillo.
Los preceptos del Señor son rectos:
    traen alegría al corazón.
El mandamiento del Señor es claro:
    da luz a los ojos.
El temor del Señor es puro:
    permanece para siempre.
Las sentencias del Señor son verdaderas:
    todas ellas son justas.

Son más deseables que el oro,
    más que mucho oro refinado;
son más dulces que la miel,
    la miel que destila del panal.

(Sal 19.7–10)

Viviré con toda libertad,
    porque he buscado tus preceptos.
pues amo tus mandamientos,
    y en ellos me regocijo.
¡Cuánto amo yo tu ley!
    Todo el día medito en ella.
Sobre todas las cosas amo tus mandamientos,
    más que el oro, más que el oro refinado.
La suma de tus palabras es la verdad;
    tus rectos juicios permanecen para siempre.

(Sal 119.45, 47, 97, 127, 160)

¿Qué escucha en esas canciones de alabanza? No hay allí ninguna carga legalista terrible. No hay tampoco quejidos ni gemidos bajo un pesado fardo. No hay ansiedad ni culpa. Por el contrario, lo que escuchamos son *acciones de gracia* por un regalo maravilloso de Dios. Oímos *aprecio* por algo que es una bendición y una ayuda práctica para la vida. Les oímos *valorar* la ley de Dios como algo que tiene un alto precio, mucho más valioso que el oro, algo que es dulce, mucho más que la miel.

> Los israelitas devotos se deleitaban en la ley como un don de la gracia de Dios y como una muestra del amor de Dios que se les había dado por su propio bien (Dt 4.1, 40; 6.1–3, 24, etc.). Para ellos la Ley era una bendición en sí misma y era el medio por cual podían continuar disfrutando las bendiciones permanentes de Dios (Dt 28.1–14). Los israelitas tenían presente que la revelación de la Ley a Israel era un privilegio único que no había sido otorgado a ninguna otra nación (Dt 4.32–34; Sal 147.19–20). Se estimulaban unos a otros a obedecerla, no para ser salvos, sino porque Dios ya los había salvado (Dt 6.20–25). Se deleitaban en ella por ser el camino de vida (Lv 18.5; Dt 30.15–20), y el río de la fructificación (Sal 1.1–3).[20]

Yo creo que ése es el lugar correcto para empezar, si es que queremos pensar en (y predicar) la Ley del Antiguo Testamento en su contexto bíblico apropiado. Desde luego, vamos a necesitar el auxilio del apóstol Pablo para entender lo que quiso decir cuando dijo que nosotros, como cristianos, no vivimos "bajo la ley". Es ahí donde estamos ahora, en la Etapa 5 del gran drama de la Biblia, pero, así como sucede con cualquier parte del Antiguo Testamento, necesitamos regresar en nuestra mente a la Etapa 3 y estudiar estos textos en su contexto, primero que todo. Cuando procedemos de esa manera podemos encontrar un cuadro mucho más positivo, al menos en un momento inicial.

Regresemos a Pablo por algunos instantes: recuerde dónde comenzamos en el capítulo 1. Pablo es el que nos dice que

> Toda la Escritura es inspirada por Dios y útil para enseñar, para reprender, para corregir y para instruir en la justicia, a fin de que el siervo de Dios esté enteramente capacitado para toda buena obra *(2Ti 3.16–17)*.

---

[20] Christopher J. H. Wright. *Old Testament Ethics For The People Of God*. Leicester: IVP, 2004, p. 282.

La Ley era el primer bloque fundante de la Escritura a la que Pablo se refirió. Podemos decir que en esa frase incluyó la Ley. Incluso cuando otras personas la estaban usando de manera errónea poniéndola en el lugar que sólo le corresponde a Cristo, Pablo nos dice con toda claridad que la Ley proviene "del aliento de Dios" y es útil. No habría ningún caso en decir enfáticamente que "*toda* Escritura es inspirada por Dios y es útil" a menos que escribamos como encabezado de capítulo en el libro del Antiguo Testamento, incluyendo la Ley: "*Esta* Escritura es inspirada por Dios y es útil".

2. La Ley del Antiguo Testamento fue dada a aquellos que habían experimentado la gracia de Dios

Al volver a la gran historia singular de toda la Biblia vemos de nuevo su importancia vital para entender cualquier parte de ella. *La Ley viene en una historia*. Fue un don dado a un pueblo que ya había visto a Dios en acción. Antes de llegar a los textos legales de la Torá, ya hemos leído un libro y medio de un relato, de una historia: Génesis y la mitad de Éxodo. Ya hemos tenido la historia de la creación, de la caída, del llamado a Abraham y de las promesas que Dios le dio, el rescate de Israel de la esclavitud de Egipto por parte de Dios y el pacto entre Dios e Israel en el Monte Sinaí. Esto es, antes de recibir la Ley ya hemos pasado por las Etapas 1 y 2, y entrado a la Etapa 3. Esta gran narración y todo su significado constituyen el contexto de la Ley. Necesitamos tener claridad de esa historia cada vez que leamos o prediquemos cualquier parte de la Ley. No predique nunca la Ley del Antiguo Testamento sin la historia del Antiguo Testamento que la antecede.

Fue *este Dios* el que dio la Ley, el Dios que creó la tierra entera y todas las naciones, el Dios que hizo un pacto con Abraham en el que incluyó la bendición a todas las naciones. Fue *este pueblo* el que recibió la Ley, el pueblo que Dios acababa de liberar de su esclavitud en un acto de compasión y justicia, el pueblo que ahora entra en una relación de alianza con Dios. La gracia redentora de Dios ya estaba en acción. Cuando prediquemos la ley del Antiguo Testamento hemos de asegurarnos que nuestros oyentes conozcan al Dios que la produjo y la historia que la arropa. El es el Dios de gracia y la historia, un relato de gracia.

Lista de control

Debemos, por lo tanto, predicar siempre a partir de la Ley del Antiguo Testamento sobre la base de la gracia salvadora de Dios. Cualquier otra cosa llevará a la gente al legalismo, al desespero o al orgullo. No debemos predicar la Ley sin el evangelio, pero recuerde que el evangelio comienza con Abraham, tal como lo afirma Pablo en Gálatas 3.6–8. En otras palabras, Dios dio su Ley a un pueblo que ya conocía su promesa de bendición en su pacto y había experimentado su redención poderosa. A continuación vienen unas preguntas para tener en cuenta cuando usted esté estudiando un pasaje de la Ley del Antiguo Testamento con miras a predicarlo.

> ➤ ¿Esta Ley en particular incluye alguna referencia a la redención de Israel de la esclavitud en Egipto, o se presenta en un grupo de leyes, o un capítulo, que incluye esas referencias? Por ejemplo, Levítico 19 está repleto de leyes prácticas, pero menciona constantemente a Dios, lo llama Señor (YHWH), el nombre con el que se dio a conocer en la alianza, y termina recordando la acción liberadora de Dios sacándolos de Egipto.

> ➤ Toda la lista de los Diez Mandamientos empieza con el hecho de que Dios redimió a Israel antes de dar a conocer el primer mandamiento. ¿Qué dice eso acerca del resto de la Ley?

> ➤ ¿Puede animar a su congregación a discernir el perfil de los libros que contienen la Ley? Por ejemplo, las leyes en Éxodo, incluyendo los Diez Mandamientos, viene *después* de la historia de redención en la primera mitad del libro. De igual manera, el libro de Deuteronomio, que es la renovación del pacto de Dios con Israel antes de que cruzaran el Jordán hacia la tierra de Canaán, comienza con capítulos que cuentan la historia de Dios sacando a Israel de Egipto, dándose a conocer a su pueblo en el Sinaí y guiándolos a través del desierto (caps. 1–4), *antes* de abordar los Diez Mandamientos y otras leyes. Nuevamente, al final de la sección principal de leyes, se celebra la historia de redención una vez más (cap. 26).

Ahí tenemos tres pasajes maravillosos de la Torá que explican estos énfasis con claridad. ¡Me entusiasma predicar a partir de ellos!

 Ejemplos

a) Éxodo 19.1–6: La Ley fue dada a un pueblo que ya había sido redimido por Dios

Dios llevó a su pueblo al Monte Sinaí. Ahora es tiempo de decirles todo lo que su acción liberadora significa y lo que Él espera de ellos. Sin embargo, el primer factor que Dios resalta es el pasado: *Ustedes son testigos de lo que hice* [...] (v. 4). En verdad, ellos lo habían visto. Se trata de una memoria reciente. Como lo afirma el v. 1, solo tres meses atrás estaban sufriendo los azotes y la muerte como esclavos en Egipto. Ahora eran libres. Dios dice: "Yo los liberé; los saqué de una opresión terrible". El Éxodo fue un acto de la gracia salvadora de Dios motivado por la compasión a la que se movió al ver su sufrimiento, y su fidelidad a su promesa a Abraham (Éx 2.23–25).

Sólo después de que Dios les recuerda esa historia de redención, continúa: *Si ahora ustedes me son del todo obedientes, y cumplen mi pacto* [...]. La gracia viene primero. La obediencia viene después, como la respuesta apropiada. La gracia *antecede* a la Ley. Incluso en su estructura, el libro del Éxodo así nos lo muestra. Son dieciocho los capítulos que se ocupan de la salvación, casi la mitad del libro, antes de que se dé un solo capítulo de la Ley comenzando con los Diez Mandamientos.

Mi énfasis se debe a que son muchos los que aún mantienen una idea equivocada de la diferencia entre el Antiguo y el Nuevo Testamento. Creen que la diferencia consiste en que en el Antiguo Testamento la gente se salvaba obedeciendo la Ley, mientras que en el Nuevo la salvación es sólo por gracia por medio de la fe. Ésa es una distorsión terrible de la Escritura. Aciertan, eso sí, en lo que dicen respecto de la salvación en el Nuevo Testamento, pero la gracia fue igualmente la base de la salvación en el Antiguo. Dios salva a su pueblo en virtud de su amor y su fidelidad, y sólo *después* entra en una alianza con ellos, la que incluía la observancia de la Ley. Esa perspectiva del Antiguo Testamento (salvación por las obras de la ley) es muy similar a la enseñanza falsa que Pablo combatió. No es eso lo que enseña el Antiguo Testamento.

Incluso los Diez Mandamientos, que parecen ser la matriz para el resto de la Ley, comienza con una evocación de la gracia salvadora: *Yo soy el* Señor *tu Dios. Yo te saqué de Egipto, del país donde eras esclavo* (Éx 20.2). Los mandamientos fueron para un pueblo que Dios ya había redimido.

En Inglaterra hay muchas iglesias que tienen los Diez Mandamientos escritos en la pared, junto con el Padrenuestro y el Credo, pero infortunadamente casi todos comienzan directamente con el primer mandamiento y dejan por fuera la declaración inicial de Dios. Eso es publicar la Ley sin "evangelio"; es decirle a la gente lo que tienen que hacer sin contarles primero lo que Dios ha hecho.

b) Deuteronomio 6.20–25: La gratitud fue una motivación para obedecer la Ley

Lea esos versículos. Forman un párrafo que nos ubica en el corazón de un hogar israelita en donde la familia busca vivir en obediencia a la alianza con Dios. El hijo le pregunta al padre cuál es el significado, cuál es la razón para que tengan todas esas instrucciones que están observando. "Papá, ¿por qué hacemos todo esto?". Cuando los niños preguntan "¿Por qué?", los padres suelen responder "¡Porque yo lo digo!". El padre bien pudo ir derecho al versículo 24: *El* Señor *nuestro Dios nos* **mandó** […] *obedecer* […]. ¿No bastaría con esa respuesta? "¡Dios lo dijo! ¡Sólo hazlo! ¡Deja de hacer preguntas, muchacho!".

Pero no. Cuando el hijo pregunta por el sentido de la Ley, el padre le cuenta una historia. ¿Cuál historia? La historia de salvación, el relato de la redención de Israel de la esclavitud en Egipto y el don de la tierra de Canaán. Observe que el padre tiene que contar todo lo contenido en los versículos 21–23 antes de volver al punto de los mandamientos de Dios en el versículo 24. El significado mismo de la Ley se encuentra en el "evangelio", en la buena noticia de la justicia salvadora de Dios. "Mira, hijo, fíjate en todo lo que Dios ha hecho por nosotros. Ésa es la razón por la cual lo obedecemos".

La obediencia, por lo tanto, es un asunto de responder correctamente a lo que Dios ha hecho. Eso es lo que la frase "y será nuestra justicia", en el versículo 25, quiere decir. El padre no está hablando de una justicia que se puede ganar o merecer por la obediencia ("justicia por las obras", suele llamarse). No. El padre no le dice a su hijo cómo "quedar bien con Dios". Lo que quiere decir es: Dios probó *su* justicia haciendo lo que es recto, derribando al opresor y liberando al oprimido. Ésa es la justicia de Dios en acción. *Nuestra* justicia, entonces, se hará manifiesta viviendo rectamente en la vía trazada por Él. Nuestra obediencia a Dios no nos *granjea* justicia alguna, sino que consiste en nuestra respuesta apropiada a su justicia salvadora de Dios en nuestro favor.

c) Deuteronomio 15.11–18. Liberación de esclavos al cabo de seis años

Luego de seis años de servicio era el derecho legal para un esclavo hebreo que fuese liberado, a menos que decidiese permanecer en la casa en la que estaba sirviendo (Éx 21.1–11). Deuteronomio establece que el propietario debe dejarlo libre con un generoso paquete de recursos para reflejar la gracia generosa de Dios para con ellos en el pasado: *Y cuando lo liberes, no lo despidas con las manos vacías. Abastécelo bien con regalos de tus rebaños, de tus cultivos y de tu lagar. Dale según el* Señor *tu Dios te haya bendecido. Recuerda que fuiste esclavo en Egipto, y que el* Señor *tu Dios te dio libertad. Por eso te doy ahora esta orden* (Dt 15.13–15).

No puede ser más claro, ¿no es así? La redención de Dios fue la base de la obediencia al mandamiento de Dios y su motivación. La generosidad para con el necesitado era un mandato, no una sugerencia. Era *Ley* para Israel, pero la ley de la generosidad se enraizaba en la gracia generosa de Dios hacia Israel. Lea toda la sección de Deuteronomio 15.11–18. Está preñada de un lenguaje de generosidad en respuesta a la bendición de Dios.

Hay muchos otros lugares en donde es notorio este principio —redención como la base de la ley: obediencia como respuesta a la gracia salvadora—. A los israelitas se les pedía que recordasen lo que Dios había hecho por ellos al sacarlos de Egipto con la intención que ese recuerdo afectara su comportamiento hacia los demás, especialmente hacia los más débiles y vulnerables en su sociedad, tal como lo habían sido en Egipto. Debían cuidar al extranjero que habitase entre los hebreos porque habían experimentado el cuidado de Dios para con ellos cuando fueron forasteros en Egipto. Los extranjeros debían ser considerados como iguales a los israelitas nativos ante la Ley (Éx 23.9; Lv 19.33–36).

Supongamos que podemos incorporar Éxodo 19.4 al Nuevo Testamento. Sería algo así como si Dios, en lugar de señalar al pasado, hacia el Éxodo, apuntara hacia la cruz de Cristo y dijera: "Ya viste lo que hice. Ahora, vive en obediencia a mi Hijo como tu Salvador y Señor por lo que Él hizo por ti". Eso es, más o menos, lo que el Nuevo Testamento hace, en realidad. Aunque no estamos "bajo la Ley", en el Nuevo Testamento encontramos *mandamientos* de grueso calibre que hemos de obedecer.

Jesús dijo, y lo repitió tres veces: *Este **mandamiento** nuevo les doy: que se amen los unos a los otros* […]. Inmediatamente después, añadió: *Así **como yo los he amado**, también ustedes deben amarse los unos a los otros* […] (Jn 13.34; 15.12, 17; énfasis mío). Su amor viene primero. Juan lo enfatiza cuando escribe más tarde: *Nosotros amamos a Dios **porque** él nos amó primero* […] *ya que Dios nos ha amado así, también nosotros debemos amarnos los unos a los otros* […] (1Jn 4.19, 11; énfasis mío). La gracia primero, la obediencia después. Es el mismo principio, tanto en el Antiguo como en el Nuevo Testamento. Incluso el apóstol Pablo, que insiste en que nosotros ya no vivimos bajo la ley del Antiguo Testamento, tuvo muchas instrucciones y mandamientos para impartir y que los cristianos debían obedecer. Aquí hay una: "Perdónense unos a otros". No se trata de una sugerencia cortés que bien podríamos considerar de vez en cuando. Es un mandamiento directo, no una opción. Pero, una vez más, observe cómo Pablo provee la motivación basada en la gracia. […] *sean bondadosos y compasivos unos con otros, y perdónense mutuamente, **así como Dios los perdonó a ustedes en Cristo*** (Ef 4.32; énfasis mío. *Cf.* Col 3.13 y Ro 15.7).

3. La Ley del Antiguo Testamento fue dada para adecuar el pueblo de Dios a la misión de Dios

Hasta ahora, en este capítulo, hemos estado con el Israel en el Monte Sinaí mirando *atrás* hacia el pasado. Cuando Dios le dio su Ley, *ya* había actuado en cumplimiento a la promesa que les había hecho a través de Abraham y los había redimido de Egipto. La Ley fue dada sobre la base de la gracia pasada, la gracia de Dios experimentada en la historia. En el recuerdo de esa historia de la salvación de Dios, encontraban la motivación para obedecer la Ley.

Le Ley, sin embargo, puede también ser vista desde otra dirección. ¿Qué propósito animaba a Dios al invitar a Israel a que mirara *hacia adelante*? Ésta es una pregunta importante que la gente suele ignorar. Con frecuencia se pregunta: ¿Por qué la Ley de Moisés está en la Biblia? ¿Cuál es su propósito? y luego se pasa a intentar responder en términos de la teología cristiana que parece despertar toda clase de problemas y argumentaciones. Imagine, entonces, que en lugar de preguntar "¿Por qué la Ley?", nos preguntamos, primero que todo "¿Por qué Israel?". Después de todo, cualquiera haya sido el propósito que Dios tuvo en mente cuando le dio a Israel su Ley en el Monte Sinaí, esa intención debió haber sido consistente con el propósito que tenía para Israel como pueblo desde el principio.

Ya sabemos muy bien cuál fue el propósito de Dios con Israel desde el momento mismo en que le hizo a Abraham su promesa. Su propósito de largo alcance era bendecir a todas las naciones de la tierra a través de los descendientes de Abraham (Gn 12.1–3). Teniendo como telón de fondo el panorama desalentador de Génesis 3–11, la Etapa 2 en la gran historia de la Biblia, en un mundo de pueblos y naciones diseminados por doquier, en pecado y bajo el juicio, Dios anuncia que tiene el plan de *bendecir* al mundo. Dice que lo hará a través del pueblo descendiente de Abraham y que al final todas las naciones de la tierra alcanzarán bendición a través del pueblo de Abraham, esto es, el Israel del Antiguo Testamento.

Esto es lo que quiero decir con la expresión "la misión de Dios". Tal es el gran objetivo de la obra de Dios en toda la historia. Tal es la razón por la que el pueblo de Israel en el Antiguo Testamento llegó a existir, fue creado, escogido, redimido y entró en una relación de pacto con Dios. Nada de eso se hizo *por sus propios méritos*, sino para que, al final, pudiesen ser los medios por los cuales Dios habría de bendecir a los pueblos de todas las naciones. Por ello, el apóstol Pablo llama a Génesis 12.3 "el avance del evangelio" (Gá 3.8). En verdad, es una "buena noticia" que, a pesar del pecado humano, Dios todavía tiene el plan de bendecir a las naciones. Ahora sabemos, como lo explica Pablo, que Dios cumplió esa promesa en y a través de Cristo, "la semilla de Abraham," pero hasta que Cristo vino, la misión de Dios se trabajó a través del Israel del Antiguo Testamento.

¿Qué tiene que ver todo eso con la *Ley* del Antiguo Testamento? Piénselo de esta manera. Si usted quiere cumplir un propósito *a través de otros*, ¿qué clase de personas le gustaría que lo hicieran? Lo más probable es que quiera que sean y se comporten como usted, que hagan lo que le gustaría que hicieran. Usted necesita gente que le rinda cuentas de sus actos y que obren con integridad en nombre de usted. De otra manera, ¿cómo podrían alcanzar *sus* propósitos si salen y empiezan a hacer sus propias cosas, a su manera, y se olvidan de todo lo que les pidió que hicieran?

Así es con Dios, con su gran plan, con su propósito de darse a conocer, de bendecir y, al final, de llevar su salvación a todas las naciones de la tierra. ¿*Qué clase de personas* necesitaría Dios para alcanzar ese propósito? Habría de necesitar un pueblo que obrase en las formas en que *Él* opera, que le mostrase al mundo cómo es *Dios* viviendo según los parámetros y las prioridades de Él. En otras palabras, un pueblo santo como Dios lo es. Entonces, establece una alianza con Israel en la que dice:

➢ Yo los he escogido, llamado y redimido (*elección y redención*)

➢ Nos pertenecemos, entonces, el uno al otro: ustedes serán mi pueblo, yo seré su Dios (*pacto*).

➢ Así es como yo quiero que vivan (*Ley*).

➢ Les doy esta Ley para que puedan vivir de maneras que me complazcan y sean para su beneficio, y que, además, muestre mi carácter a las naciones.

➢ Sigan mis leyes por amor a mí, por amor a ustedes mismos, y por amor al mundo.

Un porción mayor del propósito de la Ley en el Antiguo Testamento fue *adecuar* a Israel para su participación en la misión de Dios. Israel fue llamada a ser diferente de todas las demás naciones a fin de ser una luz para ellas.

 Ejemplos

Aquí hay algunos ejemplos que ilustran la idea que vengo desarrollando. Debo decir, una vez más, que me gusta predicarlos.

a) Génesis 18.18–21: Mantenerse en el camino del Señor

Esta historia sucedió cientos de años antes de que fuera dada la Ley, pero muestra claramente *por qué* fue promulgada tiempo más tarde. Puede serle de provecho leer todo el capítulo 18 y observar hacia dónde lo lleva el relato en el capítulo 19.

Dios está compartiendo una cena con Abraham y Sara en la compañía de dos ángeles. Los tres visitantes van en camino hacia Sodoma y Gomorra para juzgar esas ciudades, de lo cual nos narra el capítulo 19. En su viaje se detienen para que Dios pueda renovar su promesa a Abraham y Sara en el sentido de que ellos tendrán un hijo muy pronto. Al salir, Dios habla consigo mismo por unos instantes acerca de Abraham y su propósito con él.

> Es un hecho que Abraham se convertirá en una nación grande y poderosa, y en él serán bendecidas todas las naciones de la tierra. Yo lo he elegido para que instruya a sus hijos y a su familia, a fin de que se mantengan en el camino del Señor y pongan en práctica lo que es justo y recto. Así el Señor cumplirá lo que le ha prometido *(Gn 18.18–19).*

El versículo 18 es un eco de 12.1–3 y podemos ver cuán importante es su mensaje de fondo. Dios piensa no sólo en Abraham, sino también en su propósito general para el mundo a través de la nación que aún no ha nacido.

Observe con cuidado el versículo 19. En una sola frase Dios reúne tres elementos:

➢ *La elección de Abraham*: "Yo te he escogido" (*elección*).
➢ *El requisito de Dios*: "Yo lo he elegido para que instruya a sus hijos y a su familia, a fin de que se mantengan en el camino del Señor y pongan en práctica lo que es justo y recto" (*ética*).
➢ *El propósito último de Dios*: "Así el Señor cumplirá lo que le ha prometido", esto es, bendición para todas las naciones, v. 18 (*misión*).

En medio de cada una de ellas hay una expresión de intención —"para qué"—. Dios nos da *la razón por la que escogió a Abraham*: para que él sea el punto de partida de una comunidad que será diferente al mundo de Sodoma, caminando en una senda distinta: la de la justicia y la rectitud. A continuación, Dios nos dice *por qué quiere que la comunidad de Abraham sea diferente*: así puede cumplir su promesa de bendecir a las naciones.

La mitad de ese versículo contiene dos frases muy importantes. "El camino del Señor" y "haciendo lo que es recto y justo" figuran entre los conceptos más prominentes en la Ley y, a decir verdad, en todo el Antiguo Testamento. Todavía no se había dado la Ley, pero Dios ya comienza a dar a conocer el propósito que perseguiría cuando fuera promulgada. La Ley habría de perfilar el pueblo de Abraham para adecuarlo a la tarea de vivir de la manera en que Dios quería, el modo en que le había enseñado a Abraham. Su propósito para con Israel incluía esa agenda *ética* que consistía en que *viviera* como el pueblo de Dios. Con tal fin en mente, les dio su Ley. Era parte de la misión de Dios y de Israel.

Cada vez que prediquemos a partir de la Ley del Antiguo Testamento será necesario recordar este componente de su función: adecuar el pueblo de Dios a su tarea de ser agente de la misión de Dios a las naciones. El pueblo de Dios había sido llamado para que viviera en los caminos que Dios le había instruido porque quería que estuviesen "a la altura de ese propósito": ser parte del cumplimiento de la misión para todas las naciones.[21]

b) Éxodo 19.5–6: Israel es llamado al sacerdocio en medio de las naciones

Regresamos a este texto clave en Éxodo 19. Recuerde que ya vimos arriba que Dios, primero que todo, evoca su *gracia pretérita*: "Ustedes han visto lo que yo hice" (v. 4). Luego llama a Israel a obedecerlo y apunta, desde luego, a la ley que está a punto de darles en el Monte Sinaí. También les dice lo que sucederá *si* obedecen la Ley:

> Si ahora ustedes me son del todo obedientes,
> > y cumplen mi pacto,
> serán mi propiedad exclusiva
> > entre todas las naciones.
> Aunque toda la tierra me pertenece,
> > ustedes serán para mí un reino de sacerdotes
> > y una nación santa.
> »Comunícales todo esto a los israelitas.
>
> *(Éx 19.5–6)*

---

[21] Como ya dije, me fascina predicar desde este texto. Al final del capítulo podrá encontrar un bosquejo de mi sermón.

Observe, en primer lugar, que Dios *no* dice: "Si ustedes obedecen mi ley yo los salvaré y ustedes serán mi pueblo". Él ya los ha rescatado de Egipto; ellos ya son su pueblo. *Tampoco* dice: "Si ustedes me obedecen yo los voy a bendecir con toda clase de cosas buenas".[22] El texto no le promete a Israel lo que va a *obtener*, sino que les dice lo que va a *ser*. Será *algo* para Dios en la "toda la tierra" y entre "todas las naciones". Ése es el contexto amplio al que Dios apunta (quizás podía contemplar un panorama mejor de toda la tierra y todas las naciones desde lo alto del Monte Sinaí).

En el contexto de "toda la tierra" y "todas las naciones," Israel como nación iría a ser el sacerdocio de Dios. A fin de entender lo que eso significa, necesitamos conocer el papel y la función de los sacerdotes en el Israel del Antiguo Testamento. Los sacerdotes en Israel se ubicaban entre Dios y el pueblo. Eran los intermediarios, los mediadores, que operaban en ambas direcciones. De un lado, le enseñaban al pueblo la Ley de Dios (Lv 10.11; Dt 33.10). A través de los sacerdotes, Dios se daba a conocer ante todo el pueblo. De otro lado, los sacerdotes presentaban los sacrificios del pueblo a Dios y hacían expiación en el altar para que el pueblo pudiera entrar en comunión de adoración en la presencia de Dios. A través de los sacerdotes el pueblo reconstruía su relación con Dios.

Y ahora, le dice Dios a Israel como comunidad: ustedes me serán ante las naciones del mundo lo que sus sacerdotes son para ustedes. A través de ustedes yo enseñaré a las naciones mis caminos y me daré a conocer a ellas. A través de ustedes yo, al final, atraeré hacia mí a las naciones en redención y en relación de alianza. Esos dos propósitos fueron alcanzados solamente por Cristo Jesús, el Mesías de Israel, el perfecto Mediador y Sumo Sacerdote. Así como los sacerdotes representaban a Dios ante el pueblo y el pueblo ante Dios, de igual manera Israel fue hecho para que hiciera eso por las naciones.

---

[22] Con frecuencia escojo este texto, Éxodo 19.1–6, como material de trabajo en grupos en los seminarios de predicación de Langham. Con mucha frecuencia los grupos llegan a esta idea: "Obedezca a Dios y será bendecido ricamente". Eso puede ser cierto, aunque no de la manera publicitada por la teología de la prosperidad, pero eso no es lo que el texto está diciendo.

Esa función sacerdotal sólo podía desempeñarse si Israel se mantenía como un pueblo *santo* viviendo en obediencia a la Ley de la alianza. La santidad implica ser diferente, reflejar el carácter de Dios en la vida social ordinaria de cada día (Lv 19). En otras palabras, la Ley tenía la función de adecuar a Israel para que fuera ese pueblo representativo que diera a conocer a las naciones el carácter y las demandas de Dios. Ésa es una función misional. La Ley misma era una revelación de Dios, y también lo son aquellos que la viven en una obediencia motivada por la gracia.[23]

c) Deuteronomio 4.5–8: Israel sería un modelo visible a todas las naciones

El libro de Deuteronomio es pletórico en motivaciones. Quiero decir con esto que es un libro que quiere *estimular* al pueblo a guardar la Ley de Dios y ofrece una amplia gama de razones por los cuales debe hacerlo. Ya hemos visto una de las motivaciones más fuertes: recordar el Éxodo y el gran acto de salvación de Dios. Otro estímulo común consiste en que obedecer la Ley de Dios le aporta a Israel una vida agradable y segura en la tierra. Aquí, en Deuteronomio 4.5–8, encontramos una motivación inusual.

Moisés insta a Israel a seguir la ley de Dios de manera cuidadosa, *para que las otras naciones lo noten*:

> Obedézcanlos y pónganlos en práctica; así demostrarán su sabiduría e inteligencia ante las naciones. Ellas oirán todos estos preceptos, y dirán: "En verdad, éste es un pueblo sabio e inteligente; ¡ésta es una gran nación!". ¿Qué otra nación hay tan grande como la nuestra? ¿Qué nación tiene dioses tan cerca de ella como lo está de nosotros el Señor nuestro Dios cada vez que lo invocamos? ¿Y qué nación hay tan grande que tenga normas y preceptos tan justos, como toda esta ley que hoy les expongo? *(vv. 6–8)*.

Israel no debe pensar únicamente en sí mismo, ya que Dios no piensa solamente en Israel. Si Israel va a vivir de la manera en que

---

[23] Al final del capítulo incluyo un bosquejo de un sermón sobre ese texto.

Dios lo estableció en su Ley, con un completo sistema de vida social, económica, política, jurídica y familiar, la israelita tiene que ser *una sociedad muy diferente* en relación con las demás naciones a su alrededor. Debe despertar curiosidad, levantar preguntas, y esas preguntas tendrán que ver con el Dios que adora y con la justicia de sus leyes. El pueblo de Dios debería ser un mensaje publicitario de su Dios.

Este principio —cuando obedezcan a Dios, lo notará el mundo alrededor— no se limita al Antiguo Testamento. La misma dinámica está presente en el Nuevo Testamento. Cuando vivimos de la manera en que Dios quiere como discípulos de Jesús en obediencia a Él, la gente en torno nuestro lo nota. El resultado puede no ser muy cómodo. Es posible que nos metamos en problemas. Pero, al menos, nuestras vidas tienen que despertar preguntas acerca del Dios que adoramos y las razones por las que vivimos de la manera como lo hacemos, que fue lo mismo para Israel en el Deuteronomio. En otras palabras, nuestra obediencia es también misional, es parte de las maneras mediante las cuales cumplimos la misión en la que Dios está empeñado a través de su pueblo en el mundo. Los discípulos de Cristo Jesús debían distinguirse tanto como la sal y la luz se diferencian de la corrupción y la oscuridad. Si vivimos de esa manera, la gente lo verá y al final glorificará a Dios (Mt 5.14–16; 1P 2.12). Se espera de nosotros que vivamos de manera tal que otros lleguen al conocimiento de Dios.

Así, entonces, cuando predicamos a partir de la Ley del Antiguo Testamento, lo primero que debemos hacer es traer a la memoria de los creyentes la gracia de Dios el Señor a la que ellos deben responder, al mirar la historia de nuestra salvación. Pero también debemos recordarles su responsabilidad: vivir de manera tal que como pueblo de Dios hagan la diferencia en el mundo alrededor, con la atención puesta en la misión última de Dios de bendecir a las naciones. Aquellos a quienes Dios redimió han de vivir para la gloria de Dios en el mundo. Ésa era una parte del propósito de la Ley en el Antiguo Testamento. El pueblo de Dios fue creado para su alabanza y su honor de tal manera que las naciones pudieran conocer quién es el Dios viviente: ése fue el mandato para el pueblo Israel y lo sigue siendo para nosotros en Cristo.

4. La Ley del Antiguo Testamento refleja el carácter de Dios

Hay otra razón por la que debemos animarnos a predicar desde la Ley del Antiguo Testamento: es una ley que refleja el carácter de Dios. Como ya lo mencioné, una de las expresiones más comunes para hablar de la obediencia a la Ley es "andar en los caminos del Señor". ¿Qué significan esas palabras? Un sentido de la frase es seguir a alguien yendo adonde va la persona que guía. "¡Oh! Déjame ver tu huellas para en ellas plantar las mías", es como cantamos.[24]

 Ejemplo

A cierta altura en el libro de Deuteronomio, Moisés presenta una síntesis de toda la Ley. Todo el engranaje es expresado en cinco requisitos. Esto es lo que él dice:

> Y ahora, Israel, ¿qué te pide el Señor tu Dios? Simplemente que le *temas* y *andes* en todos sus caminos, que lo *ames* y le *sirvas* con todo tu corazón y con toda tu alma, y que *cumplas* los mandamientos y los preceptos que hoy te manda cumplir, para que te vaya bien *(Dt 10.12–13, énfasis mío)*.

Eso es todo lo que Dios espera: que lo temamos, que andemos en sus caminos, que lo amemos, que le sirvamos y le obedezcamos.

Supongamos que algún joven israelita de mente aguda levanta la mano y pregunta: "Eso está bien, vamos a tratar de hacer todo eso, pero dinos por favor, Moisés, ¿qué *significa* aquello de 'andar en los caminos del Señor'?".

Moisés ya tenía lista su respuesta. Éste es el perfil de Dios:

> Porque el Señor tu Dios es Dios de dioses y Señor de señores; él es el gran Dios, poderoso y terrible, que no actúa con parcialidad ni acepta sobornos. Él defiende la causa del huérfano y de la viuda, y muestra su amor por el extranjero, proveyéndole ropa y alimentos *(Dt 10.17–18)*.

---

[24] John E. Bode. *O Jesús, I Have Promised*, 1868 (Nota del traductor: Hay traducción por Juan B. Cabrera [1837–1916]: "Jesús, yo he prometido")

Él es el Dios grandioso que posee y gobierna el universo con autoridad plena y gran poder. Él es el Dios de la más absoluta integridad; no es corrupto ni se presta al soborno, como suele pasar con tantos jueces humanos. Pero cuando este gran Dios entra en acción, ¿en dónde lo encontrarán? Él es visible allí donde uno menos lo espera: entre los pobres y los necesitados, los que no tienen familia, los destechados, los sin tierra. Ellos son aquellos a quienes Dios cuida y les provee. Ése es el camino de Dios. "Así que, si ustedes van a andar en los caminos del Señor, entonces" —continúa Moisés sin pausa alguna— "ustedes deben amar a los extranjeros, pues ustedes fueron extranjeros en Egipto" (v. 19; énfasis mío).

En otras palabras, Israel debía reflejar la integridad, justicia, compasión y el amor de Dios en sus tratos con los demás. Los israelitas debían imitar en esos aspectos el carácter de Dios. Eso es lo que significa la expresión "andar en sus caminos".

Esta motivación fuerte en la Ley del Antiguo Testamento puede verse, además, en la manera como Levítico 19 enfatiza sus demandas éticas a Israel —en la granja, la familia, la corte, el vecindario, los negocios, las relaciones étnicas— con una declaración simple: *Sean santos, porque yo, el Señor su Dios, soy santo.*

La imitación de Dios es un tema central en la ley del Antiguo Testamento, pero no se detiene allí. Es, también, un principio básico que subyace a las enseñanzas de Jesús acerca de nuestro comportamiento. Nosotros estamos para modelar lo que hacemos sobre la base de lo que conocemos acerca de Dios y de lo que hace (Mt 5.45–48; Lc 6.27–36).

Lista de control

La pregunta que necesitamos hacernos antes de predicar cualquier pasaje de la Biblia no es, ante todo, ni únicamente, "¿qué significa esto para *mí*? ¿Qué *me* dice el texto que debo hacer? Con algunas de las leyes dadas al Israel antiguo en su sociedad y cultura la respuesta a esa pregunta puede ser: "Muy poco, o nada directamente". Recuerde que la Ley se escribió *para usted* (esto es, para su aprendizaje, diría el apóstol Pablo), pero no *a usted*. La Ley le fue dada a *Israel* muchos siglos antes de Jesucristo. En lugar de eso, empecemos preguntándonos:

> ¿Qué muestra esta Ley del carácter de Dios?

> ¿Cómo ilustra esta Ley los valores y las prioridades de Dios?

> ¿Qué dice el contexto en torno a la Ley acerca de las cosas que le preocupan a Dios?

> Si así es Dios, si es eso lo que valora, si era eso lo que esperaba que fuese el Israel del Antiguo Testamento, entonces ¿qué vehículo quisiera Dios que encapsulara los mismos principios en el mundo de hoy?

A veces es difícil encontrarles respuestas a esas preguntas. Son cuestiones que pueden parecernos desconcertantes cuando luchamos por entender cómo Dios dio algunas de esas leyes que nos dejó. Necesitamos balancear cualquier respuesta a la que arribemos con lo que conocemos acerca de Dios a partir del resto de la Biblia. En el siguiente capítulo exploraremos ese asunto un poco más a fondo.

5. La Ley del Antiguo Testamento esperaba el juicio de Dios

Yo me pregunto si usted conoce la teoría del Antiguo Testamento conocida como "Plan A - Plan B". Es bastante conocida; se puede resumir de la siguiente manera:

> Dios quería salvar al mundo a través de Israel. Así que fue e hizo un pacto con ellos y les dio la Ley para que fueran salvos. Ése fue el Plan A. Infortunadamente, fue un completo desastre, ya que Israel fracasó de manera deplorable y no guardó la Ley de Dios. Entonces Dios se dio cuenta de que la gente no podría ser salva guardando la Ley. Decidió, entonces, abandonar esa idea y concibió el Plan B. Jesús vino, entonces, para que nosotros pudiésemos ser salvos por la obediencia a Cristo y su muerte sacrificial en nuestro lugar.

Es una perspectiva ampliamente aceptada, pero me temo que es igualmente errónea.[25] El fracaso de Israel no tomó a Dios por sorpresa.

---

[25] Una parte de la Teoría Plan A esta completamente equivocada y usted debió haber detectado el error inmediatamente. Dios no le dio a Israel la Ley para que los israelitas

Primero que todo, vemos que llamó a Israel a que lo conociera, amara, adorara y obedeciera. Eso es lo que esperaba de Israel, porque es eso lo que ha esperado de la humanidad entera desde cuando creó la raza humana. Pero Dios sabía que los israelitas eran seres humanos, pecadores como el resto de los hombres y las mujeres. Sabía que irían a fallar, *y Dios así se los advirtió de antemano*. En lugar de ser una sorpresa, el fracaso de Israel ya había sido claramente previsto por Dios.

Al final de Deuteronomio hay unos capítulos importantes: Deuteronomio 29–32. Trate de encontrar tiempo para que pueda leerlos de corrido de una vez. ¡Justo ahora sería muy bueno! A continuación puede encontrar una breve reseña antes de que comience a leer. Dios dice algo como lo siguiente:

➢ Israel, yo te he salvado de la esclavitud y te he hecho mi pueblo con el que he entrado en un pacto.

➢ Les he dado mi Ley para que puedan vivir de una manera que les sea provechosa y para traerles mi bendición. Ustedes han prometido en el pacto amarme y obedecerme.

➢ *Sin embargo*, yo sé muy bien que *no* van a guardar esta Ley. Ya han hecho gala de su pecado y rebelión mientras Moisés estaba con ustedes. A medida que se sucedan las generaciones después de su muerte, van incluso a empeorar.

➢ Así que van a desencadenar sobre ustedes todas las amenazas y advertencias que he incluido en este pacto. Dado que van a persistir en quebrantar la alianza, ustedes experimentarán las maldiciones de este pacto, no sus bendiciones.

➢ Mi juicio vendrá de la mano de sus enemigos y ustedes serán expulsados de esta tierra y diseminados entre naciones foráneas.

➢ *Sin embargo*, quiero que sepan ahora, justo ahora antes que todo eso acontezca, que la del juicio no es mi palabra final ni su condición, definitiva. Hay esperanza más allá del juicio. Sigo siendo el Dios de gracia, de amor, de perdón. Los voy a *facultar* para que me busquen de

---

fueran salvos observándola. Ya dijimos arriba que Dios ya había obrado la salvación en favor de ellos, y ya los había hecho su pueblo. Les dio la Ley, no para que pudiesen ganarse la salvación, sino para que *respondieran* con amor y gratitud a la salvación que ya les había dado.

todo corazón, con toda el alma, para que me amen y me obedezcan. ¡Vuélvanse a mí! ¡Escojan la vida, no la muerte!

Como puede ver, la Ley misma, en Deuteronomio, anticipa un fracaso futuro en Israel. En verdad, esos capítulos en no solamente nos aportan una teología clara del pecado, el juicio, el arrepentimiento, la gracia y la restauración, sino que también nos ofrecen la historia de Israel por adelantado. Ésa fue la ruta que Israel tomó a lo largo de toda la Etapa 3 del gran drama de la Biblia.

En el entretanto, en su misma ley, en el sistema sacrificial contemplado en Levítico, Dios proveyó los medios para una limpieza regular y una expiación por el pecado. Esas alternativas por ellas mismas no "resuelven el problema", como bien lo señala la Epístola a los Hebreos. Más tarde, los profetas acusaron a los israelitas, en términos fuertes, de imaginar que con tal de que observaran los sacrificios yendo al templo, podían seguir en su rebelión y desobediencia y evitar así el juicio de Dios. Pero Dios no puede ser burlado. El juicio de Dios vino en la experiencia terrible del exilio en Babilonia.

Cuando regresamos al apóstol Pablo no nos sorprende, así como no sorprendió a Dios, que la Ley en sí misma no transforme a pecadores y rebeldes en gente buena y perfecta. La falla no radica en la Ley sino en la gente. Ésa es la razón por la cual Pablo habla de la Ley como "débil… porque fue debilitada por la carne", esto es, nuestra naturaleza humana pecaminosa (Ro 8.3). Ésa es la razón por la cual los israelitas descubrieron que lo que hizo la Ley fue traerles muerte. Puso al descubierto su pecado y los colocó bajo la maldición y el juicio de Dios. Aquí hay un punto importante: *éste no fue tanto un descubrimiento de Pablo. ¡La misma Ley ya había dicho todo eso!* La Ley demandaba la fidelidad de Israel, pero también se anticipó a su fracaso. La Ley estaba siendo realista. Pero, además, fijó su atención más allá del juicio hacia una *esperanza futura* en la gracia salvadora y restauradora de Dios. Apuntó, en otras palabras, al Señor Jesucristo, como Pablo tan claramente lo expresa.

Así, entonces, cuando prediquemos sobre la Ley del Antiguo Testamento debemos hacer esas dos cosas. Primero que todo, cuando les mostremos a nuestros oyentes lo que Dios espera y subrayemos los ideales y estándares contenidos en la Ley que le dio a Israel, tenemos que ser realistas. Nosotros somos tan pecadores como lo fueron los israelitas;

simplemente no vivimos en un estado inmaculado. También fracasamos, tal como ellos lo hicieron. Necesitamos reconocer nuestra desesperante incapacidad e indisponibilidad para vivir de la manera en que Dios espera de nosotros. La triste historia de Israel es también la nuestra. Pero, en segundo lugar, podemos guiar a nuestra congregación del punto de reconocer su fracaso hacia las promesas y la gracia de Dios. En eso también consiste la Ley. Cuando usted sabe que ha pecado, ¿a dónde va? De regreso al Dios de la gracia. Eso es lo que Israel tuvo que aprender, y sigue siendo la verdad del evangelio para nosotros.

Le pido que haga una pausa ahora y lea Deuteronomio 30, todo el capítulo. Es un texto sumamente realista en relación con el hecho de que Israel habría de fracasar e inevitablemente sufrir el juicio de Dios. Que eso ocurrirá, Dios *lo sabe* muy bien, pero es un capítulo maravillosamente abierto al poder de Dios para vencer incluso eso, sin importar qué tanto su pueblo se pueda alejar en su pecado y rebelión. Dios promete que les va a dar un corazón para que lo amen (v. 6), para que puedan volverse a Él y obedecerlo con todo lo que son (vv. 2, 10). El pecado humano no aprisiona a Dios. Hay un futuro abierto y una oportunidad abierta ante el pueblo. El capítulo, entonces, termina con un poderoso llamado evangelístico para que se vuelvan a Dios y opten por la vida, no por la muerte (vv.19–20).

En nuestra predicación podemos conectar, ciertamente, el punto central de todo el capítulo 30 de Deuteronomio, incluyendo su llamado final, al evangelio. Tanto la Ley como el evangelio concuerdan en tres verdades bíblicas esenciales (¡las que dan para títulos convincentes de sermones!):

> ➢ *El fracaso es un hecho.* Todos hemos pecado, trátese de judíos o gentiles, y el fracaso y el pecado hacen parte de la vida, son hechos de la historia, realidades que se ilustran vez tras vez en la Biblia. Incluso los discípulos de Jesús lo sabían. Pregúntele, no más, a Simón Pedro.

> ➢ *El fracaso se puede prever.* ¡Dios lo sabe todo acerca de nosotros! El pecado de Israel no lo tomó por sorpresa. Jesús no se sorprendió, así se haya sentido profundamente dolido, ante la debilidad de Pedro. De hecho, ya se lo había advertido de antemano. Toda la historia de la Biblia nos muestra que Dios, con plena conciencia de nuestra pecaminosidad, nuestras fallas y nuestra rebelión, toma sus iniciativas para vencerlas y nos alcanza para traernos de regreso.

➤ *El fracaso puede ser perdonado*. La Torá afirma la gracia salvadora de Dios. Los salmistas lo sabían y dependían de ella (por ej., Sal 25, 32, 51, 130). Esa gracia, finalmente, está allí para nosotros en la cruz de Cristo.

Éste es el mensaje que podemos predicar a partir de la Ley del Antiguo Testamento. Ésa es la razón por la que el apóstol Pablo con toda seguridad incluyó la Ley en lo que dijo tocante a las Escrituras como un todo. Las Escrituras del Antiguo Testamento no son solamente "útiles", sino que también …*pueden darte la sabiduría necesaria para la salvación mediante la fe en Cristo Jesús* (2Ti 3.15). Cuando ponemos nuestra fe en Cristo, Dios viene a vivir en nosotros a través del Espíritu Santo, como lo prometió en otras partes del Antiguo Testamento (Jer 31.33; Ez 36.26–27), capacitándonos para que vivamos por el Espíritu y no por nuestros esfuerzos en procura de guardar todas las leyes veterotestamentarias, de una manera que realmente satisfaga todo el propósito de la ley (Ro 8.4).

Preguntas y ejercicios

1. *¿Usted está de acuerdo con que debemos abordar la ley del Antiguo Testamento, antes que todo, en los términos en los que la vieron los israelitas del Antiguo Testamento (por ej., Sal 1, 19, 119) antes que en los términos en los que Pablo habla en sus controversias con los judaizantes? ¿Qué tan útil ha sido leerla primero desde ese ángulo?*

2. *Si la ley es vista en términos tan positivos en el Antiguo Testamento, ¿cuál es la razón por la que Pablo habla tan negativamente acerca de ella? ¿Cuál es el contexto del argumento de Pablo?*

____

____

____

____

____

____

3. *¿Qué le diría ahora a alguien que todavía cree que en los tiempos del Antiguo Testamento la salvación se conseguía por la Ley, mientras que solamente en el Nuevo Testamento se convierte en un asunto de la gracia? ¿Cómo explicaría que la gracia y la salvación vienen antes de la Ley? ¿Cuáles textos usaría en su explicación?*

____

____

____

____

____

____

____

4. *Prepare un sermón sobre Deuteronomio 6.20–25.*

____

____

____

____

____

____

Modelos de bosquejos para sermón

Lea los siguientes bosquejos juntamente con la discusión completa de los textos en la sección 3, arriba.

Anunciando la agenda de la misión de Dios

Génesis 18.19–21

1. Sodoma y Gomorra como un cuadro de nuestro mundo

El versículo 21 describe un clamor contra esas ciudades. Eso nos muestra que allí había opresión y sufrimiento. Son las mismas palabras de los israelitas que claman desde su opresión en Egipto. Observe, además, la violencia y la perversión en el capítulo 19, pero también los pecados sociales de la violencia, la arrogancia y el boato descritos en Isaías 1.9–10; 16–23 y Ezequiel 16.49–50, que comparan a Jerusalén y a Judá con Sodoma. Éste es el mundo en el que todavía vivimos hoy en día.

2. Abraham y la promesa de la misión de Dios

Dios les renueva su promesa a Abraham y Sara; 18.18 es un eco directo de 12.3. Ésta es la misión de Dios, la agenda de Dios, la visión de Dios: bendecir a todas las naciones. Incluso en camino a derramar su juicio, Dios recuerda su plan de salvación.

3. El camino del Señor como un programa para el pueblo de Dios

V. 19. (Ver el resumen arriba). Dios se acuerda de su propósito al elegir a Abraham: que fuera el fundador de un pueblo que habría de andar en el camino del Señor antes que en el de Sodoma. Nuestro estilo de vida, haciendo lo que es recto y justo, es un eslabón vital entre nuestro llamado y nuestra misión.

¿Quiénes somos y para qué estamos aquí?

Éxodo 19.1–6

1. La gracia pasada: el Dios de salvación

V. 4: Dios señala su propia iniciativa de gracia salvadora: *Ustedes son testigos de lo que hice* […]. La gracia antecede a la Ley, tanto en la historia como en la estructura del libro del Éxodo. Lo que somos y lo que hacemos para Dios es siempre una respuesta a lo que ha hecho por nosotros.

2. Gracia futura: la misión de Dios

V. 5$_b$: … *todas las naciones* […] *toda la tierra* […]. Éste es el lenguaje del pacto con Abraham. Israel habría de tener una relación especial con Dios, pero el ojo de Dios está puesto sobre el mundo entero. Hay un equilibrio importante entre lo particular (lo que Dios hizo por Israel) y lo universal (su propósito para todas las naciones).

3. Gracia presente: El pueblo de Dios viviendo al estilo de Dios

Vv. 5$_a$, 6: La misión de Israel era la de ser sacerdotes para Dios en medio de todas las naciones. Así como los sacerdotes están entre Dios y el resto del pueblo (enseñando la Ley de Dios y ofreciendo sacrificios), de la misma manera Israel como pueblo sería la nación que llevaría el conocimiento de Dios a las demás naciones, y las traería a Dios. En un sentido, es un propósito cumplido en Cristo. Pero seguimos desempeñando ese papel sacerdotal en el mundo (Ro 15.16; 1P 2.9–12). Somos los representantes vivientes del Dios viviente.

Capítulo 10

Predicando desde la Ley del Antiguo Testamento

Confío en que el capítulo anterior le haya permitido "entrar" a la Ley del Antiguo Testamento y entender la razón de su presencia en la Biblia. En el presente capítulo buscaremos "salir" de la Ley del Antiguo Testamento con toda su riqueza para la predicación de hoy. Pablo dice que la Ley, como toda la Escritura, es …*útil para enseñar, para reprender, para corregir y para instruir en la justicia* (2Ti 3.16). La pregunta es: ¿cómo?

Pablo nos dice, además, que ya no vivimos "bajo la ley" porque hemos puesto nuestra fe en Cristo y vivimos ahora por el Espíritu. Si se supone que no estamos para simplemente satisfacer todos los requerimientos de la Ley de Moisés, ¿cuál es su relevancia, en definitiva, para nosotros? ¿Hay allí algunas partes que todavía tenemos que obedecer e ignorar el resto? O, más bien, ¿debemos tratar de encontrar algo que sea "útil para la enseñanza", pescando aquí, pescando allá, en todo su contenido?[26]

Para buscarle respuesta a esa pregunta, en primer lugar voy a mostrar que, aunque la Ley fue dada a Israel, Dios la concibió como un *modelo* para otros pueblos a un nivel más amplio. Cuando usamos la ley para ayudarnos a pensar cómo hemos de vivir en el mundo de hoy en nuestras naciones, estamos haciendo lo que Dios quiso inicialmente. En segundo lugar, me propongo mostrar en qué sentido la Ley del Antiguo Testamento

---

[26] Si le interesa una discusión más completa en torno a la Ley del Antiguo Testamento, puede serle de utilidad el capítulo 9, "Law And The Legal System", de mi libro *Old Testament Ethics for the People of God* (Leicester: IVP, 2004). Allí examino asuntos tales como las diferentes clases de leyes en Israel (criminal, civil, de familia, ritual y de compasión); la administración de justicia y la escala de valores en la Ley veterotestamentaria.

buscó *beneficiar al pueblo*. No estuvo allí para aguar la fiesta, sino para que la vida gozase de una calidad superior. Eso es algo que se aplica a todas las naciones y culturas. Hay algo allí que aprender para nuestro propio beneficio. En tercer lugar, necesitamos discernir *los valores y las prioridades* que están presentes en la Ley, incluyendo aquellas partes que nos parecen difíciles, tales como algunas de las leyes más severas que imponían la pena capital. Y finalmente, busco proponer una alternativa para *construir un puente* que una al mundo que vemos en la Ley del Israel antiguo con el mundo en el que vivimos hoy.

1. La Ley de Israel pretendió ser un modelo para las naciones

Volvamos al inicio de la historia en la Biblia.

Etapa 1: Dios creó los cielos y la tierra, y luego a los seres humanos a su propia imagen para que poblaran la tierra. Podemos diseñar aquí un triángulo con los tres puntos, todos ellos, en relación unos con otros, como lo muestra la gráfica. Éste es el triángulo de la creación. Cada uno de los tres lados representa una relación que se mueve en ambas direcciones. La tierra fue creada por Dios y le pertenece a Él (*Del Señor es la tierra* […], Salmo 24.1). Los seres humanos fueron creados para amar y servir a Dios y unos a otros, y para disfrutar la tierra y cuidarla. La tierra, como parte de la creación de Dios, lo glorifica y es una bendición para los seres humanos que la habitan.

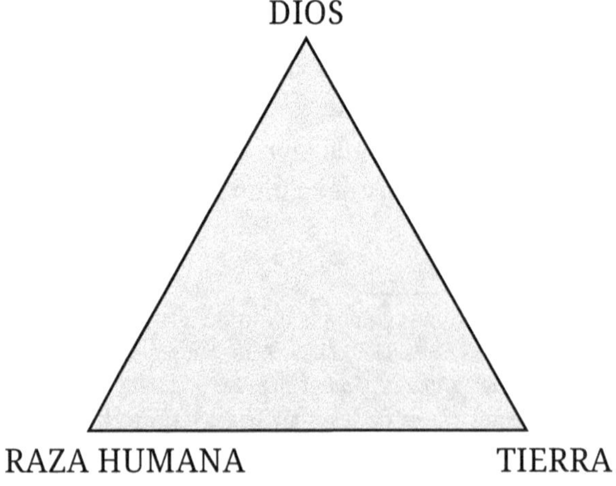

Tristemente, cada una de esas líneas y relaciones se ha roto, torcido y estropeado por los efectos de la caída (Etapa 2 en la historia de la Biblia). Los seres humanos cayeron y son pecadores. Ya no confiamos en la bondad de Dios y rechazamos su autoridad. Como resultado, puso a la tierra bajo maldición en relación con nosotros, y la tierra se "frustró" (como lo dice Pablo en Ro 8) en su propósito de glorificar a Dios. Los seres humanos viven alienados el uno del otro, implicados en odios, injusticias y violencias que se desencadenan entre pueblos, familias, tribus y naciones.

Con todo, aunque el triángulo se ha distorsionado y fracturado por el pecado y la maldad, aún sigue en pie. Dios está allí. La tierra está allí y nosotros seguimos ahí como seres caídos, habitando la tierra, pero distantes de Dios. En un sentido, todos deambulamos en algún lugar en la base del triángulo, a lo largo de eras y generaciones.

¿Qué hizo Dios en relación con el problema?

Es entonces cuando se da inicio a la Etapa 3. Dios llamó a Abraham y le hizo grandes promesas.

➢ Dios le prometió a Abraham que haría de él una gran nación bajo su bendición y protección.
➢ Dios prometió que le daría a la descendencia de Abraham una tierra en la cual vivir.
➢ Dios prometió que todas las naciones de la tierra serian benditas a través de Abraham.

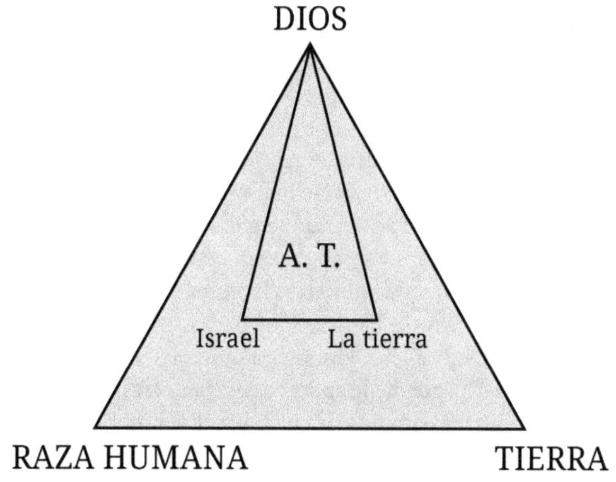

¿Puede ver la secuencia? *Una* nación; *una* tierra; luego *todas* las naciones en *toda* la tierra. Podemos imaginar esta relación como otro triángulo dentro del anterior (ver diagrama). Cuando Dios echa a rodar la gran historia bíblica de la redención (representada en el triángulo interior), se comienza con un hombre que se convierte en una nación (Israel), a la cual Dios le da una tierra en particular (la tierra de Canaán). Pero lo que Dios estaba haciendo en una nación fue concebido para que llevara bendición y salvación a toda la raza humana. La tierra de Israel se convierte en un microcosmos de la voluntad de Dios para la vida sobre la tierra en un sentido económico amplio. La combinación de un pueblo redimido viviendo en la tierra prometida es, a su vez, un anticipo de la humanidad redimida de toda tribu, lengua y nación, todos viviendo en la nueva creación, los nuevos cielos y la nueva tierra que vemos descritos en Apocalipsis 21–22.

Este triángulo interno de redención del Antiguo Testamento —Dios, Israel y la tierra— llega a ser un modelo o paradigma[27] de la intención mayor de Dios para el resto de las naciones en toda la tierra (el triángulo exterior de la creación). De Israel se esperaba que fuera, en su relación de pacto con Dios, "una luz para las naciones" en lo tocante a la adoración y la calidad de su sociedad (recuerde Dt 4.6–8), en las esferas económica, política, social, familiar y personal.

Esto significa que la ley del Antiguo Testamento, como parte del triángulo interno de la obra redentora de Dios en Israel, buscaba ser relevante en otros contextos culturales e históricos en el triángulo de la creación, para todas las naciones de la tierra, incluyendo la nuestra. Tal como lo muestra el siguiente diagrama, lo que sucedió en el triángulo

---

[27] Un paradigma es un ejemplo, modelo o caso que es específico en sus detalles, pero que sirve como patrón para pensar acerca de asuntos, problemas o situaciones que pueden ser muy diferentes, pero en los que se pueden aplicar esos mismos principios. Hay paradigmas en la ciencia. Los paradigmas permiten a los científicos usar una solución particular que ya conocen por experimentos y pruebas como una alternativa para estudiar y resolver otros problemas. Hay paradigmas de lenguaje. Si usted está aprendiendo un idioma extranjero, empieza a aprender ciertos patrones de verbos, sustantivos, etcétera, que luego puede aplicar a muchas otras palabras del mismo estilo en oraciones diferentes. Hay paradigmas en el derecho. Los jueces apelan a sentencias dictadas en casos específicos como patrones que sientan un precedente de los cuales pueden derivar principios para decidir otros casos que se les presenten.

interior Dios-Israel-tierra, incluyendo el don de la Ley de Moisés, puede extraerse y considerarse en relación con nuestro propio contexto. Allí encontramos que es "útil", al decir de Pablo.

Cuando predicamos a partir de la Ley del Antiguo Testamento no estamos haciéndola valer en un sentido literalista, esto es, creyendo que podemos pedirle a la gente que haga exactamente lo que dice el texto tal como aparece ante nuestros ojos. Ninguno de nosotros vive en el Israel antiguo. La Ley de Moisés fue dada *a los israelitas*, no *a nosotros*. Nosotros no vivimos en el triángulo interior, sino en la base del triángulo exterior, en una de las naciones de este mundo de mi Dios. Lo que necesitamos hacer es atender a lo que Dios nos ha enseñado y ordenado en el triángulo interior (el Israel del Antiguo Testamento), y después preguntarnos de qué manera interpela y desafía el contexto en el cual vivimos en el triángulo exterior, cualquiera sea dicho contexto. La Ley del Antiguo Testamento, al decirnos lo que Dios esperaba de *esa* sociedad en *ese* tiempo, todavía puede desafiar a la iglesia y la sociedad en asuntos pertinentes a la ética social y la justicia en *estos* tiempos. Nosotros somos, por así decirlo, parte de las naciones que observan, según Deuteronomio 4.6–8, hacen preguntas no sólo acerca de la clase de Dios que Israel adora y la clase de sociedad que buscaban ser, sino también sobre cómo las respuestas a esas preguntas pueden ayudarnos a interactuar con nuestros propios contextos en nuestra predicación al interior de nuestra comunidad de fe.

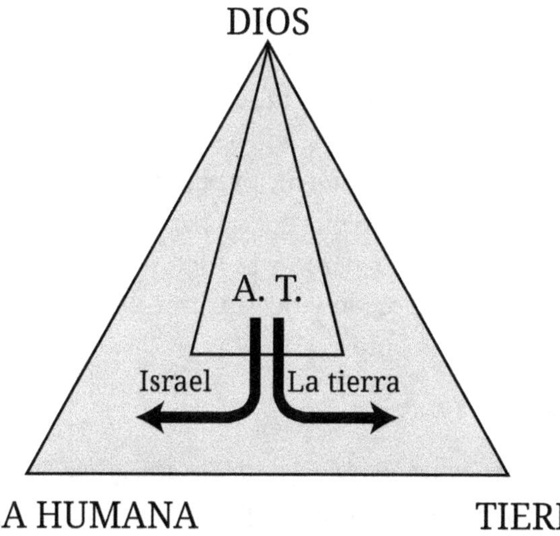

2. La Ley fue dada para el beneficio de la humanidad

¿Qué quiso decir Jesús cuando dijo: "El *Sabbath* fue hecho para el hombre, no el hombre para el *Sabbath*" (Mr 2.27)? Quiso decir que la ley del reposo se había concebido para el beneficio humano. Jesús estaba enojado porque los líderes de su tiempo habían convertido algo bueno y benéfico en una carga a la que el pueblo tenía que someterse. Era como si la Ley fuera el amo y los seres humanos le sirvieran, mientras que, dijo Jesús, la idea de Dios era exactamente la opuesta. Él había dado la Ley para que le sirviera a la gente y ayudara al pueblo a vivir mejor. El descanso semanal era un indicio de ello. Era una ley estricta, pero una que buscaba el bienestar de la gente. ¡El descanso semanal es bueno para usted!

Cuando Jesús se refirió en esos términos a la ley del Sabbath, bien pudo estar hablando de toda la Ley. Dios le dio a Israel su Ley, no para andar contento y gozarse cada vez que encontrara alguna falta en los errores de Israel, sino *por el bien del pueblo*. Deuteronomio repite esa verdad vez tras vez (por ej., Dt 4.40; 5.29; 6.24; 10.13). Tal como vimos en el último capítulo, los israelitas que genuinamente amaban a Dios y lo adoraban se dieron perfecta cuenta de que al obedecer la Ley estaban en el mejor lugar. Guardar la ley de Dios, vivir como Dios esperaba que vivieran, era una senda de vida, sabia, saludable, satisfactoria y productiva; una bendición, a decir verdad. Todo el libro de los Salmos comienza con una celebración jubilosa de la bendición que proviene de vivir como Dios lo pide (lea Sal 1, 19). Básicamente, a usted le conviene obedecer a Dios. Cuando piensa en eso, ya que Dios fue el que nos hizo, la mejor alternativa para que la vida funcione es "viviéndola siguiendo las instrucciones de su Hacedor". Dios sabe qué es lo que mejor puede contribuir al florecimiento de la vida humana. Era eso lo que quería para los israelitas, sólo que ellos fueron tan ciegos que no lo vieron y se fueron por su propio camino, en el desorden terrible del pecado y del sufrimiento que encontramos en el resto del Antiguo Testamento.

 Ejemplos

Los siguientes son ejemplos de situaciones en las que la Ley del Antiguo Testamento muestra su preocupación por el beneficio y las necesidades del pueblo. Son situaciones en las que se produce un choque entre *los derechos y las prerrogativas* de una persona fuerte y las *necesidades* de otro más débil. En tales situaciones descubrimos que la Ley de Israel le da una prioridad mayor a la persona vulnerable y necesitada. A veces esta prioridad legal ocurre cuando alguien más presenta sus reclamos legítimos. Parece que Dios está diciendo: "No consideren solamente lo que procede o no procede legalmente. Préstenle atención a la necesidad mayor. ¿Dónde está? Piensen en el que es más vulnerable o en el que está sufriendo más, y procuren darle prioridad". Ésta no es la "justicia ciega", sino la justicia con ojos bien abiertos, ojos que *ven* a la persona en necesidad. Pero, al mismo tiempo, la Ley del Antiguo Testamento advertía a los jueces de Israel el peligro del *favoritismo*, que podía llevarlos a distorsionar la justicia en aras de una compasión desmedida por la persona más pobre (Éx 23.3, *Cf.* 23.6). Tómese un momento para leer cada uno de los textos bíblicos siguientes.

a) La necesidad de un esclavo refugiado *vs.* los reclamos de su amo (Dt 23.15–16)

Ésta es una ley contracultural. En todas las otras sociedades en las cuales ha operado la esclavitud, tanto antigua como moderna, los derechos legales y los reclamos del esclavista siempre tienen precedencia. Para un esclavo, escapar es cometer una ofensa, con frecuencia castigada con la muerte, y cualquiera que dé asilo a un esclavo fugitivo, comete una ofensa seria. La obligación legal de tal persona es devolver al esclavo o entregarlo a las autoridades.

Pero qué dice la Ley de Israel. Primero que todo, *prohíbe* a los israelitas devolver el esclavo a su dueño. Esta provisión legal es asombrosa e inesperada en sí misma. Y a renglón seguido, también les *ordena* permitir que el esclavo viva libre en el lugar que escoja dentro de la comunidad. Los israelitas tenían que darle prioridad a la necesidad humana de la parte más débil (el esclavo) sobre los reclamos legales de la parte más fuerte (el dueño).

Ésta es, claramente, una ley muy humanitaria que terminaría por derribar el sistema esclavista si todos los esclavos optaran por huir. El hecho de que la Ley considere ese caso como una situación excepcional implica que la esclavitud en el Israel del Antiguo Testamento no era normalmente cruel ni dura como solemos pensar de la esclavitud (las galeras romanas, los esclavos africanos). Si un esclavo en Israel huía, se asumía que su amo lo estaba amenazando cruelmente, contrario a las leyes sobre la protección de esclavos en Éxodo 21.20–21, 26–27. En ese caso, dice la Ley de Israel, usted debe darle prioridad a las necesidades del esclavo. La gente importa más que los reclamos legales. Un amo cruel podría pensar que los derechos de la propiedad lo favorecían, pero no tenían de su lado la Ley de Dios que protegía a *las personas en necesidad* y no los derechos de propiedad de amos violentos o abusivos.

b) La necesidad de una prisionera *vs.* el poder de un soldado (Dt 21.10–14)

Aquí hay otra ley que, en una lectura superficial, nos lleva a fruncir el ceño. Nos gustaría decir que no debería haber guerras, y que no debería haber prisioneros, y que las mujeres no deberían ser capturadas como prisioneras de guerra. Eso puede ser cierto en un mundo ideal, pero Dios se ocupa de *la realidad en un mundo caído*. Parte de la estrategia de la Ley del Antiguo Testamento es poner en cintura realidades desagradables y tratar de aliviar los peores efectos de aquellos que caen en su entramado.

En este caso, la Ley permitía que el soldado victorioso en una batalla se alzara con una mujer de entre los cautivos. ¿Qué le estaba permitido al victorioso? Todos sabemos que uno de los aspectos más horribles de la guerra en todas las edades ha sido, y todavía es, el sufrimiento atroz de las mujeres en manos de los soldados: violaciones, esclavitud o asesinato. A veces la violación sistemática de las mujeres se usa deliberadamente como un instrumento de guerra para humillar al enemigo. Esta ley de Israel descarta de plano tal procedimiento.

Primero que todo, el soldado sólo puede tomar *una* mujer cautiva como su *esposa* con todos los deberes legales y responsabilidades que tal estatus le imponían a él, y todos los derechos que la Ley le confería a ella. Violación y esclavitud quedaban prohibidas. Segundo, incluso después de haberla hecho su esposa, estaba obligado a darle todo un mes para que se ajustara a su experiencia traumática antes de que pudiera ejercer con ella su derecho sexual normal como esposo. Esto es, tenía que reconocerle un tiempo de duelo antes de que tuviera su primera relación sexual con ella. Tercero, si después de todo, él se arrepentía de su decisión, no podía sacar ventaja de la situación vendiéndola como esclava, deshonrándola de esa manera. No. Ella ya era su esposa; tenía que divorciarse de manera apropiada y dejarla ir libre.

La guerra es horrible. Las mujeres llevan la peor parte cada vez que hay un bando victorioso. Pero parece que la Ley está tratando de darle prioridad a las necesidades de la persona más débil y vulnerable (ella es mujer, extranjera y prisionera) por encima de los derechos otorgados por las costumbres locales que favorecen a la persona más poderosa (él es un hombre, un soldado, victorioso y esposo).

c) La necesidad del deudor *vs.* los reclamos legítimos del acreedor (Dt 24.6, 10–13)

Una de las maneras por las cuales el Antiguo Testamento trataba de ayudar a los pobres era mediante el estímulo al préstamo libre, sin intereses. Eso era lo correcto y lo que agradaba a Dios (Sal 37.26; 112.5; Pr 19.17). Estamos hablando aquí del préstamo debido a la pobreza y la necesidad, no del préstamo para la inversión ni como parte de una transacción comercial. Éste sería el caso típico de un campesino israelita que necesitaba pedir en préstamo la semilla para sembrar para la próxima cosecha, o algo relativamente de menor cuantía. No se está hablando de un crédito bancario en una economía comercial.

Todas las sociedades han visto la necesidad de controlar los préstamos y los créditos. Por lo general, los prestamistas exigen alguna garantía sobre sus préstamos. El solicitante aporta algo al acreedor bajo la figura de una prenda o hipoteca, todo con el fin de asegurar el pago de la deuda. Es una realidad económica simple y la ley israelita la aceptaba.

Sin embargo, una vez más la Ley del Antiguo Testamento se pone del lado de la parte más débil, la persona pobre que necesita pedir un préstamo, exigiéndole al acreedor que respete las necesidades del deudor y que no lo trate con dureza. Primero que todo, la persona pobre necesita poder ganarse el pan y alimentar a su familia. El acreedor, entonces, no puede privarlo de los medios para conseguirlo (la piedra de moler para hacer harina que se encontraba en todas las casas). Segundo, el pobre necesita abrigo y calor en la noche. El acreedor, entonces, no puede tomar en prenda su vestuario básico, y si lo hace, debe devolverlo al caer la noche (¿por qué tomarlo, en primer lugar si la persona es tan pobre que todo lo que tiene para ofrecer es el manto con el que se cubre?). Tercero, incluso la necesidad que tiene el pobre a la dignidad y privacidad de su casa debe respetarse. El acreedor no puede derribar la puerta, entrar a la casa y tomar en prenda lo que quiera. No, el acreedor debe esperar afuera y dejar que el deudor escoja libremente lo que quiera entregar como prenda.

Ya sabemos que en muchas sociedades los procedimientos de los prestamistas contra sus deudores pueden ser sumamente crueles. Todo el poder, y a veces el peso de la ley, están a favor del acreedor. Pero aquí en Israel, Dios mira el problema desde otro ángulo, desde la perspectiva del necesitado que tiene que pedir prestado para poder sobrevivir. Las necesidades de esa persona tienen que gozar de prioridad y protección contra los derechos legales y los reclamos del prestamista, que es más acaudalado.

d) La necesidad de los sin tierra *vs.* los derechos legales del terrateniente (Dt 24.19–22)

Imagínese siendo un granjero en Israel y ocupado en trabajar su pedazo de tierra. Usted puede pensar: "Ésta es mi tierra. Yo he hecho todo el trabajo duro de limpiarla, ararla, sembrarla y cosecharla. ¡Desde luego que tengo el derecho al cien por ciento del producto de mi propio trabajo y de lo que mi inversión ha producido! Hasta el último grano de trigo, la última uva, la última aceituna me pertenecen. ¡Todos los demás, que se las arreglen y que no se metan en mi parcela!".

Pero Dios le sale al encuentro a tal actitud con la "Ley de espigar". La verdad es que Dios es el propietario final de la tierra (Lv 25.23). En tanto propietario, se reserva el derecho de insistir que *todos* los israelitas en la tierra "coman y queden satisfechos", incluso si se trata de los pobres, o los sin tierra, los que no tienen familia propia. Dios les dio a esas personas la libertad para espigar en los campos en tiempos de cosecha, e insistió que los segadores se aseguraran de que quedaran suficientes espigas para recoger. Esta ley tocante al espigueo en los campos, los olivares y los viñedos también se encuentra en

Levítico 19.9–10. La historia de Rut y Booz es una buena ilustración de un granjero israelita que obedece fielmente esa ley (Rt 2).

Una vez más, la necesidad humana ocupa el primer lugar. Cuidar al necesitado es prioritario por encima de los beneficios personales que vienen con la posesión de la tierra. Esto es especialmente cierto si la gente sufre hambre (Dt 23.24–25).

Regresemos a Jesús. Puesto que la Ley misma contenía estos y otros ejemplos que muestran que la necesidad humana está primero, podemos entender por qué Jesús se enojó cuando los fariseos y los expertos legales convirtieron la Ley en una *carga* en lugar de un *beneficio* para el necesitado (por ej., Mr 7.9–13; Mt 23.23). Muchas de las parábolas de Jesús enseñan la misericordia y la compasión incluso cuando el rigor legal y las expectativas populares van en una dirección diferente (como en Mateo 20.1–16). En su postura, Jesús da a conocer el Espíritu y el empuje de la Ley.

Nosotros, entonces, debemos predicar la Ley del Antiguo Testamento en maneras que muestren que fue concebida para el beneficio humano. Debemos resaltar las prioridades de la Ley a favor del débil y del necesitado, e invitar a nuestro audiencia a pensar en lo que todo eso puede significar para nuestra sociedad hoy, por no decir, la iglesia misma. Hay mucho material en la Ley que muestra el corazón de Dios en favor de las necesidades de los seres humanos, especialmente los vulnerables, aquellos que padecen los resultados de las desventajas sociales, económicas, étnicas o sexuales en nuestro mundo caído. Podemos predicar esos textos con denuedo. Son textos en realidad "útil[es] para enseñar, para reprender, para corregir y para instruir en la justicia". Pero (para repetir) recuerde conectarlos con el carácter y la gracia salvadora de Dios. De otra manera, sólo conseguiremos inducir una culpa legalista o un idealismo sentimental.

3. La escala de valores en la Ley del Antiguo Testamento

Hay más de seiscientas leyes en el código de Moisés (eso es lo que me dicen. Yo nunca las he contado), pero no todas son "más de lo mismo". Existen *diferentes clases* de leyes. Algunas tratan ofensas criminales serias; otras se ocupan de disputas civiles entre los ciudadanos; algunas más regulan asuntos de familia como el matrimonio, el divorcio y la crianza de los hijos; las hay que legislan las cuestiones sacrificiales y rituales propias de la práctica religiosa de Israel; otras simplemente instan a los israelitas a ser compasivos y a cuidar de los demás. Hay también *diferentes valores y prioridades* en esas leyes. Algunos son más centrales e importantes que otros. La gente en realidad preguntaba: ¿Qué es lo realmente importante? ¿Cuál es la cosa de mayor importancia en la Ley de Dios?

Como ya lo mencionamos arriba, *Moisés* respondió a esa pregunta resaltando cinco aspectos: temer a Dios, andar en sus caminos, amarlo, servirlo y obedecerlo (Dt 10.12–13). *Miqueas* hizo una síntesis mayor y los redujo a tres: hacer justicia, amar con misericordia y andar en humildad con Dios (Mi 6.8). Finalmente, Jesús los redujo a dos cuando alguien le hizo esa misma pregunta: amar al Señor tu Dios con todo tu corazón, con toda tu alma y con todas tus fuerzas (Dt 6.45), y amar a tu prójimo como a ti mismo (Lv 19.18).

Cuando Jesús dio esa respuesta, el maestro de la Ley que se la había preguntado hizo una observación interesante: *Bien dicho, Maestro — respondió el hombre—. Tienes razón al decir que Dios es uno solo y que no hay otro fuera de él.*[Dt 6.4] *Amarlo con todo el corazón, con todo el entendimiento y con todas las fuerzas, y amar al prójimo como a uno mismo,* **es más importante que todos los holocaustos y sacrificios.** (Mr 12.32–33, énfasis mío).

Jesús inmediatamente lo felicitó por su respuesta, pero no fue un golpe repentino de alguna nueva idea. El maestro estaba simplemente evocando el tono con el que las Escrituras del Antiguo Testamento dicen también que algunas cosas son mucho más importantes que otras, incluso en la Ley de Dios. Piense, por ejemplo, en las palabras de Samuel a Saúl: *El obedecer vale más que el sacrificio* […] (1S 15.22); o las palabras de Dios a Israel a través de Oseas: *Lo que pido de ustedes es amor y no sacrificios, conocimiento de Dios y no holocaustos* (Os 6.6); o la voz de Proverbios: *Practicar la justicia y el derecho lo prefiere el Señor a los sacrificios* (Pr 21.3).

Cuando leamos los pasajes de la Ley del Antiguo Testamento con miras a predicar sobre ellos, debemos preguntarnos cuáles son las leyes más importantes, cuáles los valores y principios que necesitan figurar prioritariamente. ¿Algunas de estas leyes, acaso, conciernen a los grandes temas, lo que Jesús llamó …*los asuntos más importantes de la ley* […] (Mt 23.23)?

Una cosa es plantear esas preguntas, y otra muy diferente, empezar a responderlas. Una manera de hacerlo es pensando en la lista central que parece destacarse como encabezado de toda la Ley del Antiguo Testamento: los Diez Mandamientos, o el Decálogo, como a veces se los llama. El orden de los mandamientos parece reflejar, en un sentido amplio, una escala de valores. Por supuesto, todos son importantes, ¿pero no será que algunos son más prioritarios que otros? Eso parece.

Los Diez Mandamientos

Los Diez Mandamientos comienzan con Dios y terminan con los pensamientos más íntimos del corazón humano. En un sentido, el décimo (contra la codicia) y el primero (contra la adoración a dioses diferentes del Señor Dios) se corresponden el uno con el otro. Esto se debe a que la codicia, por su naturaleza, pone a otras personas o cosas en el lugar que sólo Dios debe ocupar. Como Pablo lo dijo: …[la] *avaricia* [equivalente neotestamentario a la codicia] *la cual es idolatría* (Col 3.5).

➤ **Primer mandamiento:** Dios viene primero y está por encima de todo: no hay otros dioses.

Los dos siguientes mandamientos lo refuerzan:

➤ **Segundo mandamiento:** No tener ídolos.
➤ **Tercer mandamiento:** No usar el nombre de Dios en vano.

Luego viene uno más, que se la juega al mismo tiempo por el amor de Dios y el amor a la familia y la vida en sociedad:

➤ **Cuarto mandamiento:** Guardar el día de reposo para santificarlo y descansar.

Después de estos cuatro, que se enfocan en Dios, vienen los restantes seis, que se enfocan en las relaciones humanas. Una vez más, el orden parece importante.

➤ **Quinto mandamiento:** Proteger la estabilidad de la familia mediante la honra a los padres.
➤ **Sexto mandamiento:** Proteger la santidad de la vida: no al asesinato.
➤ **Séptimo mandamiento:** Proteger la santidad del sexo y del matrimonio: no al adulterio.

➢ **Octavo mandamiento:** Proteger la propiedad personal: no al robo.
➢ **Noveno mandamiento:** Proteger la integridad de la justicia y de la confianza en la sociedad: no al falso testimonio.
➢ **Décimo mandamiento,** llegando a la raíz de muchos de los problemas anteriores: No a codiciar cosas o personas en lo íntimo del corazón.

El orden de los mandamientos nos da algunas pistas acerca de la escala de valores en Israel. Hablando en términos generales, el orden era:

➢ Dios
➢ Familia
➢ Familia
➢ Vida
➢ Sexo
➢ Propiedad

¿No se siente desafiado cuando piensa en lo que su país o cultura considera lo más importante? Afortunadamente, en muchas partes del mundo no se siguen los valores de la sociedad occidental; no todavía. Aún se honra a Dios de alguna manera, y todavía la familia encierra un gran valor. Esto puede continuar por un largo tiempo, pero cuando pienso en la sociedad occidental en la que vivo, se siente como si el orden se hubiera revertido. El dinero y el sexo importan mucho más que todo el resto. Basta con que se fije en la codicia y la inmoralidad en buena parte de los medios de comunicación, la vida política, la industria de la publicidad, etcétera. La vida humana vale menos y menos, especialmente cuando se trata de los ancianos y de los que aún no han nacido. Las familias se desintegran a ritmos crecientes, tanto en las relaciones entre los miembros de la pareja como entre padres e hijos. Dios es puesto a un lado en el pensamiento y en los valores de la mayoría de las personas; Dios se ha vuelto irrelevante. Predicar los Diez Mandamientos en el mundo de hoy, al menos en esta parte del mundo, es una tarea profundamente contracultural.

¿Qué decir acerca de la pena de muerte?

Pensar en los Diez Mandamientos y en la escala de valores de Israel puede ayudarnos en otro sentido, creo yo. La severidad de algunos de los castigos en las leyes del Antiguo Testamento fácilmente nos puede perturbar. La pena de muerte se prescribe para un buen número de ofensas que no serían ofensas capitales en nuestras sociedades. ¿A qué se debe eso? Hay algunas cosas que deben ponerse en perspectiva.

Primero, Israel era una teocracia. Esto quiere decir que la nación estaba fundada en un pacto con el Señor Dios. La más alta autoridad en la tierra era, entonces, Dios; por encima de cualquier rey, juez, sacerdote u otra clase de líder. Incluso esas altas funciones del Estado se encontraban sometidas a la autoridad suprema de Dios. Cualquier ofensa que amenazara el pacto con Dios se trataba con toda seriedad, pues aunque la ofensa fuera cometida por solamente una persona o su familia, toda la sociedad estaba en peligro, pues se amenazaba con romper el pacto.

Segundo, cuando estudiamos esas leyes que contemplan la pena de muerte, descubrimos que todas ellas se ocupan, o bien de una violación directa a uno de los Diez Mandamientos, o guardan una relación muy cercana con uno de ellos. Eso en sí mismo revela la importancia que esos Diez Mandamientos tenían para Israel. Eran como hitos que marcaban la frontera que delineaba el territorio del pacto. Si usted violaba uno de esos, se ponía por fuera del pacto con Dios, y eso podía acarrear la muerte.

Tercero, la pena capital era el castigo para ofensas que, para Israel bajo el pacto, eran consideradas las más serias de todas. Ahí vemos una escala de valores. Toda sociedad castiga con la mayor severidad las ofensas que considera las más peligrosas para su salud. Los castigos en Israel nos muestran lo que los *israelitas* pensaban era lo más dañino para su sociedad entera. Eso incluía:

- ➤ Acciones que desviaban a la gente de la adoración al Dios viviente, como la fabricación de ídolos. Tales acciones podrían acarrear la ira de Dios sobre la nación.
- ➤ Acciones que dañaban la sociedad para todos, como violar el día de reposo.
- ➤ Acciones que dañaban el tejido de la vida familiar saludable sobre la cual dependía toda la sociedad, como rebelarse contra los padres y arruinar la integridad sexual por la vida del adulterio marital.

Cuarto, sin embargo, no toda violación a los Diez Mandamientos se trataba cual si fuese una ofensa capital. La escala de valores que vimos arriba en el orden de los mandamientos se refleja también en los castigos. Si una persona quebrantaba flagrantemente cualquiera de los seis mandamientos, de la idolatría al asesinato, el castigo era la pena de muerte. Para la violación del séptimo (adulterio) se contemplaba la pena de muerte pero no hay registros de que se haya aplicado. La ofensa al octavo (robo) *no* era definitivamente una ofensa capital. Bajo la ley normal del Israel del Antiguo Testamento usted no podría ser condenado a la pena de muerte por robar lo que le pertenece a otro. El robo durante la guerra era diferente (Acán, Jos 7); y el robo de *personas* (secuestro con fines de esclavitud) *era* castigado con la pena de muerte (Éx 21.16; Dt 24.7). Las violaciones al noveno mandamiento (mentir o dar falso testimonio) no se castigaban con la muerte a menos que a usted se le comprobara estar acusando falsamente a alguien de un crimen que podría llevarlo al patíbulo en caso de que se le diera crédito a su testimonio. El perjurio era un asunto serio (Dt 19.16–21). En lo tocante al décimo, por tratarse de un asunto del corazón y de la mente, su violación pudo no haber acarreado un castigo ante la corte. La codicia es un pecado, no un crimen, aunque, desde luego, puede conducir a toda clase de crímenes.

De modo que, si estamos tratando algunas de las leyes del Antiguo Testamento que nos parecen severas y desconcertantes, no debemos descartarlas sólo porque nos parezcan irrelevantes. Tampoco debemos luchar para que se hagan efectivas en el mundo de hoy. No somos el Israel de antaño bajo el antiguo pacto, y Dios no busca que la Ley que le dio permanezca inmutable para ser aplicada a toda sociedad en todo tiempo. La historia cambia. Las culturas cambian. ¡Dios también sabe eso! Por el contrario, debemos preguntarnos qué nos dice la severidad de la Ley acerca de las prioridades morales que Dios estaba tratando de enseñar. ¿Por qué era eso tan importante en ese tiempo? ¿Hay allí acaso un valor que hemos perdido? Incluso si nosotros no aplicamos esa clase de castigos hoy, y no debemos hacerlo, ¿qué podemos aprender de la escala de valores de Israel que pueden desafiar nuestras sociedades?

4. Tendiendo puentes entre la Ley del Antiguo Testamento y el mundo de hoy

Si usted ha participado en un seminario de predicación de Langham, ya lo sabe todo acerca de la construcción de puentes. La tarea de predicar la Biblia tiene que ver con la construcción de puentes entre el mundo de la Biblia y el mundo en el que vivimos hoy. Es un *puente entre culturas*. Se trata también de tender puentes entre el texto bíblico particular sobre el cual vamos a predicar y el sermón que presentaremos como resultado. Es un *puente de comunicación*. En este momento estoy hablando del primer puente. ¿Cómo podemos movernos del mundo de la Ley del Antiguo Testamento hacia el mundo de hoy de una manera que sea a la vez *fiel* al original y *relevante* a nuestro contexto contemporáneo? Estos dos objetivos los podrá recordar si ha tomado parte en algún seminario de predicación de Langham.

¿Cuál es uno de los primeros principios para entender e interpretar la Biblia? No debemos preguntar "qué significa este texto para mí" sin habernos antes esforzado en descubrir lo que ese texto significó entonces para ellos, los israelitas del Antiguo Testamento. Debemos ubicarnos en el mundo de la Biblia y pensar acerca de: ¿Quién escribió el texto? ¿Cuándo? ¿Dónde? ¿A quiénes? ¿Por qué lo escribieron? ¿De qué estaban hablando (su sentido general)? ¿Qué era lo que estaban diciendo cuando decían esas cosas (su contenido en sí)? ¿Cuál es el punto principal? Cuando leamos la Ley del Antiguo Testamento debemos hacer esa tarea. ¡Tenemos que formular preguntas!

¿Qué tipo de preguntas debemos plantearnos acerca de la Ley veterotestamentaria? Piense en el papel que desempeña en los tiempos actuales en su sociedad o en cualquier otra. Las leyes en toda sociedad protegen a la gente de la violencia o de algún trato injusto. Restringen el poder de ciertos individuos con el fin de proteger a otros. Promueven los objetivos sociales, esto es, el Gobierno debe tener una visión política de la clase de sociedad que quieren construir y aprobar leyes que empujen a la sociedad en esa dirección. A veces se promulgan leyes que buscan evitar el empeoramiento de una situación dañina. Por ejemplo, cuando yo era joven, los autos en el Reino Unido no venían equipados con cinturones de seguridad. La gente moría en accidentes que involucraban a automotores que se estrellaban de frente. Los fabricantes ponían cinturones de seguridad en los asientos delanteros pero su uso no era obligatorio. Con el paso del tiempo, se aprobó una ley que impuso la obligatoriedad de los cinturones de seguridad tanto en los asientos delanteros como en los posteriores. ¿Por qué? El *propósito* de la ley era reducir el número de muertes en los accidentes de tránsito. Fue una ley que *obligó* a la gente a proceder con seguridad. Ley y todo, pero necesaria para el bien de todos, los individuos y la sociedad en general.

Piense ahora en el Israel antiguo. Dios les dio un sistema de leyes. Era una legislación que no cubría cada detalle de la vida, pero proveía una especie de marco constitucional para áreas de importancia como la vida económica, política, jurídica, militar, familiar, además, desde luego, de la práctica religiosa. Cuando leamos y estudiemos ese sistema de leyes, debemos pensar en sus objetivos sociales: ¿Qué clase de sociedad quería producir? ¿Qué tipo de sociedad buscaba prevenir o reemplazar?

Recuerde que cuando estuvimos discutiendo acerca de la predicación a partir de las historias del Antiguo Testamento, dije que necesitábamos no sólo preguntarnos "de qué trata esta historia, qué sucede en ella", sino también, "*por qué* se encuentra esta historia en la Biblia, cuál es la *razón* por la que el escritor la seleccionó e incluyó y la puso en ese lugar". Un ejercicio similar debemos hacer en relación con la Ley del Antiguo Testamento. No basta con que nos preguntemos qué dice la Ley. Necesitamos también preguntarnos por qué esta ley se encuentra en la Biblia, cuál fue su *propósito* en la sociedad israelita.

Lista de control

A continuación ofrezco algunas preguntas que usted puede formular en relación con cualquier pasaje de la sección legal del Antiguo Testamento. Son preguntas que levanta en torno al Israel del Antiguo Testamento, no de la sociedad de hoy. Se trata de un asunto que tiene que ver con ellos, no con usted.

➤ ¿Qué clase de situación dañina buscaba prevenir la Ley?

➤ ¿Qué clase de situación buena quería promover la Ley?

➤ ¿A quién quería proteger la Ley?

➤ ¿Quién se pudo haber beneficiado de la Ley y por qué?

➤ ¿El poder de quiénes trataba de restringir la Ley y cómo lo consiguió?

➤ ¿Las necesidades de quiénes buscaba defender la Ley y cómo lo consiguió?

➤ ¿Qué derechos y responsabilidades se encarnan en esta Ley?

➤ ¿Qué tipo de conductas estimulaba la Ley y cómo lo iría a lograr?

➤ ¿Qué tipo de conductas desestimulaba la Ley y cómo lo iría a lograr?

➤ ¿Qué visión de sociedad se percibe en esta Ley?

> ➤ ¿Cómo hubiera sido la sociedad israelita si hubiera obedecido a cabalidad esta Ley?

> ➤ ¿Cuáles principios morales, valores y prioridades puede usted observar consagrados en esta Ley?

> ➤ ¿Qué razones (si las hubo) se incluyeron para estimular a la gente a guardar esta Ley?

> ➤ ¿Qué sanciones y castigos (si los hubo) contempló esta Ley? ¿Qué dice ese lado punitivo de la Ley acerca de su seriedad e importancia?

Seamos honestos. Habrá ocasiones en las cuales sin importar cuántas preguntas haga usted, o cuán juiciosamente busque sus respuestas, se sentirá frustrado diciéndose: "Yo realmente no tengo la más remota idea de por qué esta ley aparece aquí ni cuál pudo haber sido su propósito". Permítame decirle de una vez que hay algunas partes del Antiguo Testamento que no entiendo muy bien. Algunas de esas leyes no han sido explicadas con claridad absoluta ni siquiera por los más grandes académicos bíblicos. Eso sucede en unos pocos casos en leyes que parecen ser oscuras. A mí no me preocupa mucho tener algunos casos no resueltos en mi estantería, pues el mensaje general y el propósito principal de buena parte de la Ley son diáfanamente claros. Como hemos visto, Moisés, Miqueas y Jesús pudieron resumirla en unos principios fundamentales. Yo puedo asegurarle que con frecuencia el ejercicio simple de *formular preguntas* como las anteriores conduce a un mejor entendimiento de la Ley del Antiguo Testamento. Las preguntas nos permiten empezar a ver no solamente *lo que dice,* sino también *las razones por las que está ahí.* Podemos así empezar a discernir el tipo de sociedad que Dios quería que Israel fuera, incluso cuando los israelitas fracasaron.

Reconstruir el cuadro de lo que Dios buscaba en el Israel del Antiguo Testamento nos prepara para dar el siguiente paso: cruzar el puente que nos trae a nuestro mundo actual.

Ahí se encuentra usted. Ya hizo su tarea hermenéutica. Ya planteó sus preguntas y escribió sus respuestas. Hasta donde pudo, intentó entender una sección de la Ley del Antiguo Testamento en su propio contexto, el Israel de ese tiempo. ¿Qué sigue a continuación?

Dé un paso atrás. Respire profundamente. Retírese a propósito del mundo del Antiguo Testamento y regrese al suyo, cualquiera que sea.

Usted ya no está pensando en el contexto del Antiguo Testamento, sino en el suyo propio. Al cruzar el puente del mundo del Antiguo Testamento al suyo, lo que debe hacer es *cambiar el contexto pero conservar el objetivo.* En otras palabras, al pensar en su propio contexto —su iglesia, su cultura, su país, la sociedad a su alrededor—, ¿cómo podrían alcanzarse hoy los objetivos que usted descubrió en las leyes del Antiguo Testamento?

Una vez más, hay que repetirlo, la mejor ruta para seguir es la de formularse preguntas (¡pero a estas alturas ya debe usted estar acostumbrado a que yo repita que la buena predicación bíblica comienza con plantearse buenas preguntas!).

Lista de control

Podemos elaborar un conjunto de preguntas de manera paralela a las que nos hicimos acerca del Israel del Antiguo Testamento, pero esta vez *sobre nuestro propio contexto.* Podemos preguntarnos en torno a situaciones, problemas, necesidades, dinámicas de poder, derechos, violaciones a la norma, buenas y malas conductas similares, etcétera, que necesitan ser juzgados en nuestra sociedad. Posteriormente, en ese nuevo contexto —esto es, el contexto de nuestro mundo contemporáneo—, pasamos a preguntarnos cómo podrían alcanzarse los objetivos de las leyes del Antiguo Testamento.

> ¿Cuáles situaciones en nuestra sociedad son similares a las que contemplan las leyes del Antiguo Testamento?

> ¿Cuáles grupos humanos en nuestra sociedad padecen las necesidades que se asemejan a las de los necesitados en Israel, y por qué?

> ¿Qué grupos humanos en nuestra sociedad detentan el poder y ejercen influencia y en qué medida necesitan ser restringidos?

> ¿Qué tipo de protección y que provisiones necesita la gente?

> ¿Cuáles deben ser los objetivos de nuestra sociedad si queremos asemejarnos más a la clase de sociedad que Dios espera que sea Israel, a juzgar por las leyes que le dio?

> ¿Qué podríamos hacer en concreto, o desafiar a nuestra gente y nuestra sociedad, para llevar a la práctica los valores y prioridades de Dios tal como los observamos en la Ley del Antiguo Testamento?

> ¿Cómo podrían aplicarse en la vida práctica de hoy, y en mi propia vida, en la iglesia, en la sociedad en general, los principios que encontramos en las leyes del Antiguo Testamento?

> ¿El Nuevo Testamento hace alguna referencia a esta ley veterotestamentaria; en tal caso, qué dice? ¿El Nuevo Testamento percibe la intención fundamental de esta Ley como algo que nosotros también necesitamos seguir en nuestro compromiso cristiano?

> En términos cristianos, esto es, a la luz de Cristo y del evangelio, ¿cuál es nuestra motivación para responder a la Ley de Dios?

> ¿Cómo puedo, entonces, predicar a partir de esta parte de la Escritura de una manera que sea fiel al contexto y propósito originales, y relevante a mi propio pueblo hoy? ¿Cómo puedo lograr que este texto "hable de nuevo" para que mi pueblo descubra su relevancia y se movilice a obedecer a Dios como respuesta?

A medida que usted avanza con tales preguntas en mente en la preparación de un sermón a partir de la Ley del Antiguo Testamento, tenga presente todos los puntos clave que ofrecí en el capítulo anterior:

> La gracia de Dios debe ser siempre el punto de partida, y cualquier cosa que hagamos o animemos a los demás hacer, tiene que presentarse como respuesta a lo que Dios ha hecho por nosotros.

> El pueblo de Dios está llamado a vivir por la misión de Dios, la cual es bendecir a todas las naciones.

> La ley de Israel fue promulgada para que fuera un modelo para las otras sociedades y culturas en otros tiempos de la historia, de manera que siempre será útil y relevante.

> Siempre busque lo que el texto tiene para enseñarnos acerca del carácter de Dios.

> Recuerde que la Ley fue dada para el bienestar humano. No la convierta en una carga legalista.

> Enfóquese en los requisitos realmente importantes de la Ley como Jesús los enseñó: amar a Dios y al prójimo, amar la justicia, hacer misericordia, cultivar la fidelidad.

> Recuerde la realidad del pecado y de las falencias en nuestro mundo caído, y que, tanto el predicador como la congregación, son pecadores y necesitan el arrepentimiento y la gracia que perdona.

Preguntas y ejercicios

1. *Escoja uno, o más, de los siguientes pasajes y trabájelos usando las dos listas de preguntas elaboradas arriba. Esto es, formúlese preguntas acerca de los propósitos de las leyes en su contexto veterotestamentario, y luego haga preguntas en relación con su propio contexto en el mundo de hoy y en lo que puede aprender y aplicar de las leyes del Antiguo Testamento.*

   ➤ *Éxodo 21.12–19*
   ➤ *Éxodo 21.28–36*
   ➤ *Éxodo 23.1–9*
   ➤ *Levítico 19.33–34*
   ➤ *Deuteronomio 24.6, 10–13*
   ➤ *Deuteronomio 24.14–15*

Modelo de bosquejo para sermón

El pueblo de Dios en sociedad

Levítico 19

Éste es el capítulo del cual Jesús tomó su "segundo gran mandamiento en la Ley": Amar al prójimo como a uno mismo. El mandamiento aparece rodeado de muchos otros que tienen un poder transformador en cualquier sociedad. Quiero empezar puntualizando que este capítulo no es sólo un ensayo sobre ética social o económica. El capítulo se inaugura y concluye con Dios: la santidad de Dios (v. 2) y la salvación de Dios (v. 36). Es posible que usted no pueda abarcar todo el capítulo en su predicación. Quizás sea más fácil dividirlo en varios acápites para ser desarrollados en diferentes sermones. Pero cada vez que lo haga, asegúrese de enfatizar la gracia salvadora.

1. ¿Quiénes somos?

Es importante abordar el contenido del capítulo desde los lentes de la historia en la que se ubica la ley de Israel. Esas leyes fueron dadas a un pueblo que había sido redimido y santificado por Dios, y que había sido establecido en el mundo para servir la misión de Dios a las naciones. Esas verdades aún son aplicables a nosotros en Cristo.

➤ *Un pueblo redimido (v. 36).* La motivación importante del Éxodo como la acción de la gracia redentora de Dios.

➤ *Un pueblo santificado (v. 2).* La santidad es un hecho y un deber. Es algo que Dios hace ("Yo los he separado"), y algo a lo que somos llamados a vivir ("sean santos"). Levítico 20.26 combina los dos lados de esta verdad. Levítico 18.1–3 nos muestra su efecto práctico: distinguirse de las naciones circundantes y de su idolatría.

➤ *Un pueblo con una misión (Éx 19.4–6).* Esto no está explícito en el texto pero sí se encuentra tácitamente en la frase "Sean santos." La santidad es necesaria para que Israel cumpla su misión de ser los sacerdotes de Dios en medio de las naciones.

Todos esos tres temas aparecen en 1 Pedro en relación con los cristianos: nosotros somos *redimidos* (1.18–19), *santificados* (1.2, 14–15) y *estamos en la misión* de Dios en medio de las naciones (2.9–12). Hemos sido llamados para que vivamos en el mundo de una manera que lo redima; para que vivamos de manera diferente; para que ejerzamos atracción. Una comunidad que ha sido transformada por Dios puede tener una influencia transformadora en la sociedad.

2. ¿Cómo podemos hacer una diferencia?

El Nuevo Testamento cita con frecuencia a Levítico 19 (por ej., Mt 22.39–40; Ro 13.9; 1P 1; Stg 2.8). Si usted tiene una Biblia con referencias, observe los pasajes relacionados con Éxodo 21–23 y Deuteronomio 22–25, especialmente. Piense en cómo sería la sociedad si esas leyes se practicaran hoy. ¿Cómo podrían los cristianos abogar por esos principios en la sociedad de hoy?

➤ *Transformando la familia (vv. 3, 20–30, 32).* Observe el balance entre los deberes de los hijos para con los padres, y los de los padres para con los hijos. Note la preocupación por los ancianos.

➤ *Transformando la pobreza (vv. 9–10).* Ésta es una parte del sistema de atención social de Israel. Observe el diezmo del tercer año para los necesitados (Dt 14.28–29), y el perdón de deudas y la liberación de los esclavos cada siete años (Dt 15). Observe también la preocupación por los que presentan una condición de diversidad física en el versículo 14. (*Cf.* Dt 27.18 y Pr 17.5).

➤ *Transformando el sitio de trabajo (v. 13$_b$).* Deuteronomio 24.14–15 se expresa en términos más fuertes. ¿No es éste un desafío a los empleadores cristianos? ¿No es acaso relevante para la legislación y práctica laborales en su país?

➤ *Transformando el mercado (vv. 35–36).* La honestidad en la práctica comercial y en las transacciones económicas, desde la plaza de mercado local hasta las relaciones en el comercio internacional. Dios detesta la deshonestidad en los negocios. Está en la misma categoría de la inmoralidad sexual. ¿Tenemos nosotros los mismos estándares? Compárelo con Deuteronomio 25.13–15.

> ➤ *Transformando el sistema legal (vv. 15–16).* La Ley del Antiguo Testamento se apasionaba por preservar la integridad del sistema judicial y buscaba desarraigar la corrupción y el soborno. Éxodo 23.1–9 lo enfatiza aún más. Necesitamos orar por los jueces y los abogados y estimular a los cristianos a que sean sal y luz en esa arena de la vida profesional.

> ➤ *Transformando las relaciones sociales (vv. 11–12, 17–18).* Lo ideal es que no tengamos que acudir nunca a un tribunal. Esfuércese por construir relaciones en su vecindario que nutran la armonía, reduzcan el conflicto y promuevan la conversación honesta y veraz. El versículo 17 está lleno de observaciones sutiles: el odio puede ser tan dañino como la violencia, tal como Jesús y Juan lo resaltaron más tarde (Mt 5.21–22; 1Jn 3.15). Tenga el coraje de denunciar el mal proceder. Evite los rencores, las palabras soeces. Ame a su vecino como a usted mismo, la ley que es la más demandante e ilimitada en su alcance (Lc 10.25–37).

> ➤ *Transformando las relaciones raciales (vv. 33–34).* Observe el paralelo fascinante entre los versículos 18 y 34: "Y amarás…". Ese imperativo se presenta cuatro veces: Deuteronomio 6.5 (Dios), Levítico 19.18 (prójimo), Deuteronomio 10.19 y Levítico 19.34 (extranjero, en ambos casos). El amor práctico por los forasteros, los sin tierra, los refugiados, los que buscan asilo. Ilustración: la protección que Rut, la moabita, encontró en Booz. Observe también: la igualdad ante la Ley para todos los grupos étnicos en una sociedad; el tratamiento igualitario para el extranjero en relación con el nativo. Todavía estamos lejos de cumplir ese mandato.

> ➤ *Transformando el culto (vv. 4–8, 26–28, 30–31).* Únicamente unos pocos versículos en este capítulo se ocupan de los ritos religiosos. Las normas en Israel no sólo buscaban conservar el culto puro, sino también socialmente incluyente. No a la idolatría (v. 4). ¡Compartan los alimentos! (vv. 5–8; consumir la carne en uno o dos días implica invitar a mucha gente para compartirla). Evitar las costumbres paganas (vv. 26–28): ritos cananeos como el ocultismo y la laceración física. ¿Cuáles son las marcas de la idolatría alrededor nuestro en el día de hoy? ¿Consumismo?

¿No vemos acaso una visión transformadora de la sociedad en Levítico 19? ¿Cómo sería el mundo si hubiera:

➤ Respeto y responsabilidad en la familia.
➤ Ayuda práctica y acceso a los servicios asistenciales para el pobre.
➤ Justicia en el mundo laboral.
➤ Honestidad en las relaciones comerciales.
➤ Justicia en el sistema legal.
➤ Amor en el vecindario.
➤ Igualdad en las relaciones raciales.
➤ Pureza en el culto?

Éste no es un sueño utópico. Es la idea de santidad que Dios maneja. ¿No deberíamos buscar tales cosas dondequiera que podamos en nuestras sociedades?

3. ¿Cómo podemos cumplir la Ley del Nuevo Testamento en el mundo actual?

Como Pablo lo dejó en claro, no "estamos bajo la Ley" en un sentido legalista, pero Jesús dijo que no había venido a abolir la ley, sino a cumplirla. Pablo habla en dos ocasiones acerca de "cumplir la Ley":

➤ *Mediante una vida acorde con el Espíritu (Ro 8.1–4)*. Al ser salvos por Cristo y llenos con el Espíritu Santo podemos vivir de maneras que cumplan el propósito original que Dios tuvo al dar su Ley.
➤ *Mediante el amor al prójimo (Ro 13.8–10)*. Pablo le hace eco al uso que Jesús le da a Levítico 19.18. Nosotros obedecemos la ley de Dios cuando amamos a los demás, cuando buscamos el bienestar de otros, cuando nos esforzamos por hacer el bien, no como ardides para asegurar nuestra propia rectitud, sino como alternativas para hacer el evangelio atractivo (Tit 2.9–14).

Capítulo 11

Conozca a los profetas

¿Qué opina de la gente que dice tener "ministerios proféticos grandiosos"? Hay muchos de ellos por todas partes en el mundo entero. Son personas que hacen mucho ruido y mucho dinero. Pero ¿son proféticos a la usanza de los profetas del Antiguo Testamento? O, para decirlo en otras palabras, los profetas del Antiguo Testamento ¿fueron de alguna manera similares a los famosos "predicadores proféticos" de hoy? ¡Creo que hay algunas diferencias claramente importantes! Mi meta es que este capítulo lo ayude a predicar con mayor calidad a partir de los profetas *bíblicos,* y no que lo lleve a imaginar que puede imitar a aquellos que reclaman ser los profetas de hoy. Ojalá lo ayude también a evaluar a estos profetas modernos a la luz de la Biblia, lo cual sería una cosa muy buena.

1. ¿Quiénes fueron los profetas?

¿Quiénes fueron profetas en el Antiguo Testamento? Lo primero que tenemos que hacer es diferenciar entre un gran número de *personas* que fueron profetas en Israel, y un número más pequeño de *libros* (15) que reciben su nombre de profetas que menciona la Biblia.

Dios le dio al pueblo de Israel profetas a lo largo de los diversos periodos del Antiguo Testamento, y la mayoría de ellos no tienen libros que lleven sus nombres. Moisés fue un profeta. También lo fue su hermana Miriam (Éx 15.20; Mi 6.4). De hecho, Moisés fue en cierto sentido el modelo para los profetas que vinieron después (Dt 18.18). También hubo profetas como Samuel, Natán, Elías y Eliseo, y muchos otros más que aparecen anónimamente en los libros históricos. Algunos de los profetas más notables fueron mujeres. Cinco de ellas se mencionan en el Antiguo

Testamento: Miriam, Débora, Hulda, la esposa de Isaías, que bien pudo haber sido Hulda, y Noadías.[28]

Contamos con quince libros en el Antiguo Testamento que contienen las palabras de profetas en particular a quienes se los nombra. Hay tres libros mayores: Isaías, Jeremías y Exequiel, y luego viene el así llamado "Libros de los Doce". Estos últimos son también conocidos como los "Profetas Menores", que son los doce libros proféticos que usted encuentra en su Biblia desde Oseas hasta Malaquías. La palabra "menor" sólo significa que esos libros son breves pero no que sean menores o carentes de importancia en el trabajo que hicieron para Dios en su tiempo. Algunos de ellos fueron sumamente significativos, a decir verdad.

En nuestras Biblias, Daniel aparece entre Ezequiel y el Libro de los Doce. De esa manera se completan dieciséis libros. Pero en la colección hebrea, Daniel no figura entre los profetas, sino como parte de los Escritos. Ésa es la razón por la que hablé arriba de quince libros: los tres "Profetas Mayores" más los doce "Profetas Menores."

Lo que todos esos profetas tienen en común, sea que tengan un libro que lleve su nombre o no, es que fueron *hombres y mujeres que hablaron por Dios*. Es allí donde debemos empezar. Pensemos en las diferentes partes de su cuerpo para que podamos recordar con facilidad algunos aspectos clave de los profetas.

a) Los profetas tenían boca: ellos hablaban por Dios

En palabras simples, los profetas eran mensajeros. Eran los portavoces de Dios. A través de ellos, daba a conocer su palabra directamente a los oídos, mentes y corazones de su pueblo en diferentes ocasiones. Cuando hablaban, empezaban o terminaban diciendo: "Así habla el Señor".

Aunque ahora nos interesa saber cómo predicar a partir de lo que *está escrito* en la Biblia sobre lo que dijeron los profetas, debemos recordar que los profetas, primero que todo, *le hablaron* a la gente. El pueblo escuchó la predicación del profeta mucho antes de que pudieran leer el libro del profeta. Es importante llevar eso en mente cuando leamos esos libros.

---

[28] Es interesante notar que el Nuevo Testamento menciona igualmente a cinco profetisas: Ana y las cuatro hijas de Felipe. Pablo menciona, por su parte, a otras mujeres en general que ejercían el don de la profecía en las iglesias.

Trate de imaginar lo que pudo haber significado haber *escuchado* esas palabras y cómo pudo usted haber respondido de haber estado presente en ese tiempo. Lea Jeremías 36 y podrá observar cómo instruyó Dios a Jeremías para que convirtiera su mensaje oral, comunicado verbalmente durante 23 años, en un rollo. Pero incluso en ese caso, el texto tuvo que leerse en voz alta tres veces en un día antes de que fuera quemado.

Las palabras "profeta" o "profético" se usan a veces en los tiempos actuales para hablar de la predicción del futuro. "Yo no soy profeta", solemos decir para comunicar: "No me pida pronosticar lo que va a suceder". Mucha gente se imagina que todo lo que hacían los profetas del Antiguo Testamento era sentarse todo el día pronosticando el futuro a toda hora. En verdad, los profetas a veces hablaron del futuro y predijeron algunas cosas antes que ocurrieran. Sin embargo, debemos considerar esa función como secundaria a su propósito principal y como un auxilio a su tarea fundamental.

El objetivo central de los profetas fue comunicar la palabra de Dios directamente al pueblo alrededor de ellos, a los de su generación. Les decían a los israelitas lo que Dios pensaba y lo que expresaba acerca de la situación *presente,* en las situaciones históricas de su propio tiempo. En los momentos en los que sí se refirieron al futuro, los profetas pretendieron llevar a que la gente pensara y actuara de manera diferente del presente. Las predicciones, en otras palabras, cuando ocurrían, buscaban afectar el presente, su mundo contemporáneo, antes que dejar a la gente estupefacta con su mirada en la distancia. Se ha dicho que los profetas tenían "perspectiva" antes que "prospectiva".[29] En breve volveremos a este punto para explicar cómo tratar las predicciones del futuro.

b) Los profetas tenían oídos: ellos escuchaban la palabra de Dios

A fin de transmitir la palabra de Dios, los profetas tenían que, en primer lugar recibirla. Fueron, antes que todo, instrumentos o agentes de la palabra de Dios. Eso es lo que se quiere decir cuando se habla de "inspiración". Esa palabra no significa que fueron inspirados de una

---

29 Juego de palabras en el original de difícil traducción entre los profetas como "forth-tellers" (*lit.* "narradores que empujan hacia adelante" o "...de lo que empuja hacia adelante"), y los profetas como "fore-tellers" (*lit.* "pronosticadores". Nota del traductor)

manera maravillosa ni que eran personas de inspiración como los grandes pintores, músicos o atletas. La inspiración significa, simplemente, que lo que ellos comunicaron fue lo que Dios quiso que se dijera. La palabra de Dios vino a través de la boca del profeta.

Lo que no se nos ha contado con frecuencia es cómo sabían los profetas lo que habrían de decir. Jeremías dice que los profetas verdaderos han estado en la presencia del Señor y han oído su palabra, mientras que los profetas falsos nunca han tenido esa experiencia; ellos nunca escucharon realmente lo que Dios dijo, así que todas *sus* palabras eran el resultado de lo que tenían en la cabeza.

Unas veces los profetas recibían un mensaje de Dios en una visión. Otras lo capturaban simplemente al observar algo ordinario a su alrededor, como un almendro floreciente, dos cestas de higos o un alfarero trabajando. A veces lo sentían casi como una presión física. Jeremías dice que cuando decidió *no* hablar ya más en nombre de Dios, la palabra fue como un fuego que lo quemaba por dentro. Isaías y Ezequiel hablan de sentir la mano de Dios sobre ellos. Ezequiel nos cuenta de un rollo con las palabras de Dios que se tiene que comer, queriendo decir con eso que todo lo que hablaba era la palabra de Dios digerida en su interior. Tanto Isaías como Jeremías sintieron a Dios tocando sus labios. Dios le dijo a Jeremías: "Yo pondré mis manos sobre tu boca". Oseas oyó el mensaje de Dios a través de una experiencia dolorosa en su matrimonio en ruinas.

El punto a resaltar es que *lo que hablaron fue lo que escucharon*, sin importar cuál pudo haber sido el medio. Cada vez que los israelitas oían a los profetas escuchaban a Dios. Si se negaban a prestar atención al profeta enviado por Dios, era como estarse negando a escucharlo. Así lo estableció Dios con claridad desde el principio (Dt 18.15–20), lo cual significa, a su vez, que cuando *nosotros* escuchamos a los profetas al leer sus palabras en la Biblia, también estamos escuchando a Dios a través de esas palabras contenidas ahora en la Escritura.

Sin embargo, necesitamos tener cuidado. Nada de esto significa que cuando *predicamos un sermón* a partir de uno de los libros de los profetas *estamos* hablando directamente las palabras de Dios. No es así. Nosotros predicamos *a partir* de la palabra de Dios, y queremos que nuestra congregación escuche lo que Dios les dice ahora, en el mundo de hoy, *desde* su palabra; pero tenemos que hacer una distinción clara entre las palabras de la *Escritura*, la palabra revelada, inspirada y autoritativa, y las palabras que nosotros pronunciamos en nuestro *sermón*. Por supuesto, debo esforzarme por ser tan fiel como me sea posible a lo que Dios *dijo* en su palabra escrita, y doy igualmente por supuesto que quiero que Dios le hable sus palabras a mis oyentes a través de su Espíritu. Pero cuando predico no debo nunca afirmar que Dios *está diciendo ahora* exactamente las palabras que uso en mi predicación. La Biblia es la palabra de Dios. Mi sermón *no* es, en sí mismo, la palabra de Dios aunque su intención sea comunicar, tan fielmente como sea posible, lo que quiere decir a través de su palabra en el mundo de hoy. En efecto, debemos estimular a nuestros oyentes a evaluar constantemente lo que les predicamos. Deben examinar nuestra predicación a la luz de las Escrituras para ver si lo que *decimos* en nuestros sermones se mantiene fiel a lo que *Dios dijo* en su palabra. Eso hicieron los de Berea cuando el apóstol Pablo les predicó, y sentaron así un buen ejemplo (Hch 17.11). Desafíe a su congregación a que los imiten.

c) *Los profetas tenían ojos: veían las cosas desde la perspectiva de Dios*

Una de las primeras palabras que el Antiguo Testamento usa para referirse a los profetas es "videntes". La palabra significa precisamente lo que dice: los profetas eran "vi-dente". A veces eso quiere decir que, por el poder misterioso de Dios, podían ver algo que los demás no podían. Por ejemplo, Samuel pudo decirles a Saúl y su criado dónde estaban los asnos que se les habían perdido (1S 9). Elías podía ver el ejército de ángeles que protegían a Israel (2R 6.15–17). No se trataba de que contaran con los favores de algún poder oculto de clarividencia, sino que simplemente Dios les mostraba cosas que los demás no podían ver.

En un sentido más serio, a los profetas les fue dada una perspicacia que les permitía atisbar lo que Dios estaba haciendo en los eventos de su propio tiempo. Podían *interpretar* esos eventos y ver la mano de Dios en acción, y eran capaces de ver lo que Dios se proyectaba a hacer en el futuro como resultado de lo que la gente estaba haciendo en el presente. Con frecuencia, esa capacidad traía consecuencias incómodas, pero a veces era fuente de una gran esperanza.

➤ Por ejemplo, cuando el pueblo quebrantó el pacto, pensaron que no importaba el estilo de vida que escogieran vivir. En tanto siguieran adorando a Dios en el templo, creyeron que estarían a salvo. Pero

Jeremías *vio* esa realidad desde la perspectiva de Dios, y desde allí el panorama lucía totalmente diferente. *¡Pero si yo mismo lo he visto! —afirma el Señor* [a través de Jeremías] (Jer 7.9–11). No, el pueblo estaba lejos de confiar en un seguro garantizado. El juicio de Dios venía y el profeta lo vio venir.

➤ En otra ocasión, cuando los enemigos amenazaban a Judá, Isaías le dijo a Acaz que no entrara en pánico porque él podía *ver*, desde el punto de vista de Dios, que los enemigos de Israel serían pronto destruidos. Isaías le dijo a Acaz que confiara en Dios, pero Acaz se rehusó a hacerlo (Is 7.1–12).

➤ Cuando algunos en Judá fueron llevados al exilio, los que se quedaron en Jerusalén pensaron que los deportados eran ya asunto concluido y los descartaron, mientras que ellos, los que aún permanecían en Jerusalén, estarían a salvo y florecerían. Jeremías dijo que la opinión de Dios era exactamente la opuesta (Jer 24). Pudo *ver* un resultado diferente para cada uno de los dos grupos.

➤ Cuando Jeremías les escribió a los exiliados de Judá en Babilonia, les mostró cómo podían interpretar su situación de una manera diferente. Los exiliados creían que Nabucodonosor era el que los había desarraigado de su tierra. En un nivel humano así había sido. Pero Dios dijo: "Fui yo quien los llevó al exilio, para que se asienten allí juntamente conmigo y busquen la paz de Babilonia, el lugar donde los he puesto". Así lucían las cosas desde el punto de Dios y se necesitó un profeta para decírselo al pueblo. Jeremías *vio* esa situación y lo que Dios quería que hicieran al respecto desde la perspectiva de Dios.

➤ Cuando el pueblo ya estaba en el exilio luego de un largo tiempo y ya habían perdido toda esperanza por un futuro mejor, las profecías de Isaías permitieron a los israelitas saber que Dios los traería de regreso a la tierra y continuaría sus propósitos con ellos, y a través de ellos para bien de todo el mundo. Les dio esperanza porque *vio* a Dios en acción planeando el futuro de su pueblo.

Cuando predicamos desde los profetas, con frecuencia descubrimos que su mensaje contradice el pensamiento popular de su tiempo. Los profetas se destacaron. Apuntaban a una dirección diferente de la que se dirigía la gran mayoría. A veces tenemos que hacer lo mismo en nuestra predicación, y los profetas nos pueden ayudar a encontrar las agallas para hacerlo.

Hubo ocasiones en las que los profetas pudieron "ver" lo que Dios se disponía a hacer en un momento indeterminado en el futuro. Era frecuente que dijeran cosas como: "En aquel día" o "En el Día del Señor". Desde luego, no podían saber qué tan distante en el futuro estaría ese momento. Nosotros ahora podemos mirar en retrospectiva y ver que algo de lo que "vieron" sucedió tiempo más tarde cuando Jesús vino, pero otra porción de lo que vieron apuntaba a momentos mucho más adelante que todavía permanecen en el futuro, incluso para nosotros. Más adelante pensaremos acerca de estos "horizontes" diferentes en la visión de los profetas.

d) Los profetas tenían cabeza: trabajaban con su propia mente

Ya dijimos arriba que lo que los profetas oyeron y hablaron fue la palabra de Dios. Eso no quiere decir que el profeta no era más que una máquina de dictado. Los profetas no se quedaban quietos, ahí de pie, con los ojos puestos en blanco, escupiendo sin pensar las palabras que les venían de lo alto sin que sus mentes participaran en el proceso. Tampoco entraban en un trance inducido por drogas o meditación trascendental a la hora de comunicar la palabra de Dios.

¿Ha visto a un ventrílocuo con su marioneta? ¿O ha estado presente en una función de títeres? La marioneta o el títere mueve los labios y luce como si lo que usted viese, fuera una marioneta que habla o un títere que actúa. Pero, por supuesto, todo el tiempo el ventrílocuo o el titiritero es el que habla o actúa. La marioneta o el títere no tiene mente ni voz propias, es un juguete mecánico manipulado por la persona que lo maneja. Así *no* fueron los profetas, en absoluto. No fueron marionetas ni títeres. No se limitaron simplemente a "articular" palabras sin que contaran con un cerebro pensante.

Por el contrario, cuando usted lee con atención cada uno de los libros de los profetas, puede ver que fueron muy diferentes unos de otros. Cada uno tenía una forma de hablar y escribir que le fue bastante peculiar. Cada uno lidiaba con sus propios asuntos que eran centro de su atención y de los cuales hablaban con frecuencia. Los énfasis de cada quien eran diferentes. Su atención se concentraba en diferentes aspectos del pasado o el futuro de Israel. Es claro que los profetas fueron tanto *pensadores* como *escritores*. Cada uno de ellos contaba con lo que hoy llamamos su propia "perspectiva teológica". Por eso podemos hablar de "la teología de Isaías" como una perspectiva diferente de "la teología de Ezequiel". Yo no estoy diciendo que se contradijeran entre sí. De hecho, eran muchos los puntos en común entre ellos. Simplemente, cada uno tenía su propia mente y Dios la usó de manera diferente.

Cada vez que los profetas predicaban un mensaje, así se presentara como palabra *de Dios*, era el propio de cada quien. Los profetas creían con pasión y bregaban con los mensajes que presentaban al pueblo, y a veces se enzarzaban en discusiones con la gente en torno a lo que les habían presentado.

Así, entonces, cuando estemos predicando desde un profeta en particular, necesitaremos visualizar una persona en particular con su propia mente. Necesitamos leer todo el libro para descubrir en qué consiste su particularidad distintiva. ¿Cómo fue el estilo de su discurso? ¿Cuáles son los temas en los que insiste vez tras vez? ¿Cuáles son los asuntos teológicos prominentes en el libro del profeta? ¿Qué *pensaba* el profeta acerca de Dios e Israel?

Cuando Dios le daba su mensaje a un profeta, involucraba la *mente* del profeta en medio de las circunstancias, las relaciones y las experiencias concretas. Eso quiere decir que entre más tratemos de meternos en la mente de un profeta en su contexto, tanto más podremos entender la palabra de Dios que vino a través de él.

e) Los profetas tenían corazón: sentían lo que Dios sentía

> ¡Ojalá mi cabeza fuera un manantial,
> > y mis ojos una fuente de lágrimas,
> para llorar de día y de noche
> > por los muertos de mi pueblo! *(Jer 9.1).*

El dolor de Jeremías por el sufrimiento que veía venir sobre su propio pueblo fue tan demencial que sintió que sus lágrimas nunca tendrían final; serían como una fuente de agua. Su lenguaje es profundamente emocional. Es un lenguaje que nos muestra que los profetas también tenían sentimientos. No se limitaban a comunicar *oralmente* un mensaje. No se contentaban con solamente *pensar* en torno a su mensaje. Lo *sentían* con toda su pasión.

En efecto, así como sus palabras comunicaban la palabra de Dios, también sus emociones expresaban las emociones de Él. Como seres humanos hemos sido hechos a la imagen de Dios. Aunque, desde luego, Él no es presa de las emociones brutales e incontrolables que a veces nos controlan, Dios *siente*. Las palabras que tenemos que utilizar para comunicar nuestros sentimientos son las que la Biblia usa para referirse a los de Dios. Él ama a la gente y la extraña. Se enoja por el pecado y la maldad, especialmente la injusticia y la crueldad. Es compasivo y cuida de los pobres, los necesitados y los vulnerables. Siente el dolor de ser rechazado. Le embarga la alegría cuando los seres humanos y la creación son bendecidos. Todas ésas son palabras de emoción. Son palabras humanas, pero dan cuenta de algo real y cierto tocante al ser de Dios.

Naturalmente, cuando los profetas hablan acerca de cosas que generan emociones tan fuertes en el corazón y la mente de Dios, expresan esas mismas emociones en su predicación. De hecho, en esa cita de Jeremías, es Dios mismo el que habla a través del profeta. El lenguaje de "yo", "mí" y "mío" entre Jeremías 8.21 y 9.3 puede referirse enteramente a Dios, como en realidad lo hace al final de 9.3, a caballo de un léxico genuinamente humano. ¡Dios en lágrimas! Y también Jeremías. A veces a él se lo conoce como "el profeta llorón", porque habló en nombre de un Dios en lágrimas, Dios que padece una honda tristeza y un dolor profundo por la tragedia que sobrevendría sobre Israel a causa de su pecado y su perversidad.

A algunos de los profetas, la tarea de llevar las palabras de Dios y sentir las emociones de Dios, les pasó una pesada cuenta. A Jeremías le trajo soledad y un sufrimiento intenso colindante con la depresión suicida. A Oseas le representó una descorazonadora ruptura matrimonial. A Ezequiel, el duelo por la muerte de su esposa. Estos hombres fueron seres humanos. Trate de llevar eso en su mente a medida que lea las palabras de esos profetas. Piense que detrás de cada palabra en la página hay una voz vital, viviente.

Cuando lea los profetas, esté al tanto de las emociones en sus discursos y descríbalos específicamente. Con frecuencia encontrará ira porque hablan de la ira de Dios contra el pecado y la rebelión. Pero hay otras emociones que se pueden percibir. Por ejemplo:

➢ Anhelo, ansia, deseo intenso: "Si tan sólo hubieras escuchado".

➢ Nostalgia del pasado: "Recuerdo cuando solías amarme".

➢ Ternura, como la de los padres: "¿Cómo podría abandonarte, Efraín, mi hijo?".

➢ Fidelidad, como la de un esposo: "Con amor eterno te he amado".

➢ El sentimiento de estar desconcertado y perplejo: "¿Por qué persistes en hacer lo que estás haciendo? ¿Cómo puedes comportarte así? ¡Incluso los animales se portan mejor!".

➢ Le emoción de una bendición futura: "¡Asómbrense por lo que voy a hacer!".

➢ Consuelo: "Consuela, consuela a mi pueblo".

Posteriormente, cuando llega el momento de la predicación, piense en cómo podría reflejar la emoción del profeta al exponer su sermón ante la congregación. El problema con buena parte de la predicación de hoy es que con facilidad se convierte en un solo grito prolongado. El tono es siempre el mismo. Pero no debe ser así. Si el texto habla de la ira y la represión de Dios, podemos reflejar esas emociones. Pero si el texto está lleno de lágrimas y tristeza, debemos llevar a que nuestros oyentes sientan lo que Dios y el profeta sintieron. Si el pasaje es uno de ternura y amor, refléjelo. Si es un mensaje de ánimo y esperanza, que sus oyentes lleguen a sentirlo.

f) Los profetas tenían manos: a veces pasaron de la palabra a la acción

En la predicación de hoy nos valemos, a veces, de las ayudas visuales. A los niños les encanta, por supuesto. En un nivel más técnico podemos echar mano de imágenes en una pantalla, o presentaciones en *PowerPoint*. Todos sabemos que cuando vemos algo al oír un mensaje, recordamos mejor esa enseñanza. Dios también lo sabe (¡por algo nos dio ojos y oídos!). A veces ordenaba a sus profetas que entregaran un mensaje juntamente con una acción o señal que lo reforzara. A veces fue algún acto simple de la vida cotidiana que, en esas circunstancias, demostraba altas dosis de fe. Por ejemplo, Jeremías compró un terreno (Jer 32). A veces fue algo dramático, como cuando Jeremías tomó en enorme jarrón de arcilla y lo rompió en pedazos en las afueras de la ciudad en presencia de los líderes políticos (Jer 19). Otros ejemplos de profecías actuadas son:

➢ Ahías rompió su manto en doce pedazos y le dio diez a Jeroboán para simbolizar que arrancaría diez tribus de Israel de manos del rey Roboam en Jerusalén (1R 11).

> Isaías anduvo desnudo por Jerusalén para exponer la vergüenza de la cautividad que se avecinaba (Is 20).

> Jeremías compró y usó una faja nueva; luego la enterró hasta que se había podrido y ya no servía para nada, con el fin de mostrar en lo que se había convertido Israel ante los ojos de Dios (Jer 13).

> Jeremías puso sobre sus hombros un yugo para bueyes e irrumpió en una conferencia diplomática internacional en Jerusalén, para decirles a los embajadores de las otras naciones que se sometieran al yugo de Nabucodonosor porque Dios lo había levantado como el líder del momento (Jer 27).

> Ezequiel se echó sobre su costado y "montó así sitio" a una maqueta de Jerusalén que había elaborado en un enorme ladrillo de arcilla, para mostrar a los primeros exiliados en Babilonia que la ciudad sería pronto capturada y destruida (Ez 4–5).

> Jesús volcó las mesas de los cambistas en el templo y arrojó sus monedas al suelo en una acción profética que, muy probablemente, fue interpretada en el sentido de que el templo mismo iría a ser destruido (Mt 21.12–13).

Si predicamos a partir de cualquier pasaje en el que hay una acción que simbolice o refuerce el mensaje, necesitamos explicarlo. Es de provecho insuflarle vida al mensaje para que la gente lo recuerde, que es la razón por la que se dio, en primer lugar.

 ## Lista de control

A medida que vaya trabajando en un pasaje de un libro profético, piense en las partes del cuerpo del profeta y hágase las siguientes preguntas:

> *Boca:* ¿Qué fue lo que el profeta *dijo* en realidad en este pasaje? ¿Cuál era el punto que él estaba resaltando?

> *Oídos:* ¿Qué había *oído* el profeta de parte de Dios? ¿Qué era lo que Dios quería decir?

> *Ojos:* ¿Qué fue lo que el profeta *vio* acerca de Dios y el mundo que era diferente de lo que el pueblo percibía en ese momento? ¿Cuál perspectiva de discernimiento tenía el profeta en relación con los tiempos en los que vivía?

➢ *Cabeza:* ¿Qué había en la *mente* del profeta? ¿Cuáles fueron sus preocupaciones y los estilos de lenguaje que usaba y lo distinguían del resto?

➢ *Corazón:* ¿Qué *sentía* el profeta al pronunciar esas palabras? ¿Hasta qué punto sus emociones reflejaban las de Dios?

➢ *Manos:* ¿Qué *hizo* el profeta (en el caso de haber hecho algo) para reforzar el mensaje?

2. Conozca la historia

A estas alturas ya debe ser consciente de este principio, especialmente si ha participado en cualquier seminario de predicación de Langham: debemos siempre leer cualquier pasaje bíblico en su propio contexto histórico antes de preguntarnos por su significado para nosotros hoy. En el caso de los profetas esto es probablemente más importante que en cualquier otro. Para decirlo en términos simples, es imposible entenderlos de manera apropiada si no comprendemos el trasfondo histórico de su mensaje, aunque sea en sus perfiles más generales en caso no podamos dar cuenta de él en detalle (aunque entre más detalles conozcamos, tanto mejor).

Este punto se desprende, en realidad, del último. Los profetas fueron personas a quienes Dios envió a dar a conocer su palabra de manera directa al pueblo de Israel justo en medio de los hechos que acontecían en un momento determinado. Se dirigían a su propio pueblo teniendo como telón de fondo todos esos eventos y circunstancias. Recuerde: las palabras que leemos en la página de un libro profético fueron escritas *para* nosotros, esto es, para que en una etapa posterior las leyéramos y aprendiéramos de ellas, pero no fueron escritas *a* nosotros ni *acerca* de nosotros. Cuando estudiemos cualquier pasaje en particular, debemos descubrir, tanto como podamos, *a quiénes* se dirigieron o escribieron esas palabras, y *acerca de qué* habla ese pasaje. ¿Qué era lo que estaba ocurriendo?

A continuación, una buena noticia. Los quince libros de los profetas, o dieciséis si incluye a Daniel, se concentran en un periodo de la historia de Israel de aproximadamente trescientos años (¡solamente!). Hay que considerar que todo el Antiguo Testamento, sin contar los relatos de Génesis 1–11, comprende un periodo de la historia de por lo menos mil quinientos años. Así, entonces, los *libros* de los profetas surgieron al interior de tan solo una fracción de ese tiempo. Aunque hubo profetas enviados por Dios a lo largo de toda la etapa veterotestamentaria, los profetas que dieron sus nombres a los libros proféticos vivieron en un periodo de trescientos años.

Amós es el primer profeta cuyas palabras quedaron registradas en un libro con nombre propio. Su ministerio ocurrió alrededor del 760 a.C., es decir, en la mitad del siglo VIII a.C. Malaquías es el último profeta del que hay registro y vivió alrededor del 460 a.C., en la mitad del siglo V a.C.

¿Se le ocurre alguna razón para que los libros proféticos se hayan concentrado en un periodo de trescientos años? La razón más plausible, creo yo, es que esos fueron los siglos más turbulentos en la historia de Israel. Aproximadamente doscientos años después de David y Salomón, y cien después de Elías y Eliseo, el reino del norte de Israel se convirtió en el escenario desastroso de injusticias sociales y económicas y el culto idolátrico a Baal. Dios envió a Amós y a Oseas para advertirles de su juicio venidero y la destrucción de Israel. Eso aconteció, en efecto, cuando los asirios destruyeron Samaria en 721 a.C. y las tribus del norte fueron esparcidas. Posteriormente, Judá en el sur cayó en una situación peor, y Dios envió a profetas como Isaías, Miqueas, Sofonías, Habacuc y, especialmente, Jeremías, para advertirle que, a menos que cambiara su proceder, Jerusalén también sería destruida y su pueblo llevado al exilio. Las advertencias no fueron acatadas. Dios hizo efectiva su amenaza. En 587 a.C., Jerusalén fue capturada; el templo, destruido por el fuego, y el pueblo, sometido a un exilio forzado en Babilonia. Ése fue el momento más traumático en toda la historia del Antiguo Testamento. Sin embargo, Dios no abandonó a su pueblo. Las profecías de Isaías, Jeremías y Ezequiel (que estaba con los exiliados en Babilonia) hablaban de que Dios llevaría a su pueblo de regreso a su tierra. Y Dios lo hizo luego de dos generaciones. Después, cuando el pueblo de Judá regresó a Jerusalén y reconstruyó la ciudad y el templo, envió otra generación de profetas durante ese periodo posexílico: Hageo, Zacarías y Malaquías.

Los libros de los profetas relatan los años que desembocan en la destrucción y el exilio de los dos reinos, el periodo del exilio de Judá en Babilonia y los años inmediatamente posteriores al retorno de los exiliados a Jerusalén. Es una historia que cubre el juicio de Dios y su perdón, sus gracias y la restauración. Los profetas fueron los que explicaron las razones por las cuales sobrevino el juicio y estimularon al pueblo a que confiara en la gracia de Dios. La palabra de los profetas acompañó los eventos de la historia y los interpretó como actos de Dios. Los profetas llevaron a Israel (y a nosotros) a *entender* ese periodo crucial de la historia del Antiguo Testamento y a verlo como parte integral del carácter y de los propósitos de Dios.

Lo que todo eso significa es que, a fin de entender a los profetas lo suficientemente bien como para predicar su mensaje con fidelidad, usted necesita familiarizarse especialmente con ese periodo de trescientos años en la historia de Israel. No es una tarea realmente difícil. Puede hacer tres cosas con toda seguridad, y una cuarta si tiene acceso a un mayor número de recursos.

1. Estudie la síntesis de la historia del Antiguo Testamento en el Apéndice 1. Trate de memorizar los nombres de los reyes *más importantes* de Israel y Judá en los siglos en los que reinaron. No es necesario aprenderse cada uno de ellos. Algunos no reinaron más que por unas semanas. Luego, trate de memorizar los nombres de los profetas que vivieron y hablaron en cada siglo. De esa manera, usted puede tener, al menos, una idea del orden de los profetas y su ubicación en la historia de Israel.

2. Lea en su totalidad el libro de 2 Reyes y, si lo desea, 2 Crónicas, que narra la misma historia pero con detalles adicionales. El libro de 2 Reyes comienza en el siglo XI a.C. durante el tiempo de Elías. Desde el capítulo 14 en adelante, usted ya está en el siglo VIII a.C. La narración continúa hasta la caída de Jerusalén y el exilio; 2 Reyes le da el cuadro mayor. En ese libro no se mencionan los profetas, ya que el texto se concentra en la vida y obra (buena o mala) de los reyes, pero provee el trasfondo esencial para la lectura de los profetas que van desde Amós hasta Ezequiel. Luego puede leer Esdras–Nehemías como el telón de fondo para los primeros años después del exilio, cuando el pueblo de Judá había regresado a Jerusalén. Ése es el trasfondo para Hageo, Zacarías y Malaquías.

3. Algunos de los profetas dan las fechas de sus mensajes y cuentan cuándo los pronunciaron, a veces con una gran precisión. Las fechas pueden mencionarse a manera de introducción editorial a todo el libro mediante la mención a los reyes que estaban en el trono de Israel o Judá cuando los profetas les llevaron el mensaje de Dios. O también

puede darse al interior de los libros, especialmente si el mensaje viene acompañado de su fecha de emisión. Cuando eso suceda, trate de averiguar todo lo que pueda acerca de lo que estaba aconteciendo durante ese tiempo, de tal manera que le sea posible entender mejor el mensaje del profeta. Después de todo, ésa es la razón por la cual se encuentra dicha información en el libro.

4. Todo lo anterior ya lo tiene en sus manos: la Biblia y este libro. Pero si usted puede usar otros recursos, el provecho será mayor. Un estudio bíblico puede aportarle información valiosa acerca de cada profeta. También son útiles los manuales bíblicos o estudios introductorios. No está de más sugerir el uso de comentarios de alta calidad de cada libro.

El asunto es éste: *entre más pueda usted encontrar información acerca del trasfondo histórico de cada profeta y su mensaje, con mayor fidelidad podrá predicar su mensaje hoy.*

Preguntas y ejercicios

1. Escoja uno o más de los pasajes que aparecen a continuación y estúdielos siguiendo la Lista de Control al final de la sección 1 arriba, que siguió la metáfora de las "partes del cuerpo" de los profetas:

➤ *Isaías 40.12–31*
➤ *Jeremías 2.1–13*
➤ *Jeremías 5.1–17*
➤ *Jeremías 13.1–11*
➤ *Ezequiel 37.1–14*
➤ *Exequiel 37.15–28*

____

____

____

____

____

____

2. *Haga el estudio de la historia del Antiguo Testamento en el Apéndice 1 tal como se sugiere arriba en el punto 1.*

Capítulo 12

Predicación
desde los profetas

A estas alturas usted ya ha hecho tan bien su tarea como ha podido. Ha tenido en cuenta el trasfondo del libro del profeta que va a predicar, y ha realizado el trabajo de encontrar las circunstancias históricas particulares del contexto en el que esta palabra en particular fue pronunciada. Ahora es tiempo de concentrarse en el texto propiamente dicho. Estoy seguro de que usted aplicará toda las herramientas de la exégesis básica que conoce, observará el texto detenidamente, lo leerá una y otra vez, y le planteará todas las preguntas pertinentes que le permitirán encontrar su estructura básica y su punto central.

Sin embargo, en el caso de los pasajes de los libros de los profetas, hay algunos aspectos adicionales que deben tenerse en cuenta. A continuación se mencionan algunos de ellos:

1. Simplifique el mensaje

Básicamente, los profetas fueron enviados por Dios para recordar a los israelitas la *relación de pacto* que existía entre ellos. En ese sentido, sus mensajes no traían nada radicalmente nuevo. Por el contrario, recordaban, reforzaban, explicaban y aplicaban lo que el pueblo ya debería saber a partir de todo lo que Dios había hecho por ellos y les había dicho en el pasado, especialmente en la alianza y la Ley que les había dado en el Monte Sinaí después del Éxodo.

En los capítulos 9 y 10 examinamos la ley del pacto; ahora necesitamos recordar lo que descubrimos en ese estudio, pues los profetas también lo sabían.

¿Qué implicaba *la alianza entre Dios e Israel*?

➢ Primero, existía una *historia.* Dios el Señor actuó redimiendo a Israel y lo sacó de la esclavitud en Egipto. Posteriormente, lo protegió durante su peregrinaje por el desierto a lo largo de toda una generación, y después lo trajo a la tierra que le había prometido. ¡Fue tanto lo que, en su amor y gracia, Dios hizo por ellos! Ése fue el fundamento de la Ley en la Torá, y también la base del mensaje de los profetas.

➢ Segundo, había un *compromiso.* En el pacto, Dios se comprometió a ser el Dios de Israel, a bendecirlo y protegerlo, a hacer de los israelitas su instrumento para bendecir a todas las naciones. Israel, por su parte, se comprometió a obedecer la Ley de Dios y a vivir como sociedad de la manera que Dios esperaba, a ser un modelo a las naciones, lo cual, en últimas, redundaría en su propio bienestar. Este *compromiso mutuo* constituía el corazón de la relación entre Dios e Israel en el Antiguo Testamento.

➢ Tercero, había *sanciones.* Si Israel andaba en los caminos de Dios y obedecía su Ley, continuaría disfrutando las bendiciones; pero si actuaba de manera contraria, se rebelaba, desobedecía yéndose tras otros dioses, alejaba de sí las bendiciones de Dios y experimentaría su maldición. En un mundo que desde la caída ya estaba bajo la maldición de Dios, Israel no sería diferente del resto de las naciones que estaban bajo el juicio de Dios.

A fin de que estos aspectos se expongan con mayor claridad, nada mejor que tener presente los siguientes capítulos que los sintetizan. Estos pasajes muestran la alianza con Dios, con su historia, sus compromisos y sus sanciones (promesas y advertencias) incluidas, y proveen también un trasfondo claro para entender el mensaje de los profetas. Lo animo a que se tome su tiempo, justo ahora, parar leerlos.

➢ Levítico 26 (lea todo el capítulo)
➢ Deuteronomio 4.23–40
➢ Deuteronomio 26.16–19
➢ Deuteronomio 28–30 (es un pasaje extenso, pero léalo completamente, hasta su final)

Lo que los profetas hicieron fue, esencialmente, *recordarle* a Israel todas esas cosas. Sin lugar a dudas, había simpleza en su mensaje, así tomara toda clase de formas y apelara a una amplia variedad de contenido. Tras toda esa variedad, el mensaje del profeta fue:

➤ *Recordarle a Israel su historia.* Dios había hecho mucho por ellos en el pasado, pero su actitud presente era claramente ingrata e inconsistente.

➤ *Recordarle a los israelitas sus compromisos.* Habían prometido obedecer a Dios, pero su desobediencia era frontal. Israel había roto la alianza de muchas maneras, y a cada una de ellas el mensaje de los profetas se dirige de manera específica.

➤ *Recordarle a Israel las advertencias de Dios y sus promesas.* La alianza advertía claramente lo que acarrearía la desobediencia. A menos que cambiaran su proceder, esas consecuencias se harían realidad. Las maldiciones contempladas en el pacto le sobrevendrían a Israel. ¡Estaban advertidos! Pero, al mismo tiempo, el pacto contemplaba promesas y bendiciones, incluso más allá del juicio. Había una esperanza de largo alcance, incluso si lo que habría de ocurrir inmediatamente fuera el desastre. ¡Vuélvanse a Dios!

Desde luego, cada pasaje profético es peculiar en su propio estilo, pero vale la pena que, al menos, empiece preguntándose si el que usted está estudiando corresponde a uno u otro de los tres recordatorios mencionados arriba. Algunos pasajes caben en los tres, otros tienen otros énfasis, pero el resultado será más provechoso si usted trabaja con esos tres aspectos en mente .

Para simplificarlo aún más, pregúntese si el texto que está leyendo corresponde a una de las *dos* categorías básicas siguientes. Hay muchas variaciones, pero con frecuencia el mensaje de los profetas se trató de:

➤ Darle a conocer a un individuo o a todo el pueblo *una advertencia o amenaza* del juicio que habría de venir, y luego llamarlos al arrepentimiento y a la conversión (mensajes de juicio); o

➤ darle a conocer a un individuo o a todo el pueblo *una promesa* de salvación y de bendición venideras, y luego llamarlos a la esperanza y la confianza en Dios (mensajes de esperanza).

Como ya lo dije, esta síntesis no abarca todo el mensaje profético. Los mensajes son muchos y las variaciones abundan, pero es un buen punto de partida. ¿A cuáles de esos dos tópicos básicos corresponde el pasaje que usted está estudiando? Esa consideración inicial le da un sentido general de orientación antes de que se sumerja en detalles específicos. Además, le permite decidir cuál puede ser el empuje básico del sermón que va a predicar a partir de ese texto.

Ejercicio breve
Lea el siguiente pasaje y considere cuál de las categorías mencionadas arriba se le puede aplicar de manera apropiada, ya sean las tres primeras o las dos últimas. Recuerde que algunos pueden incluir más de un elemento.

➢ Isaías 1.10–20	➢ Jeremías 31.1–14
➢ Isaías 5.1–7	➢ Ezequiel 18
➢ Isaías 42.18–25	➢ Oseas 1
➢ Isaías 43.1–7	➢ Amós 2.6–16
➢ Jeremías 2.1–13	➢ Amós 5.1–15
➢ Jeremías 7.1–15	

2. Identifique el método

Es igualmente provechoso aprender a reconocer algunas de las formas comunes mediante las cuales el profeta comunicó su mensaje. A continuación se pueden encontrar algunos estilos comunes de discurso en los profetas.

a) "Así dice el Señor": el mensajero

Éste es el método más común. El profeta simplemente entrega un mensaje de parte de Dios. Esos mensajes variaban dependiendo de lo que Dios quería comunicar a su pueblo.

b) "Veredicto: culpable": la demanda penal

A veces cós profetas presentan su mensaje como si estuvieran en una corte. Dios es el juez, pero también el acusador. El pueblo de Israel es el reo. Hay ocasiones en las que incluso los cielos y la tierra son llamados como testigos para completar la escena. El acusador lee el pliego de cargos. Se dan a conocer las acusaciones contra Israel y, después, el juez pronuncia su veredicto: culpable. Posteriormente viene la sentencia: las cosas terribles del juicio de Dios por la rebelión y el pecado de su pueblo. Ésta fue una forma en la que el mensaje del profeta fue presentado; un eco de la relación del pacto que reverbera con fuerza.

 Ejemplos

> ➤ Isaías 3.13–26
> ➤ Oseas 4
> ➤ Miqueas 6.1–8

c) "¡Estamos condenados!": el ¡Ay!

A veces el profeta grita "¡Ay!" ante el pueblo. Es una manifestación de la maldición y el juicio de Dios, pero es también un lamento. Existen cosas terribles que habrán de acontecer y el pueblo sufrirá demasiado. Los profetas, entonces, expresan su pena y su dolor. Es el lado opuesto a la dulce palabra "¡bendito!". En lugar de la felicidad que viene como resultado de andar en los caminos de Dios y bajo su sonrisa de aprobación, viene la miseria de acarrear sobre sí las consecuencias del pecado y la necedad. El profeta, entonces, exclama "¡Ay!" y se lamenta.

 Ejemplos

> ➤ Isaías 5.8–22
> ➤ Amós 5.18–20
> ➤ Habacuc 2.6–20
> ➤ Miqueas 2.1–5

d) "¡Sorpresa, sorpresa!": la promesa

Era muy fácil pensar, y muchos en Israel *así* lo creyeron, que una vez roto el pacto, ya no habría futuro alguno para Israel. Simplemente perecerían bajo el juicio de Dios como castigo justo a sus pecados. Cuando los profetas pronuncian palabras de *promesa y esperanza*, lo hacen *siempre* con un tono de perplejidad y sorpresa. Hay algo ilógico e inesperado en los discursos del futuro de los profetas con su visión de esperanza más allá del juicio, o de restauración más allá de la destrucción. Es tan inesperado que Ezequiel llegó a decir que era como predicarles a los huesos secos del pueblo que había muerto mucho tiempo atrás sólo para verlos cobrar vida de nuevo, una esperanza de resurrección, nada menos. Con todo, tales mensajes están presentes en muchos profetas y debemos regocijarnos que estén allí, y reconocer, desde luego, que sólo pudieron cumplirse en un sentido último a través de Jesucristo.

 Ejemplos

- ➤ Amós 9.11–15
- ➤ Oseas 2
- ➤ Oseas 13
- ➤ Isaías 40–55, en todo el pasaje
- ➤ Jeremías 31–33
- ➤ Ezequiel 37

Una vez más, debemos decir que esas categorías no agotan la totalidad del mensaje de los profetas. A veces pronunciaron mensajes personales dirigidos a individuos, particularmente los reyes de Israel y Judá. A veces se dirigían a Dios a partir de su propio dolor y sufrimiento

3. Escuche el lenguaje

Una de las dificultades que vamos a encontrar al leer y predicar a los profetas es que su lenguaje suele parecernos muy extraño. No quiero solamente decir que hablaban en hebreo. Incluso cuando su mensaje se traduce a nuestro propio idioma, no siempre es fácil capturar lo que están diciendo. A continuación encontrará tres aspectos para recordar cuando usted se esfuerce por entender un pasaje.

a) La persuasión es la meta

Los profetas tomaban con suma seriedad lo que predicaban. Vieron que el pueblo estaba abocado a un peligro real si no cambiaban sus vidas. Por ello, los profetas se enfrentaron a una fuerte oposición. A veces sufrieron el rechazo y el odio. No debemos imaginarnos que sus discusiones eran corteses o que su tarea era el debate académico. En ocasiones se trató de una lucha de vida o muerte. Los profetas estaban empeñados en *persuadir* al pueblo a que creyera lo que les decían y que actuara en consecuencia. Su empecinamiento significó, en ocasiones, que tenían que *sacudir* al pueblo para que prestaran atención. No se sorprenda, entonces, que a veces el lenguaje del profeta le parezca exagerado, chocante y controversial. Ellos también fueron expertos en el sarcasmo y la burla, hasta hirientes y ofensivos. Los profetas echaron mano de lo que fuera con tal de ganar la atención del pueblo. Tristemente, como ya sabemos, los israelitas decidieron ignorar sus palabras y continuar transitando su camino hacia la destrucción, pero no podían decir nunca que no fueron advertidos. No se ofenda, entonces, por el lenguaje de los profetas; no sea que usted también termine ignorándolos. Si tiene ante sí un pasaje chocante, pregúntese qué llevó al profeta a expresarse de esa manera, y qué quería que el pueblo entendiera e hiciera al usar ese tipo de lenguaje.

 Ejemplos

> Isaías 1.10–15
> Isaías 3.16–24
> Jeremías 2.22–28
> Jeremías 19.1–13
> Ezequiel 23

b) Los profetas usaron la poesía

Muchas de las palabras de los profetas siguen el estilo de la poesía hebrea, aunque Ezequiel, por ejemplo, parece haber cultivado la prosa mayormente. Estaremos examinando la poesía hebrea en el próximo capítulo, dedicado a los Salmos, por lo cual no entraré en detalle en este punto. Baste con decir que esto significa que, con frecuencia, los profetas hablaron en periodos o secuencias breves, apelando a términos gráficos, con frases e imágenes inusuales. Ésa es la naturaleza de la poesía, que dice mucho en muy pocas palabras. La poesía, además, tiende a usar el lenguaje en formas especiales: lenguaje figurado, comparaciones, metáforas, simbolismos, etcétera. Probablemente, la razón principal por la cual los profetas mostraron una preferencia por el lenguaje poético es que la poesía facilita la memorización de las palabras. ¡Pero les plantea una tarea más ardua a los lectores de tiempos posteriores y culturas diferentes! El punto es que la poesía tiene una forma de hablar que no debe ser tomada literalmente, esto es, que no puede leerse cada palabra como si se refiriera a algo en el mundo real. Por el contrario, la palabra poética debe tomarse como una imagen. Por ejemplo, cuando el salmista dice "Dios es una roca" o "Dios es un escudo", nosotros sabemos que ésa es una imagen no una declaración de un hecho literal. Más bien necesitamos buscar la intención, el sentir, el mensaje detrás de esa forma poética, y reconocer que la poesía le da mayor contundencia al mensaje. En algunos de los libros de los profetas, especialmente en Jeremías, hay una mezcla intrigante de poesía y prosa. Usualmente las secciones en prosa comunican de manera simple, directa y sin ambages lo que las secciones díscolas y vigorosas en poesía dicen en su estilo imaginativo. Esa mezcla es muy útil. Por eso es tan agradable leer amplias secciones de los libros proféticos sin atascarse en algunos versos aquí y allá.

 Ejemplos

Lea Jeremías 2. Es un pasaje rico en imaginación poética y preguntas retóricas que se balancea entre una imagen y otra al describir la infidelidad de Israel y su rebelión contra Dios. El lenguaje es colorido y vívido. Es muy provechoso leerlo en voz alta, con pasión, haciendo la pausa con preguntas exploratorias y comparaciones mordaces. Ahora, vaya a Jeremías 11.1–13. Es un texto en prosa, ¿pero no se da cuenta de que se trata básicamente del mismo mensaje, el pacto quebrantado? Jeremías 11 resume en *prosa* lo que Jeremías 2 proclama en *poesía*. El lenguaje es sobrio, simple y directo. Casi no apela a imágenes ni a preguntas. Sin dilaciones describe la situación de lo que ha pasado y lo que Dios piensa de eso. Cuando usted compara estos dos pasajes puede ver claramente cuán diferente es la poesía. Necesita entender e interpretar cada uno de sus giros idiomáticos y preguntarse constantemente: "¿Qué está diciendo el profeta? ¿Cuál es su intención?".

c) Los profetas preferían las imágenes

Los profetas tenían una predilección por las imágenes similar al lugar privilegiado que Jesús les daba a las parábolas. Usted entiende que no me estoy refiriendo a imágenes cual si fueran cuadros pintados en papel o en un lienzo, sino que hablo de *cuadros pintados con palabras*. Los profetas "retrataban" toda clase de imágenes en la mente para expresar lo que querían decir. Dibujaban comparaciones con la vida alrededor, con la naturaleza —plantas, animales, aves e insectos, el sol, la luna y las estrellas, el viento y el fuego, terremotos y volcanes— con la música y los edificios, y con las relaciones humanas. Los cuadros que se plasman en palabras se conocen con frecuencia como *metáforas*.

Vuelva nuevamente a Jeremías 2 ahora que ya lo leyó una vez. Cuente cuántas *figuras literarias* usa Jeremías para comunicar su idea. Lo que quiero pedirle es que observe las imágenes o las comparaciones: como su imágen de una novia (v. 2), de los primeros frutos (v. 3), de una fuente y una cisterna (v. 13), de leones (v. 15), de una vid (v. 21), de jabón (v. 22), de los camellos y los asnos (vv. 23–24), etcétera. Creo que debe haber alrededor de 15 o más imágenes diferentes solamente en ese capítulo. Jeremías salta de un cuadro a otro, captura nuestra imaginación y convierte el suyo en un mensaje memorable.

Cuando lea a los profetas, fíjese en esas comparaciones dibujadas con tanta vitalidad. No están allí para que sean leídas *literalmente*. Usted necesita pensar sobre *cuál es el punto que el profeta enfatiza al usar esa pintura mental*. A veces será necesario que usted conozca algo más acerca del trasfondo cultural para que pueda encontrarle su sentido. Cuando esté predicando desde ese pasaje, será necesario explicar lo que la imagen significa, o encontrar una pintura moderna que signifique la misma cosa, o ambas.

 Ejemplos

a) Jeremías 2.13

Jeremías dice que el pueblo de Israel ha cometido dos pecados: apostasía (abandonar a Yahweh, su Dios viviente) e idolatría (culto a otros dioses). Pudo haberlo dicho de manera directa, pero en lugar de eso optó por pintar un cuadro inolvidable. Imagínese la estupidez de un agricultor que bloquea o abandona una fuente perenne de agua en su parcela, en una tierra seca como lo es Palestina. Imagine el sinsentido en el que incurre al cavar una enorme cisterna para recolectar el agua de la lluvia, y que descubre que la cisterna estaba rota y el agua se escurrió. ¿Cuál es el mensaje de Jeremías? La apostasía y la idolatría son estupideces y esfuerzos inútiles similares. Si ya conoce al Dios viviente, ¿cómo se le puede ocurrir hacer un trueque y cambiarlo por ídolos inútiles? ¿Qué imagen proveniente de su propia cultura usted utilizaría para enfatizar ese mismo punto? ¿Cuál sería la ilustración de hacer algo tan estúpido e inútil?

b) Isaías 52.7–10

El profeta quiere expresar la maravillosa y buena noticia de que Dios regresa a Jerusalén con su pueblo. Los exiliados regresan a casa.

Él, entonces, se imagina a Jerusalén mirando con ansiedad hacia el oriente a la espera de las nuevas. Luego aparece un corredor, el portador de la buena noticia en el versículo 7 (observe que está en singular), pero todo lo que vemos son sus "pies hermosos". El heraldo anuncia la buena nueva de que Dios ha ganado la victoria y regresa ahora para redimir a su pueblo. Acto seguido, los centinelas en los muros derruidos de Jerusalén se unen en el canto de celebración (v. 8). A la vez, las ruinas de Jerusalén también prorrumpen en canciones de alegría (v. 9) y finalmente, todos los confines de la tierra entran igualmente en escena (v. 10), y "el Señor desnuda su brazo" (otra imagen de la fuerza salvadora de Dios).

Al final de este capítulo volveremos a Jeremías 2 e Isaías 52.7–10 en la sección dedicada a los modelos para sermones. Vale la pena leerlos de una vez.

4. Use las predicciones con cuidado

De regreso al futuro. ¿Cómo debemos manejar los pasajes en los profetas que hablan acerca de algo en el futuro (esto es, futuro desde el punto de vista del profeta)? Aquí debemos proceder con cuidado, puesto que de los textos de los profetas del Antiguo Testamento se han sacado toda clase de teorías fantasiosas y raras. Con mucha facilidad la gente cae en ideas y esperanzas falsas. Asegurémonos de que nuestra predicación no produzca esos resultados.

a) Predicciones como advertencias

Lo primero que necesitamos entender es que cuando un profeta dice que algo va a pasar en el futuro, con frecuencia se menciona un aspecto condicional, sea explícita o implícitamente. Esto es, los profetas no hacían una *predicción* ramplona de un acontecimiento futuro, sino que hacían una *advertencia* de que algo *sucedería* si el pueblo persistía en alejarse de Dios el Señor. La implicación es *si* ellos responden y cambian su conducta, el futuro predicho *no sucederá*. La palabra de Dios no es una especie de azar o destino impersonal que no puede ser alterado. Dios es personal y responde a la manera como nosotros respondemos a lo que dice, sea haciendo una advertencia o presentando una promesa.

El lugar en donde esta dinámica se expresa más claramente es en Jeremías 18.7–10. Lea el pasaje con atención. Dios dice que puede declarar determinado futuro para su pueblo (por ej., juicio), pero si obedecen, se arrepienten y hacen lo que es correcto, puede suspender ese juicio y hacer algo diferente. La historia de Jonás lo ilustra perfectamente. La predicción de Jonás llevó a Nínive al arrepentimiento. Dios los libró del juicio y el libro aclara que tal había sido el propósito de Dios desde el principio.

Piense en lo siguiente. Supongamos que usted es un padre o una madre, y que entra a la habitación de su hijo cuando se supone que él debe estar haciendo sus tareas y estudiando, pero lo encuentra viendo televisión o jugando afuera con sus amigos. Usted sabe que esto ya ha pasado antes varias veces. Entonces esta noche le habla con firmeza y le dice: "¡Tú no vas a aprobar tus exámenes!". Esa declaración tiene la forma de una predicción. El tiempo verbal empleado es futuro, pero ¿cuál es el punto del mensaje?, ¿qué es lo implícito?

Lo que usted realmente quiere decir es: "No aprobarás tus exámenes *a menos* que cambies tu conducta, dejes de perder tanto tiempo jugando y trabajes más duro. *Si* cambias no fallarás, pero si sigues así, perderás los exámenes y solamente tú serás el culpable". La "predicción" es realmente una advertencia.

Además, observe lo siguiente: la "predicción" *no es lo que usted realmente quiere que ocurra.* Usted no le está diciendo: "¡Tú vas a fallar los exámenes porque yo lo digo, y estaré feliz de que así pase!". No. Usted le dice a su hijo lo que va a pasar si no cambia *porque usted no quiere que eso pase.* Quiere que su hijo se comporte de manera diferente *para que su predicción no necesite hacerse realidad.*

Piense ahora que así actúa Dios con Israel (o Dios con Nínive, pues es lo que ocurre exactamente en el libro de Jonás). Vez tras vez Dios les dijo a través de sus profetas lo que les sucedería si continuaban en su rebelión y pecado contra Él. Vez tras vez les imploró que cambiaran sus caminos y evitaran el juicio. Las predicciones no eran asunto de un destino ciego. Israel las pudo haber evitado, pero persistió en la desobediencia.

Proceda, entonces, con cuidado para que no lea todas las predicciones del Antiguo Testamento como si estuvieran destinadas a suceder sin importar las condiciones. Piense en las razones *por las cuales* fueron dichas y los propósitos que Dios tuvo al pronunciarlas.

b) Predicciones en cuadros poéticos

Segundo, recuerde el punto que resaltamos arriba sobre el lenguaje vívido que los profetas utilizaron. Son tan frecuentes sus discursos gráficos que no debemos leerlos literalmente. El lenguaje poético apelaba a figuras imaginarias del discurso para hablar de ciertas cosas que la gente entendía. A veces los imaginarios eran estereotipados, esto es, formas convencionales para describir algo que todos sabían que no debían tomarlo literalmente. Es parecido a cuando nos referimos a un evento diciendo que se trató de un "terremoto", sin que ello quiera decir que la tierra tembló literalmente, pero que sus consecuencias fueron realmente serias. O también podemos decir que un equipo de fútbol "aniquiló" a su oponente. No estamos diciendo que asesinaron a todos los jugadores del equipo contrario, sino que simplemente ganaron el juego por un margen amplio de goles, pero usamos una metáfora deportiva que todos entienden.

 Ejemplo

En Jeremías 50–51 encontramos una larga profecía sobre Babilonia y Jerusalén. En realidad se trata de un mensaje breve: Babilonia va a caer y el pueblo de Israel podrá regresar a su tierra. Pero, si hojea esos capítulos, podrá ver que en repetidas ocasiones el profeta habla de Babilonia como si fuese invadida, derribada y destruida por una combinación de ejércitos en una gran batalla. Las imágenes son vívidas y francamente horrorosas. A decir verdad, la historia nos dice que no pasó nada de eso. Los persas capturaron a Babilonia sin que se presentara batalla alguna. Sin embargo, no podemos acusar a Jeremías de dar predicciones falsas. El profeta estaba apelando al imaginario convencional que se usaba para describir la derrota y el final de un imperio. Su lenguaje echó mano de figuras que todo el mundo entendió. La *profecía* fue cierta. Eso realmente ocurrió. Los *detalles* fueron poéticos e imaginarios y no una predicción literal.

5. Otee los horizontes

El horizonte es el límite de lo que usted puede ver a la distancia desde cualquier punto en el que se encuentre. La distancia del horizonte depende de la altura desde la que esté oteando. Piense ahora en los ojos del profeta. Como ya dijimos, los profetas podían "ver" las cosas desde el punto de vista de Dios. Eso incluía poder ver la verdad de su propio tiempo y también otear aún más lejos en el futuro. Cuando los profetas hablaron acerca de lo que Dios les permitía ver, podemos describir tres horizontes mayores en sus palabras. Esto es, podemos ver tres lugares en los que sus palabras "aterrizaron", tres lugares en donde sus palabras fueron relevantes y se cumplieron.

a) Horizonte 1: la era del Antiguo Testamento

Éste es el horizonte cercano del mundo del profeta, la era misma del Antiguo Testamento. Lo que los profetas dijeron se aplicó en un alto porcentaje a los tiempos en los que vivieron. La mayor parte de lo que predijeron ocurrió, bien durante su propia época o en algún punto en la historia del Israel del Antiguo Testamento. Nosotros debemos comenzar asumiendo esto antes de explorar otros horizontes o imaginar que algún cumplimiento aún está en el futuro. Este primer horizonte es fácilmente observable en algunos casos. Por ejemplo, Jeremías predijo que Ananías, el falso profeta, moriría (Jer 28.15–16) porque había profetizado falsamente en el nombre del Señor (una ofensa capital según Deuteronomio 13.1–5). Esa predicción se cumplió dos meses más tarde. No vamos a ir ahora buscando a alguien que se llame Ananías para decirle que va a morir en el transcurso del presente año porque Jeremías así lo predijo. Esa profecía se cumplió en el Horizonte 1. Ya no hay cumplimiento que se deba esperar en el futuro.

De la misma manera, muchos profetas predijeron que Dios enviaría a Israel, y luego a Judá, al exilio porque habían persistido en romper el pacto y en rebelarse contra Él. Eso se cumplió en el periodo veterotestamentario: en 721 a.C., para el reino del norte de Israel, y en 587 a.C., para el reino del sur de Judá. Esas profecías se cumplieron en el Horizonte 1.

Varios profetas igualmente pronosticaron que Dios traería a los exiliados de Judá de regreso a su tierra, restauraría su fortuna y daría por concluido el exilio, el pacto sería renovado y el pueblo reconstruiría el templo. Eso también se cumplió en el periodo del Antiguo Testamento. Gracias al edicto de Ciro, rey de Persia, en 538, varias olas de exiliados regresaron a Jerusalén. Esas profecías se cumplieron en el Horizonte 1.

¿Usted recuerda que en el capítulo 2 hablamos acerca de que la *promesa* es mayor a la *predicción*? Una promesa puede seguir cumpliéndose en maneras nuevas y diferentes con el paso del tiempo. A veces descubrimos que una predicción del Antiguo Testamento que fue hecha y cumplida en el Horizonte 1 puede continuar e incluso incrementar su significado en épocas posteriores. Un buen ejemplo de esto es la "señal" que Isaías le dio a Acaz en Isaías 7. Dado que fue una "señal", tenemos que asumir que en realidad nació un niño (muchos estudiosos creen que se trataba del hijo de Isaías, cuyo nombre, a manera de código, era Maher-Shalal-Hash-Baz), y que lo que Isaías pronosticó en relación con los enemigos de Israel se cumplió, todo eso en el Horizonte 1. En medio del peligro y de la amenaza de esos meses, Dios estaba con ellos ("Emanuel"). Aquí es donde debemos ubicarnos para empezar a leer y entender ese texto. Isaías le estaba hablando a Acaz en su propio día y sus palabras tuvieron que tener alguna aplicación y cumplimiento en ese tiempo. Sin embargo, ya sabemos que Mateo le encontró a "Emanuel" un nivel mayor de cumplimiento en el nacimiento de Jesús, lo cual nos lleva al Horizonte 2.

b) Horizonte 2: la era del Nuevo Testamento

La profecía, al igual que resto del Antiguo Testamento, se mueve en últimas hacia Cristo y los grandes eventos centrales del evangelio en la historia bíblica, la Etapa 4 de nuestro diagrama "La Biblia en el dorso de un sobre". En los capítulos 2 y 3 le dedicamos un buen espacio a ese tema, por lo cual no es necesario repetirlo ahora. Recuerde, sin embargo, que no estamos diciendo que cada versículo en los profetas trata *acerca* de Jesús (¿recuerda el capítulo 4?). Antes bien, lo que queremos decir es que todo aquello que los profetas dijeron en su tiempo era parte de una travesía que conduce a Jesús. Por eso podemos ahora mirar todo lo que dijeron *a la luz de Cristo*, incluso cuando no estaban pensando específicamente en un futuro lejano.

Sin embargo, en ocasiones los profetas hablaron acerca del futuro de maneras en que ahora nos permiten pensar que eso solamente se hace cierto en y a través de Jesucristo y el evangelio de salvación a través de su muerte y resurrección. A esas instancias se las llama, a veces, "profecía mesiánica", pero la palabra "mesías" no ocurre con frecuencia. No es entonces que los profetas hayan estado hablando acerca del que había de venir, sino que describían cosas que sólo pueden hacerse perfectamente ciertas a través de Jesús. Por ejemplo, cuando Jeremías habla acerca de un Dios que establece un "nuevo pacto" (Jer 31.31–33), una buena parte de lo que dice es *similar* al pacto Sinaítico *en principio*, pero cuando afirma que una parte de la nueva relación incluirá el perdón completo de los pecados, sabemos que eso únicamente lo logró Jesucristo. De manera parecida, cuando Isaías habla acerca del "siervo del Señor", hay varias cosas que se dicen sobre el Siervo que aluden también a Israel (escogido y amado por Dios, dado como luz a las naciones); pero cuando llega a la parte en la que el Siervo lleva el pecado de muchos muriendo vicariamente por nosotros (Is 53), podemos ver que esas palabras se hacen carne únicamente en el Señor Jesús.

Cuando leamos o prediquemos a partir de los profetas, luego de haber observado con atención lo que eso significa en el Horizonte 1, necesitaremos preguntarnos si esas palabras tienen dimensiones que deben buscarse en el Horizonte 2. Necesitaremos preguntarnos de qué manera el pasaje que tenemos en manos se conecta con el evangelio de Jesucristo revelado y conseguido en el Nuevo Testamento. Podrá recordar usted que en el capítulo 5 exploramos algunas de esas conexiones, y también recordará, eso espero, que incluso cuando vemos tales conexiones entre un pasaje en un profeta veterotestamentario y el Señor Jesucristo, debemos asegurarnos de no caer en la tentación de dar un salto abrupto que nos lleve a predicar ese texto como si versara solamente "acerca de Jesús" Asegúrese de que ya ha discernido lo que el profeta en realidad estaba diciendo sobre su propio pueblo en ese tiempo.

c. *Horizonte 3: la nueva creación*

A veces el profeta habla del futuro en términos que superan cualquier cosa que hayamos visto en la historia. Esto puede darse en relación con el juicio de Dios. Nosotros sabemos que los profetas pueden estar hablando acerca de un Dios que juzga a Israel y a otras naciones extranjeras, pero a veces lo hacen de manera tal que el juicio de Dios engloba al mundo entero y a todas las naciones en una destrucción cataclísmica de todo lo que es perverso y malvado (por ej., Is 24). Ese tipo de visiones sólo lo podemos relacionar con el horizonte último de la segunda venida de Cristo y el juicio final.

Es más frecuente, no obstante, que tal "visión exaltada" se dé en relación con la bendición futura de Dios. Se trata de una maravilla de la que se habla con palabras que rebosan alegría y entusiasmo. La naturaleza da sus frutos en abundancia. La misma tierra parece regocijarse en su Creador. La vida humana es segura, plena y libre de violencia, injusticia, hambre y peligros. Ya no hay espacio para la guerra ni la violencia. La gente y los animales viven en armonía y paz. Los pueblos ya no dan la espalda a Dios en desobediencia. Gentes del mundo entero y de todas las naciones rechazan sus dioses falsos y se vuelven al Dios viviente y lo adoran con gozo y con sus dones (por ej., Is 25.6–9; 35; 65.17–25; Jer 32.37–41; 33.6–9; Jl 3.17–18).

Cuando leemos tales palabras, sabemos con certeza que no se cumplieron en el Horizonte 1. Una gran porción de lo que Dios prometió a Israel *se hizo* realidad en ese horizonte, cuando regresaron a la tierra. Pero eran todavía pecadores y muy lejos de ser perfectos, tal como lo muestran los libros de Nehemías, Esdras y Malaquías. Aunque Cristo logró la redención del mundo en su muerte y resurrección (Horizonte 2), todavía no hemos visto el cumplimiento de todo lo que los profetas y nosotros anhelamos. Vamos, pues, rumbo al Horizonte 3, el "horizonte escatológico", para usar términos técnicos. La Biblia termina en Apocalipsis 21–22 con un cuadro de la nueva creación que muy deliberadamente hace eco a los muchos temas que los profetas manejaron (lea Isaías 65.17–25 y luego Apocalipsis 21). La visión última sólo se cumplirá cuando Cristo regrese y la tierra sea purificada y renovada para que se constituya en el lugar en el que Dios habita con nosotros.

 Ejemplo

Lea Jeremías 32.36–44. Ésta es la respuesta de Jeremías luego de que comprara un terreno en Anatot (lea el resto del capítulo si le es posible). Esa compra representa un gran acto de fe de Jeremías, ya que estaba preso en Jerusalén justo antes de que fuese capturada por los babilonios, quienes ya estaban merodeando por ese terreno. Adquirir ese campo fue una señal de un futuro cuando el pueblo volvería nuevamente a comprar y vender en la tierra luego de que hubieran regresado del exilio. Usted puede darse cuenta inmediatamente de que los versículos 43–44 están oteando el Horizonte 1. Son palabras que describen lo que, en efecto, ocurrió. Todavía era futuro cuando Jeremías habló esas cosas justo antes de que la ciudad cayera, pero se trataba de un pronóstico que se hizo realidad en el periodo mismo del Antiguo Testamento. La gente de Judá regresó a la tierra luego de dos generaciones en el exilio, se volvieron a asentar en sus ciudades y comenzaron a cultivar sus parcelas una vez más.

Pero vuelva a leer los versículos 38–41. Esas palabras describen un futuro perfecto en el que habrá un pacto eterno entre Dios y su pueblo, y en donde no habrá ya más ni pecado ni desobediencia. Será un tiempo en el que la presencia de Dios y su bendición serán completas, cuando el pueblo podrá vivir en seguridad completa por siempre. Ese cuadro va más allá de todo lo que fue la pequeña comunidad de Judá después del exilio, y supera también los confines de la experiencia de la iglesia (¡a menos que su iglesia sea tan perfecta como lo describen el versículo 39 y el final del 40!). Éste es un cuadro de aquella relación perfecta entre Dios y su pueblo que nosotros sabemos ocurrirá completamente en la nueva creación. Horizonte 3.

Lista de control

Cuando esté estudiando y predicando a partir de los pasajes de los profetas que hablan de algo que, desde su perspectiva, está en el futuro, formúlese preguntas tales como:

> ➤ ¿De qué manera esta profecía se dirige al pueblo del profeta y habla de su futuro inmediato? ¿De qué manera se cumplió en el período mismo del Antiguo Testamento (Horizonte 1)? Recuerde: comience siempre con una pregunta. Para el caso de algunos pasajes, es posible que sólo una de esas preguntas tenga una respuesta clara. Se trata de una interrogante que se aplica a la *mayoría* de las profecías.

> ➤ Incluso si la predicción se hizo cierta en el periodo veterotestamentario, ¿hay maneras en las que la profecía se cumplió más satisfactoriamente en Jesús y en la iglesia del Nuevo Testamento? ¿Hasta qué punto alcanzó un significado más profundo o adicional a la luz de la venida de Cristo (Horizonte 2)? Esta pregunta puede aplicarse a *algunas* pero no a todas las profecías.

> ➤ ¿Hay alguna manera en la que esta profecía apunta a un cumplimiento final en la perfección del reinado de Cristo en la nueva creación (Horizonte 3)? Esta pregunta puede aplicarse únicamente a unas *pocas* profecías.

> ➤ ¿El Nuevo Testamento cita este texto profético en algún lugar? Si es así, ¿con qué finalidad lo hacen el hablante o el escritor

neotestamentario? ¿El hablante o escritor del Nuevo Testamento conecta las palabras del profeta a los Horizontes 2 o 3, o a ambos?

Como ya lo dije, hay algunos pasajes en los profetas que parecen incluir todos los tres horizontes, y esto puede parecernos confuso al comienzo. Al final del capítulo, uno de los modelos de sermón le prestará atención a ese problema. Recuerde, sin embargo, que los profetas oteaban un futuro en el que, hasta donde ellos podían ver, todo formaba parte de una sola visión. No sabían, ni podían saber, que serían muchos los siglos antes de que arribara el Horizonte 2, y muchos más los siglos desconocidos hasta que el Horizonte 3, que todavía atisbamos, se pueda alcanzar. *Nosotros*, con nuestra perspectiva, podemos ver ahora que sus palabras se han extendido a lo largo de un dilatado periodo de tiempo. *Ellos* vieron las cosas "de frente", sin la perspectiva del tiempo: cosas cercanas y lejanas, como si todas formaran parte de un solo cuadro.

Si usted observa una cordillera a la distancia, le parecerá que sus montañas están todas juntas en una línea en el horizonte, pero cuando se acerca a la zona montañosa, descubre que hay grandes distancias entre los picos más cercanos y los más lejanos. Asimismo, imagínese que observa un tren que se acerca en dirección hacia usted a lo largo de una riel que se pierde en la distancia. Desde su ángulo, sólo puede mirar la locomotora, de modo que detrás de ella el tren queda comprimido o reducido. Sólo cuando usted se hace a un lado, puede observar la longitud del tren desde una perspectiva diferente. Lo que era una sola forma visto de frente, se convierte ahora en una línea larga de vagones que se extienden a lo largo de una carrilera que parece no tener fin. Así sucede con el Antiguo Testamento: algunas profecías pueden tener "una forma singular" vistas "de frente" (el punto de vista del profeta), pero revelan una cadena más extensa a lo largo del tiempo si se las contempla en relación con Cristo y la nueva creación. Vuelvo a repetir que espero que usted pueda percatarse de la importancia que tiene leer cualquier pasaje de la Escritura a la luz de toda la línea de la historia bíblica.

 Ejemplo

Lea Isaías 52.7–11. ¿Puede observar todos los tres horizontes en esta visión fascinante? Básicamente, este texto constituye "buenas nuevas". Eso es lo que anuncia el versículo 7. Son buenas noticias en todos los tres horizontes. En verdad, así predicaría yo este texto (ver el modelo de sermón al final del capítulo).

> - *Horizonte 1.* El profeta quiere estimular y motivar a los exiliados a que preparen su regreso a casa en Jerusalén. Dios ha ganado la victoria: Él reina, y ya ha iniciado su viaje de regreso llevando a los suyos consigo. Es como el Éxodo. Dios redime a su pueblo (que se regocije y regrese a casa). En verdad, eso fue lo que ocurrió. La profecía se cumplió en el Horizonte 1.

> - *Horizonte 2.* Cada dimensión de la buena noticia que anuncia el mensajero es una buena nueva a través de Cristo. El versículo 7 habla del Dios que *reina*. El versículo 8 se refiere al Dios que *regresa*. El versículo 9 habla del Dios que *redime*. Todas esas dimensiones son ciertas en Cristo. Él predicó el reino de Dios. Él fue al templo, como Dios dijo que haría. Él es el Redentor y Salvador a través de su muerte y resurrección. En el Horizonte 2, Jesús es Dios que reina, Dios que regresa y Dios que redime.

> - *Horizonte 3.* Como suele hacerlo, el profeta amplía su visión. Él había comenzado con un mensajero que traía las buenas nuevas a la Jerusalén en ruinas para que los exiliados pudieran regresar y regocijarse (v. 7). Pero en el versículo 10, pasa a un escenario global, a "todas las naciones" y "a todos los fines de la tierra". Esta perspectiva va más allá de cualquier evento que haya acontecido hasta el momento. Sin embargo, a través de la misión de la iglesia, el evangelio "de la salvación de nuestro Dios" llega, en realidad, a "todos los confines de la tierra". La visión última de la profecía apunta al Horizonte 3. Es una profecía que se cumplirá finalmente cuando el Señor Jesucristo regrese para reinar sobre toda la tierra y redima a su pueblo para siempre.

6. Construya el puente

¿Qué podemos decir hoy? Quizás se esté diciendo que necesitamos hablar de un *cuarto horizonte*: el mundo de hoy. Después de todo, nuestra meta es *predicar* a partir de las palabras de los profetas, y eso quiere decir construir el puente del mundo de la Biblia al mundo de hoy. Queremos ver la relevancia de las palabras de los profetas para nuestro mundo y nuestra congregación. Desde luego, eso es sumamente importante. En cierto sentido, encontrar y aplicar el mensaje de los profetas para el tiempo de hoy es similar a hacer ese trabajo en relación con la Ley. Más adelante puede encontrar una lista con preguntas que reflejan lo que ya hicimos en el capítulo 10. Sin embargo, es necesario pensar antes en algunas precauciones que necesitamos tener en cuenta.

➤ No establezca identificaciones dogmáticas con personas, lugares o eventos de los tiempos modernos basadas en las profecías del Antiguo Testamento. Existe toda una industria de gente que manufactura cumplimientos de profecías, especialmente las referentes a "los últimos tiempos". Son personas que toman una palabra o frase de un texto del Antiguo Testamento para decirnos que hablan con toda claridad de algo que ya sucedió, o está a punto de suceder, en el mundo de hoy. Un ejemplo es la predicción que fue muy común en la década de 1970 en el sentido de que las palabras de Ezequiel 38–39 acerca de Gog y Magog se cumplirían mediante una gran invasión al moderno estado de Israel por las fuerzas de la Unión Soviética. Mucha gente hizo mucho dinero escribiendo libros sobre ese tema. Pero todos estaban equivocados, aunque nunca se disculparon ni aceptaron su error. Esa tendencia a aplicar con certidumbre la profecía veterotestamentaria a los eventos modernos es casi siempre cuestionable y errónea. Proceda, entonces, con cuidado. No sea ingenuo, ni siquiera cuando los que predican o escriben esa clase de materiales hacen uso de un lenguaje persuasivo.

➤ Sea cuidadoso para no prometerles a sus oyentes hoy lo que fue prometido únicamente en el periodo histórico del Antiguo Testamento. Dios le hizo al Israel de entonces promesas que cumplió cuando los libró de sus enemigos o cuando los trajo del exilio. Esos cumplimientos pueden ser para nosotros fuente de ánimo, ya que nos enseñan acerca de la fidelidad de Dios, pero no podemos esperar que Dios garantice que hará exactamente lo mismo en el presente o en el futuro inmediato para cualquiera que esté en circunstancias similares en el día de hoy. No podemos usar una profecía del Antiguo Testamento para prometer a los refugiados, por ejemplo, que muy pronto regresarán a su tierra. Con toda confianza podemos apuntar a la salvación de Dios a través de Cristo (Horizonte 2), y decir que Dios, al final, pondrá todas las cosas en orden (Horizonte 3), y sin duda alguna debemos darlo todo por la justicia en el presente en favor de los que sufren y los oprimidos. Sabemos que tal es la voluntad de Dios. Pero no podemos convertir las profecías dadas al Israel del Antiguo Testamento en el Horizonte 1, en la garantía para cada persona en el mundo de hoy.

➤ No hay nación que en el presente esté en una relación de pacto con Dios como lo estuvo el Israel de entonces. Por lo tanto, no debemos predicarle a la sociedad como si ella estuviera en la misma posición en la que estuvo el Israel del Antiguo Testamento. Ningún estado actual es una "teocracia" cristiana, y con esto quiero decir una que verdaderamente honre a Dios como supremo Rey, Legislador y Juez. El pueblo del pacto con Dios hoy en día son aquellos que de toda nación, judíos y gentiles, creen en el Señor Jesucristo y se encuentran diseminados en todas las naciones. Con todo, lo que sí podemos hacer es usar los *principios* que encontramos en la profecía del Antiguo Testamento (y también en la Ley de éste) para cuestionar y desafiar lo que sucede en el mundo secular constituido por las naciones y sus gobiernos. Al igual que los profetas, podemos exponer la injusticia y la opresión, podemos denunciar los terribles efectos dañinos de las idolatrías culturales de todo tipo. Así como ellos, también podemos hablar por los pobres, los marginados y los vulnerables, y condenar a quienes lucran manteniéndolos en ese estado.

➤ No debemos predicar solamente a partir de las partes "lindas" de los profetas. Es fácil tomar promesas tan maravillosas como las de Jeremías 29.11 o Isaías 43.1–2, y predicarlas sin prestar atención a sus contextos. Necesitamos llevar al pueblo de Dios a que escuche todo el mensaje de los profetas, incluidos aquellos en los que denuncian los errores y advierten acerca del juicio de Dios. La iglesia, y no solo la sociedad secular, necesita ser desafiada en lo tocante a la idolatría, la injusticia, la falta de compasión, la desunión, el acomodamiento, etcétera. Éstas son cosas acerca de las cuales los profetas tienen mucho para decir. Si tocamos esos temas, lo más probable es que no seamos populares, en lo cual nos pareceríamos a los profetas. Pero una "predicación profética" debe ocuparse de esos asuntos.

 ## Lista de control

Construir el puente significa que comenzamos con la manera en la que el profeta desafió a su propio pueblo en su contexto en ese tiempo. De ahí pasamos a las formas en las que el mensaje desafía a nuestro contexto contemporáneo en la iglesia o la sociedad. Vamos a seguir una lista de preguntas similares a las que nos planteamos en lo referente a la Ley del Antiguo Testamento al final del capítulo 10.

➢ ¿Cuál fue la situación histórica (hasta donde la conocemos) que el profeta interpelaba?

➢ ¿Cuál fue el propósito, cuáles los objetivos de las palabras del profeta? ¿Cuál fue el punto central que resaltaba?

➢ ¿A quién estaba el profeta condenando, o aplaudiendo, y por qué?

➢ ¿Qué estaba sucediendo y acerca de qué hablaba el profeta, y por qué?

➢ ¿Cuáles problemas o prioridades puede ver en lo que el profeta dice insistentemente una y otra vez?

➢ ¿El mensaje del profeta en este pasaje fue mayormente una amenaza y una advertencia, o una promesa y una esperanza? En cualquier caso, ¿qué quería ver el profeta en el pueblo como respuesta?

➢ ¿Cómo resumiría la palabra de Dios dada a través del profeta al pueblo de Israel *en ese tiempo*?

Ahora cruce el puente del mundo del profeta al mundo de hoy:

➢ ¿Qué nos diría el profeta a nosotros hoy?

➢ ¿Qué comparaciones puede hacer entre lo que sucedía en Israel en los tiempos del profeta y los de la iglesia y el mundo de hoy?

➢ ¿Qué condenaría o alabaría el profeta hoy, y por qué?

➢ ¿Por cuáles razones necesitamos arrepentirnos?

➢ ¿Por cuáles razones necesitamos tener esperanza y fe?

➢ ¿Qué tono del sermón reflejaría el tono de este pasaje? ¿Ánimo? ¿Represión? ¿Advertencia? ¿Esperanza? ¿Desafío al cambio? ¿Promesa? ¿Fortalecimiento de la fe?

Trate de predicar de una manera que exprese el núcleo central del pasaje y con el mismo tono. Si Jeremías o Amós, o cualquier otro profeta sobre el cual esté predicando, escucharan su sermón, usted querría que ellos piensen: ¡Eso es! Eso es lo que quiero decir (más o menos). ¡Predica!

Modelos de bosquejos para sermón

Seleccione dos pasajes para ilustrar los dos temas mayores de los profetas: juicio y esperanza. La meta del primero es permitir que la gente vea que algunos de los pecados que Jeremías condenó pueden verse en la iglesia de hoy, y así animarlos al arrepentimiento. La meta del segundo es permitir que la gente vea que las buenas nuevas (evangelio) de Jesús ya se habían anunciado en el Antiguo Testamento, y que Dios les dio a los exiliados un mensaje de esperanza que más tarde serían buenas nuevas para todo el mundo.

Promesas rotas: cisternas rotas

Jeremías 2

Contexto: Jeremías 2 es probablemente una de las primeras predicaciones del profeta. La reforma del rey Josías estaba en todo su furor, pero Jeremías no veía cambios reales en los corazones y las vidas de la gente. Dios vio a quienes lo decepcionaban (vv. 1–8), los que eran desleales al pacto (vv. 9–13) y los que se engañaban a ellos mismos (vv. 14–37). Todos iban rumbo al desastre.

1. Decepción (vv. 1–8)

Dios recuerda con nostalgia los primeros tiempos de Israel (vv. 1–2) y los contrasta con su comportamiento posterior (vv. 5–8).

a) ¡Oh, la luna de miel! (vv. 1–3)

Pero todo está en el pasado. Comparar con Oseas 9.10; 11.1.

b) La ingratitud (vv. 4–8)

Habían olvidado lo que Dios hizo por ellos. Jeremías señala tres áreas en las que Israel obraba mal, cada una de las cuales tiene equivalentes modernos.

➤ Iban tras lo que no tiene valor (v. 5$_b$).
➤ Malgastaban lo que tiene precio (vv. 6, 7).
➤ Sus líderes decepcionaban a todo nivel: religioso, legal y político (v. 8).

2. Deslealtad (vv. 9–13)

"Yo los acuso" (v. 9). Este lenguaje usa el cuadro de una corte en la que Israel es el reo y Dios el fiscal y juez. Israel había roto el pacto. Jeremías condena su deslealtad:

a) No es natural (vv. 10–12)

Otras naciones tenían otros dioses, que en realidad no son dioses. Pero esas naciones al menos eran leales a sus no-dioses, mientras que Israel conocía al único Dios viviente, ¡y lo cambiaba por ídolos sin valor alguno! Qué sorpresa más chocante. Era espantoso.

b) No producía ganancia (v. 13)

La imagen de una fuente de agua viva abandonada y la de una cisterna inútil, rota, goteante. Una poderosa escena de esterilidad. Cuando usted le vuelve la espalda a Dios y trata de ingeniar su propia solución, toda la tarea puede ser estúpida y una pérdida de esfuerzo.

Algunas de las cosas que Israel estaba haciendo incluían:

➤ Alianzas políticas (vv. 14–18, 36–37). Intentos por encontrar seguridad en alianzas militares y políticas que no eran más que evidencias de la falta de confianza en Dios.
➤ Religión de "prosperidad" (vv. 20, 28). El culto a la salud, la riqueza, el sexo y la fertilidad.

Todas estas cosas encuentran sus equivalentes modernos cuando los cristianos tratan de hallar su seguridad o felicidad en toda clase de alternativas atractivas que los alejan de la confianza en Dios.

3. Engaño (vv. 14–37)

¡Lo peor de la condición de Israel era que la negaban! Los israelitas insistían en que no había nada malo en lo que hacían. Así que:

a) Su pecado, no lo reconocieron (vv. 23, 35)

Es de asombrarse. Se mantuvieron firmes alegando su inocencia.

b) Su culpa, no la ocultaron (v. 22)

"Lejía para lavarse; mucho jabón", puede ser una referencia a las reformas de Josías. Pero Jeremías las vio como arreglos cosméticos, exteriores. Su culpa permanecía.

Conclusión: El único remedio: un llamado al arrepentimiento (caps. 3–4.4).

La luna de miel (2.1–3) terminó en divorcio (3.1). ¿Pero hay alguna posibilidad de restauración? Jeremías, en los capítulos 3 y 4 insta a Israel a que se vuelva y regrese. No podemos predicar todos esos capítulos en este sermón, pero cuando nos enfrentamos a la verdad de lo que Dios expone en el capítulo 2, tenemos que mostrar que el arrepentimiento y el cambio genuinos son la única respuesta.

Desafío: ¿En cuáles aspectos de nuestra vida es posible que…

➤ decepcionemos a Dios a pesar de todo su amor y generosidad?

➤ seamos desleales a Dios yendo tras los ídolos de nuestra cultura a nuestro alrededor?

➤ nos engañemos a nosotros mismos diciéndonos que eso no es de importancia?

Regresen a la fuente de agua viva.

¡Nuestro Dios reina!
Zapatillas para correr
la carrera de la misión
Isaías 52.7–11

Pulso: ¡El evangelio del reino de Dios es una buena noticia! La buena noticia que dio esperanza a los exiliados; la buena noticia que se cumplió en Jesús; y la buena noticia a la que nos aferramos en esperanza en medio de los problemas del mundo de hoy. ¡Buenas noticias para compartir!

Contexto: Israel en el exilio. Jerusalén en ruinas. Esperanzas y añoranzas. ¿Será que pueden retornar? El profeta pinta en su cuadro a alguien que mira hacia el oriente, añorando, esperando a ver si Dios y los exiliados regresarán. Luego ve a una sola persona que corre y trae las buenas nuevas. ¡Dios ha ganado la victoria! ¡Dios va camino a casa!

1. Buenas noticias para los exiliados (el texto en su contexto del Antiguo Testamento. Horizonte 1)

a) Dios reina (v. 7)

➤ "Paz"
➤ "Bienestar"
➤ "Salvación"

Cada una de esas palabras tienen un rico significado en el Antiguo Testamento, los cuales ahora podemos extraer. Cuando Dios reine habrá paz, la vida será buena (tal como pretendió que fuera en la creación) y todos seremos salvos. El mensajero traía un "evangelio", una buena noticia a los exiliados, que se coronó con su clímax: "¡Tu Dios reina!".

b) Dios regresa (v. 8)

A la voz del maratonista se unen los gritos de júbilo de los centinelas porque pueden ver que Dios mismo regresa a la ciudad.

c) Dios redime (vv. 9–10)

El profeta hace que las ruinas de Jerusalén se unan en la canción de júbilo. Dios consuela y redime a su pueblo, otras de las palabras del Antiguo Testamento ricas en significado. Luego, el versículo 10 abre el texto al mundo entero: *...todos los confines de la tierra* [...]. Sorprendente, pero en realidad son palabras que corresponden a toda la historia en la Biblia. Lo que Dios hizo por Israel a la larga es para bendecir a todas las naciones (Gn 12.1–3).

"El brazo" del Señor (v. 10), una imagen de Dios que entra en acción y que también aparece en 40.10–11 y 53.1 y el resto del capítulo.

> ➢ Poder con compasión
> ➢ Victoria en la batalla
> ➢ Sufrimiento y muerte

2. Buenas noticias en Jesucristo (el texto en su contexto del Nuevo Testamento. Horizonte 2)

Hay una canción cristiana que canta: "Ve, díselo a los montes, que Jesucristo nació". Quizás fue inspirada en este pasaje. Tiene sentido mirar este texto como una buena nueva, no sólo para los exiliados del Israel del Antiguo Testamento, sino también como una descripción de lo que Jesús vino a ser y hacer. El idioma de las buenas noticias, la paz, la salvación, la redención, el reinado de Dios resuena en el Nuevo Testamento porque todas esas expectativas se hacen realidad en Jesucristo.

a) Jesús fue y es Dios que reina

Él anunció la llegada del reino de Dios.

b) Jesús fue y es Dios que retorna

Jesús cumplió las profecías de Malaquías 3 y Zacarías 9: Dios regresa a su templo y a su pueblo. Y volverá de nuevo.

c) Jesús fue y es Dios que redime

El "santo brazo" del Señor se extendió en la cruz para la salvación del mundo.

3. Buenas noticias para nosotros y el mundo (el texto en el mundo de hoy con esperanza futura. Horizonte 3)

a) ¿Qué significa para mí decir hoy que...

- Jesús es el Dios *que reina*? Significa que busco discernir los signos del reinado de Dios en acción en el mundo. Jesús, no César, es el Señor. Yo miro al mundo con ojos de fe.
- Jesús es el Dios *que retorna*? Significa que los sitios desolados reverdecerán (Sal 96.10–13). Tengo esperanza.
- Jesús es el Dios *que redime*? Significa que la tierra entera verá la salvación de Dios. Tengo gozo en anticipación a ese futuro.

Eso es lo que significa para mí y, espero, para todos los cristianos. Pero...

b) ¿Qué significan esas verdades para la gente a nuestro alrededor?

¿Qué significa para la gente en la calle que Jesús es el Señor que reina sobre toda la historia, el Rey de la creación y el Redentor y Salvador del mundo?

¡Nada! A menos que alguien se lo diga.

Ésa es la razón por la cual Romanos 10.12–15 le hace eco a nuestro texto: *Qué hermosos son, sobre los montes, los pies del que trae buenas nuevas* [...] (Pablo convierte al maratonista de Isaías 52.7 en un grupo de corredores), todos nosotros podemos ser mensajeros de las buenas noticias. No hay nada especialmente hermoso en los pies, excepto cuando calzan las zapatillas del evangelio y lo llevan a todo el mundo.

"Ve, díselo a los montes, que Jesucristo nació", y que reina, regresa y redime.

Capítulo 13

Llegando a conocer los Salmos

¿A usted le gusta predicar el libro de los Salmos? Espero que la respuesta sea "¡Sí!". A mí me fascina. Eso nos hace buenos compañeros. Jesús usó los Salmos en sus predicaciones y enseñanzas con una frecuencia más alta que otros libros del Antiguo Testamento. La mayoría de los escritores del Nuevo Testamento también lo citan a menudo.

Los Salmos son tan centrales. No solamente es el lugar en donde nuestras Biblias tienden a abrirse si las abrimos al azar, ya que se encuentran justo en la mitad, sino que también es el libro al que han acudido millones de creyentes, tanto judíos como cristianos, a lo largo de los siglos, y encontrado allí palabras para virtualmente toda ocasión y experiencia: palabras de fe y esperanza, de dolor y consuelo, de alegría y tristeza, de acción de gracias y de lamento, de confesión y perdón, de ánimo y paz. Los Salmos hablan de Dios como realmente es, y acerca de la vida como suele ser. Le hablan a nuestro corazón y nos dejan hablar desde nuestro corazón. No nos sorprenda que sea una fuente fascinante para predicadores. Puede parecer muy sencillo tomar las palabras de algunos Salmos y predicarlas simple y directamente. Mi expectativa es que al finalizar este capítulo usted pueda seguir haciéndolo, pero con una profundidad, un entendimiento y un aprecio mayores.

1. Canciones en poesía

La primera cosa que debemos conocer es que los Salmos fueron básicamente canciones que los israelitas entonaban, y, como todas las canciones, se compusieron en forma de poesía. Hoy sólo nos basta con llamar "letra" a las palabras de las canciones. Los Salmos también tienen su letra, palabras que se diseñaron para que fueran cantadas al ritmo de algún tipo de música. Algunos de los Salmos vienen con subtítulos que indican sugerencias musicales acerca de los instrumentos o tonalidades a usar. Es poco, casi nada, lo que sabemos acerca de esos términos, pero nos recuerdan que debemos leer, cantar y predicar los Salmos por lo que realmente son: poesía.

La poesía asume formas distintas en diferentes idiomas y culturas. En español, un alto porcentaje de la poesía, hasta épocas recientes, apelaba a dos elementos básicos: metro y rima. En el verso hebreo, el metro, o la métrica, se refiere al número de palabras acentuadas o partes de esas palabras en cada verso o renglón. Así se establece un ritmo y se crean pausas entre las palabras. La rima significa que las palabras al final de cada verso deben sonar de manera similar, bien sea uno tras otro, o de manera alternada o siguiendo algún patrón.

En la poesía hebrea no había esa preocupación con la rima al final de cada línea, pero los poetas se esforzaban por cultivar una métrica. Con frecuencia usted encuentra que los versos, o líneas, de los poemas siguen un patrón de tres sílabas acentuadas, seguidas por otras tres, o a veces dos (3 + 3 o 3 + 2). Eso era lo que se hacía en el hebreo original, desde luego, y no siempre es posible reflejarlo en nuestras traducciones. Casi siempre tenemos que usar más palabras en la traducción al español que las que se usaron en la poesía hebrea original.[30] A medida que lea un salmo, usted puede observar que la mayoría de las líneas son generalmente de la misma extensión, lo cual muestra que el hebreo subyacente sigue un patrón métrico y rítmico.

Miremos a continuación algunos rasgos importantes de la poesía bíblica.

a) *Escuche el eco*

Hay un rasgo común y típico de la poesía hebrea que encontramos, no solo en los Salmos, sino también en otras partes del Antiguo Testamento que fueron escritos en poesía, como los Proverbios, Job y muchos mensajes de los profetas. Se trata del rasgo que conocemos con el nombre técnico de *paralelismo*. Este recurso consiste en un ardid que permite decir más

---

[30] Por ej., el Salmo 23.1 tiene ocho palabras en español: *El Señor es mi pastor, nada me falta* […], pero el hebreo original necesita solamente cuatro.

o menos la misma cosa dos veces (en paralelo), pero con variaciones menores de tal manera que no suene repetitivo.

Me gusta concebirlo como el *efecto estéreo*. Dios nos ha dado dos oídos de tal manera que cuando escuchamos algo en estéreo lo que oímos son dos bandas sonoras en paralelo, por así decirlo, en cada lado de la cabeza. El efecto combinado resulta en la creación de un sonido singular, casi tridimensional (3D) en el cerebro. Los compositores hebreos usaron esta técnica del paralelismo como un mecanismo para ganar resonancia y enfatizar lo que estaban diciendo o cantando dándoles así una profundidad mayor.

En nuestras Biblias, la poesía hebrea aparece en versos o líneas. El primer verso figura en la margen izquierda, y el segundo, y a veces también el tercero, aparecen con una sangría que los empuja un poco más a la derecha. Usualmente, aunque no siempre (los poetas hebreos fueron libres y francamente informales en el estilo en el que escribieron), el segundo o tercer verso forman una especie de paralelismo con el primero, o lo conectan de alguna manera que resulte obvia.

A continuación veremos algunas clases de paralelismo con unos ejemplos para cada caso.

i) Lo mismo nuevamente

A esta clase la llamamos *paralelismo de repetición*.[31] Éste es probablemente el más común y con el que estamos más familiarizados. El salmista expresa una afirmación y luego lo vuelve a hacer pero usando palabras ligeramente diferentes, o alterando el "sabor" de lo que dijo. Por ejemplo:

> Los cielos cuentan la gloria de Dios,
>> el firmamento proclama la obra de sus manos.
> Un día comparte al otro la noticia,
>> una noche a la otra se lo hace saber *(Sal 19.1–2)*.

> No te irrites a causa de los impíos
>> ni envidies a los que cometen injusticias;
> porque pronto se marchitan, como la hierba;
>> pronto se secan, como el verdor del pasto *(Sal 37.1–2)*.

---

31 La palabra técnica es "paralelismo sinónimo" o "paralelismo de sinonimia".

En este tipo de paralelismo usted necesita entender que el escritor está enfatizando una sola idea, así la extienda a lo largo de dos o más versos. Nos corresponde a nosotros juntar las piezas y conectarlas de tal modo que tengamos su sentido completo. En el primer ejemplo, los cielos y el firmamento no están proclamando dos cosas separadas. No. La gloria de Dios es vista en la obra de sus manos. Y no es que se está haciendo una cosa durante el día y otra diferente durante la noche. No. El universo revela la verdad acerca de Dios todo el tiempo.

Tómese un momento ahora para leer algunos salmos al azar para que pueda identificar esa clase de paralelismo. Observe lo que se consigue al usar esa técnica que enriquece y profundiza lo que se está diciendo.

ii) Parejas de opuestos

A esta técnica la podemos llamar *paralelismo de contraste*.[32] Ocurre cuando el segundo verso, o línea, refuerza el primero diciendo lo opuesto en una forma negativa. Por ejemplo:

> Le has concedido lo que su corazón desea;
>> no le has negado lo que sus labios piden *(Sal 21.2)*.

> …pues he andado en los caminos del SEÑOR;
>> no he cometido mal alguno
>> ni me he apartado de mi Dios *(Sal 18.21)*.

> Tú das la victoria a los humildes,
>> pero humillas a los altaneros *(Sal 18.27)*.

Esta forma de paralelismo es más común en el libro de Proverbios. Vuelvo a repetir, se trata de una forma de fortalecer un punto llevándonos a pensar en el contraste que se establece con su opuesto.

iii) Y otra cosa

A esta variante la podemos llamar *paralelismo de suplemento*.[33] Esta técnica consiste en lograr que un segundo o tercer verso, o línea, enriquezca la idea del primero *añadiéndole* contenido significativo. Todos los versos

---

[32] La palabra técnica es "paralelismo antitético".

[33] La palabra técnica es "paralelismo sintético". Usted no necesita recordar la nomenclatura técnica. Estoy seguro de que no le hará falta en el púlpito.

apuntan en la misma dirección y sus voces combinadas expresan toda la idea que se proponen comunicar. Sin embargo, los paralelos no repiten simplemente lo que ya dijo el primer verso, sino que de manera sustancial lo rellenan o le agregan una dimensión más. Vale la pena repetir que no debemos aislar cada línea, cada verso, sino ver cómo trabajan todos juntos para completar la idea que buscan expresar. Por ejemplo:

> Alaba, alma mía, al Señor,
>> y no olvides ninguno de sus beneficios.
> Él perdona todos tus pecados
>> y sana todas tus dolencias;
> él rescata tu vida del sepulcro
>> y te cubre de amor y compasión *(Sal 103.2–4).*

> La palabra del Señor es justa;
>> fieles son todas sus obras.
> El Señor ama la justicia y el derecho;
>> llena está la tierra de su amor *(Sal 33.4–5).*

A veces las palabras se agrupan como si fueran escalones o peldaños: repiten y luego añaden algo más a medida que van avanzando.

> El Señor reina, revestido de esplendor;
>> el Señor se ha revestido de grandeza
>> y ha desplegado su poder.
> Ha establecido el mundo con firmeza;
>> jamás será removido.
> Desde el principio se estableció tu trono,
>> y tú desde siempre has existido.
> Se levantan las aguas, Señor;
>> se levantan las aguas con estruendo;
>> se levantan las aguas y sus batientes olas.
> Pero el Señor, en las alturas, se muestra poderoso:
>> más poderoso que el estruendo de las muchas aguas,
>> más poderoso que los embates del mar *(Sal 93.1–4).*

¿Por qué estamos observando este rasgo de los Salmos, su paralelismo característico? ¡No es que pretendamos estimularlo a que lo implemente repitiendo todo lo que usted dice en su sermón! Algunos predicadores hacen eso. Por el contrario, la *intención* es que podamos sentir la textura y la profundidad de la poesía en los Salmos. Su lenguaje ha sido entretejido de maneras tan creativas y bellas. Cuando predicamos desde los Salmos, así no poeticemos en nuestra predicación, debemos llevar a que nuestra congregación aprecie no sólo lo *que* el texto dice, sino también *cómo* lo dice. El idioma de los Salmos resuena, su eco repercute y ese acento nos ayuda a recordarlo con mayor facilidad.

Haga una pausa y lea algunos salmos cortos, preferiblemente en voz alta. Procure sentir este rasgo de su poesía y apreciar la fuerza que le aporta a lo que dice. Escuche su eco. Escúchelo en estéreo.

b) Observe las imágenes

La poesía es una forma de expresión muy vívida. Apela a las imágenes mentales y las comparaciones llamativas. Con frecuencia una sola imagen puede desatar nuestra imaginación. Una metáfora fuerte puede ser más poderosa que mil palabras.

Un día David estaba pensando en cuánto se gozaba en el cuidado que Dios le prodigaba, en su orientación, en su protección en medio de los problemas y en su generosidad al proveer para sus necesidades. Pudo simplemente haber dicho todo eso y luego ampliar cada una de esas declaraciones con verdades teológicas acerca de Dios, más algunas ilustraciones prácticas tomadas de su experiencia. Pudo haber escrito todo un ensayo acerca de Dios, o quizás una carta larga al estilo del apóstol Pablo.

Sin embargo, David se quedó mirando las ovejas que estaba cuidando y sólo dijo dos palabras (en hebreo): *El Señor es mi pastor* […]. Con esa sola imagen, dio comienzo al Salmo más tierno y memorable en todo el libro. Creó, así, todo un mundo para nuestra imaginación.

Esa declaración es una metáfora, por supuesto. Echa mano de una realidad (la vida y el trabajo de un pastor con sus ovejas) para describir otra realidad (el cuidado de Dios para su pueblo). El salmista en realidad habla de la segunda de esas realidades (el blanco de la metáfora). La primera es la que usa para establecer una comparación (la fuente de la metáfora).

Los Salmos rebosan de metáforas como ésa; toda una gama de pinturas mentales.

Muchos de ellos se refieren a Dios. ¿En qué piensa usted cuando los salmistas hablan de Dios usando imágenes como las siguientes: una roca, un escudo, una fortaleza, una torre fuerte, un león rugiente, un auriga, un padre, un rey, un constructor? Por supuesto, Dios no es nada eso, *literalmente* hablando, pero cada una de esas figuras es una metáfora que habla poderosa e ingeniosamente acerca de Él. Cada metáfora transmite una verdad en maneras en que las descripciones abstractas no pueden emular.

Algunas metáforas hablan de las experiencias humanas. Los salmistas hablan de quedar atrapados en el lodo o ser arrastrados por una corriente en una inundación. Se sienten rodeados de bestias salvajes o aprisionados contra el suelo. Se comparan a un odre que se seca y se hace humo, o a un gusano de tierra. O también, saltan de contentos como los becerros, o cuentan con cuernos como los de un toro que levantan en victoria. Los salmistas pueden estar sobre una roca, o escondidos bajo las alas de un ave enorme. Pueden florecer como una palmera u hollar leones y serpientes. Todas ésas son imágenes que relatan diferentes tipos de experiencias.

Algunos salmos dibujan una creación que responde a los actos de Dios. Las montañas se derriten o saltan como corderitos. Los árboles bailan. Los ríos aplauden de contento. Los campos se regocijan.

Cuando prediquemos desde los Salmos, dejemos que esas imágenes hagan su trabajo. A veces necesitan ser explicadas, pero no llegue al punto de dar una explicación detallada de cada imagen vivaz. Permítales capturar la imaginación de su congregación.

Algunas palabras de precaución:

➢ No trate de comprimir todo en una sola metáfora. Por ejemplo, aunque el Salmo 23 comienza con la imagen de un pastor y sus ovejas, no persiste en esa metáfora hasta el final. En el versículo 5 da el paso hacia otra imagen: un anfitrión se prepara para atender a sus invitados con una cena suntuosa. Los pastores no ponen la mesa para que sus ovejas festejen, ni ungen sus cabezas con aceite, ni les dan de beber en copas. Eso es lo que hace un anfitrión. David compara a Dios *con un* pastor tierno *y un* anfitrión generoso, a la vez. Mezcla las dos imágenes con habilidad, pero se trata de cuadros diferentes.

➢ No fuerce demasiado una metáfora ni vaya más allá de su punto central de comparación. Sólo porque el Salmo 23 describe a Dios como un pastor, no vamos tampoco a comportarnos como ovejas. La metáfora significa, ciertamente, que debemos seguir a nuestro pastor y confiar en Él, pero las ovejas típicamente se descarrían y deambulan a sus anchas, por su propia cuenta, y eso es algo poco recomendable (Is 53.6). Procure mantenerse en el punto central de la metáfora tal como la Biblia la usa en su contexto particular y no la extienda hasta donde su imaginación descontrolada la quiera llevar.

c) *Sienta la emoción y comparta la experiencia*

La poesía habla en un idioma de experiencias y le da voz a todos los sentimientos que arropan a las diferentes vivencias. La gama de experiencias y de emociones en el libro de los Salmos es supremamente vasto. Aquí ofrezco algunas muestras de las emociones que podemos encontrar. Es muy fácil escribir referencias en los Salmos para cada una de ellas:

➢ Gozo y felicidad
➢ Gratitud y agradecimiento
➢ Maravilla y asombro
➢ Dolor y herida
➢ Ira y amargura
➢ Remordimiento y pesar
➢ Perplejidad sin respuesta
➢ Añoranza
➢ Agonía
➢ Esperanza
➢ Confianza
➢ Alivio

Los salmistas describen toda clase de situaciones. Usted puede encontrar que sus salmos hacen mención de:

➢ Estar solo
➢ Estar con mucha gente
➢ Ser acusado falsamente
➢ Estar en un gran peligro o angustia
➢ Estar enfermo, al borde de la muerte
➢ Sufrir pérdida o algún daño
➢ Ser rescatado del peligro
➢ Sentirse culpable por haber cometido algún pecado

➤ Sentirse agradecido por los dones y las acciones de Dios
➤ Ir en camino a Jerusalén para adorar a Dios
➤ Ir a la batalla
➤ Regresar de la batalla
➤ Coronar a un nuevo rey
➤ Dar testimonio en el culto público
➤ Contemplar la ciudad y el templo destruidos
➤ Ir al exilio

Un punto interesante acerca del libro de los Salmos es que originalmente fueron canciones escritas por personas que se dirigían a Dios, o a otras personas, por ejemplo, llamándolas a adorar a Dios. Son palabras *humanas* que se dirigen, mayormente, *a Dios*. Sin embargo, ahora las leemos como parte de la Biblia, esto es, como palabra *de Dios a nosotros*. Ésa es la razón por las que somos capaces de *predicarlas*. Cuando predicamos desde cualquier otra parte de la Biblia le estamos diciendo a la gente: "Esto es lo que creo que Dios quiere decirnos el día de hoy a partir de lo que ya dijo en este pasaje de la Biblia". En ese sentido, los Salmos se han convertido en el mensaje de Dios para nosotros, y no son solamente palabras humanas dirigidas a Él.

Creo que existen varias razones para que se haya producido este cambio, esto es, de palabras escritas tiempo atrás como palabras humanas dirigidas a Dios, a palabra de Dios dirigida a nosotros.

La primera razón es que *Dios quiso que ocurriera de este modo*, pues, si bien estas canciones provienen de los corazones y las mentes reales de sus autores (quienes sintieron, pensaron y dijeron todo eso por sí mismos), el plan de Dios fue que aquello que escribieron y coleccionaron llegara a ser parte de su palabra inspirada. En ese sentido, los Salmos no son diferentes de otras partes de la Biblia: son palabras humanas que Dios inspiró para que fueran parte de su palabra.

La segunda razón es *la forma tan profunda en la que Dios se involucra en las experiencias y las emociones que están presentes en los Salmos*. Dios se encontraba justo ahí en las situaciones que vivieron los salmistas. Asimismo, quienes posteriormente coleccionaron los Salmos para que los cantaran las generaciones posteriores de Israel, se dieron cuenta de que, a través de las palabras de los escritores originales y de las circunstancias a las que se enfrentaron, *Dios podía seguir hablándoles* una y otra vez. De la misma manera, al tener esas canciones en nuestra Biblia, *Dios también nos habla* a todos nosotros, quienes igualmente nos vemos envueltos en situaciones semejantes y sentimos la misma clase de emociones.

Eso es lo que sucede cuando predicamos los salmos con fidelidad. A fin de predicarlos genuinamente necesitamos *entrar en la experiencia y las emociones de los escritores*. No lea los Salmos con frialdad, como si fuesen nada más que "doctrina en verso". Los Salmos, en efecto, contienen grandes verdades acerca de Dios, el mundo y nosotros (sobre esto volveremos más adelante), pero son, ante todo, cánticos en poesía llenos de vida real y emociones reales. Trate de verlas, oírlas y sentirlas. Identifique en su preparación el *estado de ánimo,* así como el *mensaje* de cada salmo, e inclúyalos en su predicación.

2. Canciones en variedad

En nuestro culto cristiano contamos con una gran variedad de canciones para cantar. Estamos familiarizados con la diferencia entre un himno tradicional compuesto con versos regulares y una tonada conocida, y una canción breve o coro de alabanza moderna, o algo que corresponde al repertorio de un grupo o un solista. Tenemos canciones para toda ocasión: villancicos navideños, himnos de Semana Santa, himnos de acción de gracias, himnos para la Santa Cena, himnos asociados a bodas o funerales, etcétera. El himnario del Antiguo Testamento también clasifica los salmos según diferentes categorías, y vale la pena conocer los más importantes y sus características.

Eso puede ser de ayuda cuando estudiemos un salmo con el deseo de predicarlo. Así podemos pensar no solamente en lo que las palabras dicen, sino también en *qué clase de salmo* es el que estamos trabajando. Nos puede ayudar a discernir la estructura del salmo el flujo de su pensamiento.

A continuación menciono las categorías más importantes.[34] Tómese unos minutos para mirar los ejemplos que menciono a pie de página en cada categoría. Lea algunos de los que aparecen al mencionar cada categoría para que pueda sentir la forma y estructuras propias de cada

---

[34] Los estudiosos de la Biblia presentan muchos otros tipos de Salmos y subdividen esas categorías en otras más pequeñas. Mi propósito es expresar las cosas de manera simple.

tipo de salmo. Invertir algún tiempo leyendo algunos salmos en cada categoría le permitirá entender sus diferencias.

a) *Himnos de alabanza*[35]

La alabanza es el elemento más fuerte en los Salmos. De hecho, el título de todo el libro es simplemente "Las alabanzas", en hebreo. Alabar no quiere decir tan sólo cuán feliz es usted. La alabanza puede incluir el lamento, tal como veremos más adelante, pero hay muchos Salmos que constituyen lo que podríamos llamar "alabanza pura", lo cual es, por supuesto, alabanza a Dios. El salmo más corto nos da un ejemplo perfecto de los elementos claves que están presentes en esos himnos de alabanza: Salmo 117:

> ¡Alaben al Señor, naciones todas!
> > ¡Pueblos todos, cántenle alabanzas!
> ¡Grande es su amor por nosotros!
> > ¡La fidelidad del Señor es eterna!
> ¡Aleluya! ¡Alabado sea el Señor!

La estructura es:

i) Un llamado a la alabanza

Puede ser un llamado muy general, o dirigido específicamente a otros israelitas, o (como se pretende aquí) al resto del mundo. Puede ser corto o extenso. A veces simplemente se asume cuando el Salmo se lanza en su alabanza a Dios.

ii) Razones para la alabanza

Éste es el elemento central. Con frecuencia, pero no siempre, se introduce con los conectores "pues" o "porque". El salmista está diciendo: "Les hago un llamado a alabar al Señor Dios y aquí les digo por qué deben hacerlo". Los himnos de alabanza dan toda clase de razones, pero por lo general señalan una de dos causas, o ambas: o bien *describen* a Dios —su grandeza, carácter, bondad, fidelidad, etcétera— o *declaran* lo que Dios ha hecho —sus grandes actos de creación y redención—. La alabanza de Israel está siempre llena de contenido y sustancia. Los salmistas no se

---

[35] Los himnos de alabanza incluyen salmos tales como 8, 33, 47, 65, 66, 100, 103, 104, 111, 113, 117, 145–150.

encuentran simplemente levantando los ánimos, induciendo la alegría y armando ruido. Tenían *razones* por las cuales el pueblo debería alabar a Dios. Todas en las que usted pueda pensar.

iii) Un llamado renovado a la alabanza

Éste puede ser un llamado breve (un rápido "¡Aleluya!" para terminar), o una reflexión más extensa. A veces es un llamado que puede llevar a una invitación a *confiar* en Dios por las mismas razones por las que se nos llama a *alabarlo*. Por ejemplo, considere el Salmo 33. Empieza con un llamado a la alabanza (vv. 1–3), y termina con una afirmación de confianza y esperanza (vv. 20–22). En la mitad, da las razones para la alabanza y el fundamento de la esperanza. Es un himno clásico de alabanza.

En cierta medida, los himnos de alabanza son los Salmos que se prestan más directamente a ser predicados. Su foco central es Dios mismo y persiguen el mismo objetivo de la predicación bíblica: estimular al pueblo a que conozca a Dios y lo adore por lo que es y lo que ha hecho.

Comparto a continuación un pequeño consejo para que se sumerja en los Salmos de alabanza. Cuando lea lo que el salmista dice acerca de Dios, póngase en su situación, un israelita de antaño, muchos siglos antes de Cristo, y hágale esta pregunta: "¿Cómo sabes todo eso acerca de Dios?".

 Ejemplo

Vuelva al Salmo 33.4–5. El salmista dice:

> La palabra del Señor es justa;
>> fieles son todas sus obras.
> El Señor ama la justicia y el derecho;
>> llena está la tierra de su amor.

Cuando predico desde este salmo, suelo decir: "Preguntémosle al salmista: ¿Cómo sabes esas cosas de YHWH, el Dios de Israel?'". Imagino, entonces, al salmista diciendo: "Permítame contarte una historia. Nuestro Dios probó su fidelidad, su justicia y su amor en los grandes eventos del Éxodo y el desierto. Así sabemos cómo es Dios y ésa es la razón por la que lo alabamos".

Pero esa respuesta provoca otra pregunta (e insisto que en nuestra predicación podemos hacerle preguntas al salmista en nuestra conversación imaginaria): "Tú dices que toda la tierra está llena del amor de Dios; pero ¿cómo puede ser eso posible? ¿Cómo puede la tierra entera experimentar lo que Israel conoce acerca de la fidelidad, la justicia y el amor transformadores de Dios?". El salmista responde señalando que el Dios que redimió a Israel es el mismo que creó todo el universo. Las estrellas, los mares y la tierra, todos ellos vienen de su mano; Él tiene el poder para gobernar la tierra (vv. 6–9), y Él, en realidad, es el que gobierna. El salmista continúa diciendo que el Dios que creó la tierra también controla la historia (vv. 10–11). Todas las naciones de la tierra le rinden cuentas (vv. 13–15). El mejor lugar para depositar nuestra confianza no es en los recursos humanos, sino solamente en Dios (vv. 16–19), y es eso lo que los cantores del Salmo hacen al final del poema (vv. 20–22).

¿Nota que al ponerse en el mundo del autor, usted llega a entender su perspectiva de Dios a partir de lo que él sabía en ese momento acerca de la historia de Israel? Claro que nosotros sabemos mucho más. Sabemos que Dios creó el mundo a través de Cristo, quien lo redimió y lo gobierna. Cristo es Señor del cielo y de la tierra y Señor de la historia. Podemos conectar las grandes verdades del Nuevo Testamento con las alabanzas en el Antiguo. ¡Ésa es una buena predicación bíblica!

b) Acciones de gracias[36]

La acción de gracias es similar a la alabanza pero con su lente enfocado en un hecho en particular que Dios ha obrado en la experiencia del autor del Salmo o en la del pueblo con el que quiere cantar.

La mayoría de los Salmos de gratitud provienen de individuos y se refieren a una acción de Dios por la que están agradecidos. Pueden haber sido librados de los enemigos, la enfermedad o la muerte; haber obtenido la victoria en una batalla, o haber visto que sus pecados fueron perdonados. Estos salmos, con frecuencia, incluyen otros elementos, tales como traer una ofrenda de gratitud en cumplimiento de un voto, o dar testimonio en la congregación de los que adoran.

---

[36] Los salmos de gratitud incluyen 18, 30, 32, 34, 40, 66, 92, 116, 118, 138.

Algunos salmos de agradecimiento son comunitarios, cuando todo el pueblo le da gracias a Dios por una buena cosecha o por haberlos librado de sus enemigos (por ej., Sal. 65, 124).

La gratitud no es solamente una emoción. Es una disciplina espiritual sumamente importante. Estos Salmos los podemos usar para animar a nuestra a gente a dar sinceras gracias a Dios y hacerlo con regularidad. Ésa es una parte esencial de una vida cristiana saludable.

c) *Lamentos*

A decir verdad, ésta es la categoría más grande de Salmos. Aproximadamente dos tercios de ellos incluyen algún lamento, y no faltan las canciones que no son nada más que lamentos. Son canciones de protesta, canciones en medio de la angustia, canciones que surgen del sufrimiento y el dolor. Muchas de ellas son lamentaciones individuales,[37] mientras que otras son de carácter colectivo cantadas por todo el pueblo en momentos de desasosiego terrible.[38] ¿No es esto sorprendente? Aquí tenemos un libro que lleva por título *Las alabanzas,* y sin embargo el grupo mayor de "alabanzas" ¡son en realidad *lamentos*! Esto nos puede parecer contradictorio, pero ello se debe a que tenemos la tendencia a pensar la "alabanza" únicamente en términos de un sentimiento de felicidad y alegría. Pero para Israel, la alabanza fue algo más profundo. La alabanza podía ocurrir incluso en los momentos más oscuros; *especialmente* en esos momentos tenebrosos.

Para Israel, alabar a Dios quería decir *reconocer la realidad de Dios y su presencia.* Alabar significaba afirmar que el SEÑOR Dios de Israel es el único Dios viviente. Describía el carácter de Dios y declaraba sus acciones. Era, esencialmente, lenguaje de Dios. Alabar es postrarse ante la presencia de Dios, sin importar las circunstancias, y afirmar: "Dios vive, Dios está aquí. Así es Dios y esto es lo que ha hecho".

Además, la alabanza implicaba traer, de la misma manera, *la vida entera* ante la presencia de Dios; no solo aquellas porciones de la vida por la cual decimos "muchas gracias", sino también las difíciles y desconcertantes por las que clamamos, "¿qué está pasando?". El punto de los salmistas es que llegaban ante la presencia de Dios y reconocían su realidad sin

---

[37] Los lamentos individuales incluyen 3, 6, 13, 22, 31, 39, 42, 57, 71, 73, 88, 142.
[38] Los lamentos comunitarios incluyen 44, 74, 80, 91, 94, 137.

importar lo que estaban sintiendo, y ésa era una forma de alabanza. Llegaban con todo lo que eran y lo depositaban completamente en todo lo que sabían acerca de Dios. Cuando la vida era dolorosa, insoportable o simplemente no la entendían, los salmistas la arrojaban ante Dios y alzaban sus voces a Él. Observe que *le* clamaban, no *se quejaban* de Dios ante otros pueblos, como solemos hacer nosotros con nuestras quejas. No. Los salmistas llevaban todo a la presencia de Dios y allí permanecían, o se arrodillaban, llorando, expectantes, a la espera…

Creo que hemos perdido algo en nuestra adoración cristiana, porque rara vez nos permitimos, y se lo permitimos a los demás, hacer esto. Ignoramos los salmos de lamentaciones y en su lugar pretendemos que todo el mundo es, o debe estar, feliz. Incluso afirmamos tácitamente, o lo decimos explícitamente, que si alguien no es feliz ni siente alegría en su adoración es porque algo está mal con él, con ella, con su fe. Nosotros no invitamos ni le permitimos a la gente a ser *honesta* en su adoración ni a interactuar con Dios en medio de sus luchas.

Algo que sinceramente me incomoda en los servicios en algunas iglesias es cuando el que dirige la adoración comienza diciendo algo así como: "¡Bien! Todos nosotros siempre tenemos algo en nuestra mente, en nuestra vida, que hemos arrastrado durante la semana; toda clase de problemas y quizás cosas que son tristes o difíciles. Hagámoslas a un lado y olvidémonos de nosotros mismos. Vengamos ante la presencia de Dios y adorémoslo". ¿Qué de bueno hay en eso? Todo esto significa que usted se deshace de sus problemas en la puerta de la iglesia al entrar, y los recoge al salir. Usted no los arroja ante *Dios* ni le confía las preguntas tormentosas que lo acosan. *Su realidad no roza la realidad de Dios.* Por esa razón, todo lo que usted haga o cante en la iglesia no implica una alabanza a Dios, no al menos en la forma en la que los salmistas la reconocían. Ellos no dijeron "deje a un lado sus problemas". No. Ellos compartían con Dios todas sus angustias en términos muy claros, pero lo hacían en su presencia confiando en su fidelidad y su poder.

Los Salmos de lamento tienen una estructura peculiar. Básicamente siguen esta ruta:

➢ Dios, yo estoy sufriendo demasiado en esta situación.
➢ Dios, todo el mundo está en contra de mí, o se burlan de mí. Es horrible y no es justo.

➤ Dios, no estás haciendo nada para ayudarme en este momento y te necesito desesperadamente.

➤ ¿Por cuánto tiempo más? ¿Tengo que esperar por siempre?

➤ Pero, Dios, yo todavía confío en ti y te alabo, sin importar lo que pase.

La última afirmación aparece en la mayoría de los salmos de lamentos. Hay un cambio desde la miseria y el dolor del lamento a una expresión de esperanza, confianza o expectativa de liberación y una alabanza renovada. El Salmo 73 llega al punto en el que el salmista va a una adoración comunitaria con otros creyentes, lo cual lo ayuda a poner las cosas en una perspectiva adecuada (Sal 73.15–28). En ocasiones, sin embargo, el lamento persiste hasta el final del salmo y el poeta parece no encontrar consuelo de ninguna clase. Tal es el caso del Salmo 88, probablemente el más oscuro de todos los salmos de lamento. Es un poema que concluye en tinieblas. Estoy seguro de que es un salmo que ha tomado la vocería de muchos, quienes, a lo largo de los siglos, no han visto el final de sus sufrimientos, no al menos en esta vida.

Tómese un tiempo para leer la selección de Salmos de lamentaciones que incluí en las notas a pie de página. Trate de *sentirlos*. Trate de entrar en las diversas situaciones que dieron a lugar a ese lenguaje. Observe la secuencia típica enunciada arriba y, de manera particular, préstele atención al cambio hacia una fe y una alabanza renovadas que se sucede sólo después de que el cantor ha expresado completamente su sufrimiento o su angustia.

Luego, permítame hacerle dos preguntas:

➤ Primera: si usted es pastor, ¿le permite a su congregación pensar y decir ese tipo de cosas que expresan los salmos de lamento? O, por el contrario, ¿les dice que son cosas que un cristiano no debe decir? Puesto que Dios puso esos Salmos en la Biblia, no hay duda de que debemos animar a nuestra gente a que los conozca y los use en tiempos en los que pueden sentir exactamente lo mismo que los salmistas. No ahoguemos las palabras de Dios cuando la gente necesite expresarlas. No los forcemos a ser deshonestos al cantar y orar.

➤ En su predicación, ¿ha predicado alguna vez a partir de un Salmo de lamentación o de una serie de tales Salmos? Si así no ha sido, me temo que está privando a su gente de una parte muy importante de la Biblia, de un recurso invaluable para tiempos de sufrimiento y necesidad.

Dios los puso en la Biblia. De hecho, colocó *un buen número de ellos* en la Biblia como para darnos todo un universo de palabras para cada situación. Que sea nuestra tarea dárselo a nuestras congregaciones.

d) Salmos de Sion

Los israelitas sabían que podían orar a Dios en cualquier lugar, tal como Jonás lo descubrió. Sin embargo, el centro de su adoración era el templo en Jerusalén. Ése era el lugar en el que Dios había dado a conocer su nombre, tal como lo dice la Biblia. Cuando Salomón dedicó el templo, su énfasis fundamental fue que ése era un lugar de oración (1R 8).

Por esa razón, algunos salmos celebran el lugar en sí, el templo, la ciudad de Jerusalén, o Sion como vino a ser llamado. Los salmos de Sion se compusieron originalmente para cantar acerca de la ciudad y de las cosas que allí sucedían.[39] Sin embargo, Sion también se refería al pueblo de Dios reunido en la adoración a Él y el compromiso establecido en el pacto. Un buen número de los salmos de Sion hablan claramente acerca del pueblo, no solamente del lugar. Son salmos que dan cuenta del amor de Dios por su pueblo, su protección y su habitación en medio de su pueblo. Podemos, entonces, predicarlos a partir de ese mismo mensaje básico, puesto que en Cristo hemos llegado a ser ese templo, la morada de Dios, a través de su Espíritu (Ef 2.21–22).

Los israelitas iban a Jerusalén desde todos los rincones de su país, especialmente para los grandes festivales anuales. Esperaban con trepidación la llegada a la ciudad, ir al templo y unirse a los demás en la adoración a Dios. Así, compusieron muchas canciones para acompañar el viaje a Jerusalén. Ésas son las canciones del peregrinaje.[40] Son Salmos que expresan el anhelo de estar en la presencia de Dios, las dificultades y los peligros del viaje, y la alegría de adorar conjuntamente con el pueblo de Dios. Traducirlos a un marco referencial cristiano no es difícil. El libro de los Hebreos nos dice que, a través del Señor Jesucristo, "hemos llegado al Monte Sion" por la fe (Heb 12.22) para adorar al Dios viviente en la compañía de sus santos y ángeles.

---

[39] Los Salmos de Sion son 46, 48, 76, 84, 87, 122, 125.

[40] El libro de los Salmos las identifica como "Canciones de Ascensión" porque la gente tenía que, literalmente, "subir" a Jerusalén, que estaba ubicada en una colina. Tales son los Salmos 120–134.

e) Salmos de la realeza

Puesto que David, el autor de la mayoría de los Salmos, terminó siendo rey en Jerusalén, esa ciudad no fue solamente el lugar del templo, sino también "la Ciudad de David". Ahí los reyes tenían su palacio y su trono. Primero que todo, David y Salomón reinaron sobre todas las tribus de Israel, y posteriormente, los reyes de Judá reinaron en Jerusalén. Ese estado de cosas perduró hasta cuando la dinastía de los descendientes de David llegó a su final. En el año 587 a.C., Nabucodonosor, rey de Babilonia, destruyó la ciudad y el templo. El último rey que reinó en Jerusalén fue Sedequías, y el último del linaje de David, Joaquín, murió en el exilio en Babilonia, a donde había sido llevado como cautivo unos años antes, en 597 a.C. Hasta entonces, se escribieron muchas canciones acerca del rey o para el rey. Algunas de ellas fueron compuestas, probablemente, para la ceremonia de coronación. Algunas otras, para apoyar al rey cuando salía a la batalla. A ese grupo de canciones se las conoce como los Salmos de la realeza o Salmos del rey.[41]

La persona que se sentaba en el trono de David como rey representaba, en cierto sentido, el hecho de que Dios era el verdadero Rey de Israel (y del mundo). Por esa razón, algunos de estos salmos dibujan un cuadro idealizado de lo que el rey debe ser y hacer para reflejar el reinado de Dios y su carácter. El más claro, en ese sentido, es el Salmo 72. Es un salmo de (o para) Salomón, a quien lo "dibuja" en términos francamente brillantes.

Sin embargo, una vez que el linaje de David dejó de existir, ¿a quién se le podrían cantar estos Salmos, o acerca de qué podrían entonarse? Desde el tiempo del exilio en adelante se empezaron a interpretar *en un sentido mesiánico*. Esto es, eran ahora salmos que expresaban la esperanza y la expectativa de que un día Dios levantaría un rey del linaje de David, quien regiría sobre Israel como su verdadero rey. Él sería el ungido de Dios a través del cual reinaría como el Rey.

Nosotros sabemos que esta esperanza se cumplió en Jesucristo, el Hijo de David. Ésa es la razón por la que el Nuevo Testamento puede tomar varios de esos salmos para aplicarlos a Jesús de diversas maneras, especialmente el Salmo 110, el que el Nuevo Testamento cita con mayor

---

[41] Los salmos de la realeza son 2, 18, 20, 21, 45, 72, 89, 101, 110 y 132.

frecuencia. Cuando prediquemos estos salmos, podemos y debemos conectarlos apropiadamente con Jesús, pero no debemos olvidar que fueron escritos *inicialmente* para, o acerca de, uno de los reyes descendientes de David. Un buen ejemplo para ilustrar este punto es el Salmo 22, un salmo de David.

 ## Ejemplo: Salmo 22

Jesús citó el primer verso del Salmo 22 en la cruz: *Dios mío, Dios mío, ¿por qué me has abandonado?* Es claro que Jesús se sintió en la misma situación en la que estuvo David en su angustia. Sus sufrimientos podían describirse siguiendo la misma línea, especialmente en los versículos 6–18. Jesús clamó apelando a las palabras iniciales del Salmo como queriendo decir: "Todo lo que dice este Salmo es donde yo me encuentro en este momento". Por esa razón, se lo toma con frecuencia como un salmo profético que apunta al sufrimiento del Mesías, especialmente en la cruz.

No tengo mayor problema con esa lectura. Después de todo, fue Jesús mismo el que lo citó en su angustia. Pero debemos ser cuidadosos. Como ya lo discutimos en el capítulo 4, no podemos despachar el tema diciendo: "El Salmo 22 es *acerca* de Jesús", como si fuera una predicción simple. Por el contrario, fue un Salmo escrito originalmente por alguien que, bajo un sufrimiento terrible, describe su dolor mediante una serie de cuadros que pudieron haber sido *mayormente metafóricos*. El poeta está rodeado de enemigos que lo atacan (vv. 12, 13, 16). El temor lo paraliza (v. 14). No puede hablar en defensa propia (v. 15). Es como si lo aprisionaran contra el piso de tal manera que no se puede mover (v. 16$_b$). Se siente vulnerable y expuesto al escarnio público (v. 17). Lo tratan como si ya hubiera muerto y sus pertenencias se reparten en una subasta pública (v. 18).

Algunos de esos cuadros que el autor del Salmo 22 usó para describir su propio sufrimiento llegaron a ser realidad concreta y literal para Jesús: sed, tortura física, la repartición de sus vestiduras. Pero algunas no lo fueron: toros, leones y perros. Debemos, entonces, ver este Salmo como una descripción sumamente vívida y perceptiva del sufrimiento; un sufrimiento que Jesús padeció en niveles infinitamente superiores a los sufridos por el autor original. No es una "predicción" que "se hizo realidad" en la cruz. Si así lo fuera, tendríamos que explicar la ausencia de esos toros, leones y perros, que no se "cumplieron".

Lo más significativo en torno al eslabón entre el Salmo 22 y Jesús es la forma como el poema se vuelve de manera sorprendente a la liberación y la alabanza (vv. 22–31). El salmista confía en la liberación de Dios y lo conecta a la salvación final de Dios a favor de todo el mundo. ¡Qué visión! Jesús, por supuesto, no oró para ser librado *de* la cruz, pero, aunque murió en agonía, no lo hizo en desesperación. Confiaba en que Dios lo levantaría de entre los muertos y que su muerte y resurrección serían la victoria definitiva para que todos los términos de la tierra alabaran a Dios (v. 27). Su grito final, "Consumado es", probablemente repite el eco del último verso del Salmo 22: "¡Dios hizo justicia!".

Así que, cuando predique el Salmo 22, no se quede nada más que en la primera mitad ni en la flecha que señala a Jesús en la cruz. Vaya hasta la segunda mitad y su flecha que apunta a la victoria de Jesús y el plan y misión de Dios de llevar a que todo el mundo lo adore y alabe.

3. Canciones en una colección

¿Se ha preguntado alguna vez por qué el libro de los Salmos está dividido en cinco libros? (No pretendo ponerlo en una situación embarazosa si usted, en realidad, *ya sabe* por qué). Revise su Biblia y encontrará lo siguiente:

- ➢ Libro i: Salmos 1–41
- ➢ Libro ii: Salmos 42–72
- ➢ Libro iii: Salmos 73–89
- ➢ Libro iv: Salmos 90–106
- ➢ Libro v: Salmos 107–150

Lo primero que se observa es que el libro de los Salmos no es una mezcla de canciones de adoración revueltas al azar. En algún momento alguien se tomó el trabajo de editarlas y organizarlas en la forma de una colección estructurada. Infortunadamente, los editores no dejaron por escrito las razones por las cuales hicieron su trabajo. Eso es algo que ya nos toca pensar por nosotros mismos. Se han dado toda clase de explicaciones, pero tres me parecen de mucha utilidad.

a) Reflejan la Torá

Una razón posible es que esa estructura refleja los cinco libros de la Torá, el Pentateuco (Génesis a Deuteronomio). Esta idea se hace más clara cuando usted mira el Salmo 1. Aquí hay algo interesante. El libro de los Salmos, como ya lo hemos dicho, se conoce como "Las alabanzas" en hebreo. ¡Pero comienza con un salmo acerca de la Torá![42] El Salmo 1 es una especie de prefacio a todo el libro. Parece estar diciendo:

"En este libro vamos a adorar a Dios de maneras diversas. Aquí hay toda una colección de canciones para toda ocasión, pero antes de empezar, recuerde que la adoración es para la *vida*, no solo para el Sabbath ni para los festivales, y que hay únicamente dos maneras de vivir la vida: *la del justo* o *la del malvado*. Aquí está la diferencia".

El Salmo 1 describe la bendición y vida fructífera de la persona que se deleita "en la Ley del Señor", esto es, en la Torá. Y luego, como para probar esa afirmación, encontramos que todo el libro de los Salmos tiene cinco libros, justamente como la Ley de Moisés y con el mismo propósito. La adoración es la guía para la vida. La adoración nos mantiene en el camino del Señor.

b) Van del lamento a la alabanza

Un segundo aspecto para observar en la estructura de los cinco libros es que cada uno termina con una doxología, con palabras de alabanza a Dios y un "Amén" doble (observe los versículos finales de los Sal 41, 72, 89 y 106). En efecto, el quinto libro concluye con cinco salmos que comienzan y terminan todos con "¡Aleluya!". Hace unos momentos

---

[42] A la postre, lo más interesante es que este llamado a observar y meditar en la Torá del Señor aparece no sólo al comienzo del libro de los Salmos (Sal 1), sino también al inicio del libro de Josué. Ésa es la única otra parte en la que se habla de "en la ley del Señor se deleita, y día y noche medita en ella" (Jos 1.8). En la Biblia Hebrea hay tres secciones: *La Ley* o Torá (Gnesis a Deuteronomio), *Los Profetas* (comenzando con el libro de Josué están los libros históricos, "Los Primeros Profetas") y *Los Escritos* (comenzando con el libro de los Salmos incluyendo a Job, Proverbios y los otros libros). Muy al comienzo de Los Profetas (Jos 1) y de Los Escritos (Sal 1), se recuerda a los lectores la importancia fundante de la Ley. Recuerde que la Torá incluía el relato de la creación, las promesas de Dios a Abraham, la redención de Egipto y el pacto en el Sinaí, así como las leyes propiamente dichas.

estuvimos pensando en los Salmos de lamento y en lo numerosos que son. Observe que casi todos los Salmos de lamento aparecen en los libros i–iii y que la mayoría son lamentaciones *individuales*. Tan pronto usted llega a los Libros iv y v, las notas de agradecimiento y alabanza son las más dominantes, y el énfasis recae en el componente comunitario de la alabanza. En otras palabras, al tomar el libro como un todo, se observa un cambio gradual del lamento a la alabanza, y de lo individual a lo comunitario. Se puede decir casi con certeza que esto no es accidental. Es un dato que refleja lo que encontramos en el Salmo 73, en donde un israelita solo, que lucha con su fe frente a la prosperidad de los malvados, llega a la adoración juntamente con todo el pueblo de Dios, y se aferra nuevamente a la confianza, a la adoración y a un entendimiento más profundo. El libro en su totalidad lleva en sí un mensaje: hay muchas razones en la vida por las que nos quejamos y protestamos ante Dios, muchas causas de nuestro dolor y sufrimiento, pero al final encontramos que Dios satisface nuestras necesidades más apremiantes y que podemos confiar. Todos juntos podemos seguir alabándole y, al final del partido, la alabanza llenará toda la tierra. ¡Aleluya!

c) Siguen la historia de Israel

Tercero, parece como si los Salmos hubieran sido organizados de tal manera que, en un sentido amplio, acompañen la historia de Israel en el Antiguo Testamento. La trayectoria es como la siguiente:

➢ En los Libros i y ii tenemos un buen número de Salmos que se conectan con la vida temprana de David y lo siguen en su ascenso al trono, el ungido "hijo de Dios" (Sal 2). El Libro ii, en la oración de Salomón en el Salmo 72, termina con un cuadro del rey ideal.

➢ Sin embargo, el Libro iii comienza ominosamente con un cuadro totalmente diferente (Sal 73). Los malvados prosperan, y prosperaron bajo los reyes que sucedieron a Salomón. El Salmo 78 pasa revista al fracaso y la rebelión de Israel a lo largo de varias generaciones. El Salmo 79 describe con claridad la destrucción de Jerusalén y el templo en 587 a.C. Luego, el Libro iii termina en el Salmo 89 con el pueblo recordando todo lo que Dios le había prometido a David, pero tomando conciencia de todo lo que salió horriblemente mal al final de la dinastía de David y el exilio. Un gran signo de interrogación pende en el aire, tal como lo estuvo para los que vivieron el exilio, tal como se destila en el libro de Lamentaciones.

➢ El Libro IV se abre con un recordatorio sobrio de que el único lugar seguro es el que genera la confianza en el Señor, tal como lo hizo Moisés: el Salmo 90 lleva por título "Una oración de Moisés, el hombre de Dios". En la mitad del libro hay una concentración de salmos que proclaman que YHWH, el Señor, es Rey (93, 96–99). Así no haya hijo de David sobre el trono en Jerusalén, Dios aún reina sobre todo el universo, e Israel tiene que aprender a confiar en Él una vez más. Pero el libro termina haciendo todavía memoria del registro histórico de fracasos y rebeliones de Israel. Aún necesitan desesperadamente ser salvos (106.47).

➢ El Libro V comienza con una celebración de la redención de Dios describiendo el primer éxodo como una forma de decirle a Israel que habrá un nuevo y mayor (por ej., Sal 114). Los exiliados conocerán "los actos de amor del Señor". Las canciones de peregrinaje a Sion se entonarán nuevamente con alegría por parte de aquellos que regresan a su Dios y conocen su poder para salvar. Toda la colección termina en un derramamiento de alabanza a Dios.

Como ya lo dije, ésta es una descripción muy amplia y general, y no debemos forzar a que cada Salmo en particular corresponda a este esquema. Pero si parece encontrar aquí cierto sentido de un discurrir histórico a través de todo el libro que corresponde a los grandes momentos de la historia del Israel del Antiguo Testamento. El culto de Israel marchó de la mano de su historia. Los israelitas le siguieron el rastro a Dios a través de los siglos y sus canciones lo reflejan.

"¿Qué sentido tiene todo esto para la predicación?", es una pregunta que podría estar haciéndose. ¡Yo no espero que usted incluya toda esta información en un solo sermón! (Aunque si estuviera adelantando una serie de estudios bíblicos con su iglesia, sería muy provechoso). Pero creo que es siempre de mucha ayuda tomar cualquier libro de la Biblia como un todo. Cuando hacemos eso con un libro de envergadura como los Salmos, lo que hemos observado son algunas de sus características con sus significados. Por supuesto, seguimos con la responsabilidad de estudiar y predicar cada salmo en particular en sus propios términos, pero cuando se fija el lugar que le corresponde al Salmo en toda esta estructura global de toda la colección y la manera como han sido organizados, usted puede tener una apreciación más profunda de su mensaje.

Capítulo 14

Predicando desde los Salmos

¿Por qué predicamos la Biblia, después de todo? Sin duda, porque queremos que quienes han sido alcanzados por el evangelio *conozcan la fe que han abrazado,* que entiendan más claramente todo lo que Dios es y lo que ha hecho por ellos; y también porque deseamos que *conserven la fe que profesan* aferrándose a Dios incluso en medio de las dificultades y el sufrimiento. Predicamos para *enseñar* y *fortalecer* la fe. Si eso es así, y espero que usted coincida conmigo, el libro de los Salmos debe aparecer con regularidad en su programa de predicación, pues hacen esas dos cosas permanentemente, vez tras vez.

1. Canciones para la fe

a) Canciones que declaran la fe del pueblo de Dios

Se dice que el libro de los Salmos traduce toda la teología del Antiguo Testamento en canciones de alabanza. Yo voy más allá. Ceo que el libro de los Salmos expresa la teología de toda la Biblia. Es un libro que proviene de la Etapa 3 de la Escritura, antes del nacimiento, vida, muerte y resurrección de Cristo Jesús, antes de la historia del evangelio de la Etapa 4. Igualmente antecede a la Etapa 5, la gran expansión misionera de la iglesia desde el libro de los Hechos en adelante. Incluso así, el libro de los Salmos se anticipa a la gran historia del Nuevo Testamento. Aquellos que fueron los protagonistas de la historia neotestamentaria, esto es, Jesús y sus discípulos, con frecuencia usaron los Salmos para que la gente pudiera entender quién era Cristo y qué significaron todos esos eventos.

Piense nuevamente en la gran historia particular de la Biblia siguiendo el esquema de las seis etapas que presentamos en el capítulo 2. Los Salmos son relevantes a todas esas etapas tal como las mostramos en la tabla más abajo. Si usted se propone predicar a partir de todas las seis etapas de la historia de la Biblia por un periodo de tiempo de al menos algunos meses de extensión, puede incluir uno o dos salmos en cada sección. Cuando predique los Salmos, (aun cuando no sean partes de una serie de sermones), tenga presente la importancia de mostrar esas conexiones con la gran historia de la Biblia. La gente necesita conocer que su *fe personal* se conecta con la *Fe*, las grandes verdades de toda la Biblia que el pueblo de Dios recibió y transmitió de generación en generación. Nosotros compartimos la fe de los salmistas porque también compartimos su historia.

Etapa 1	Creación	La creación y el Creador aparecen con frecuencia en los Salmos.
Etapa 2	La caída	Las realidades del pecado y la maldad se exponen con claridad. Los Salmos tienen mucho que decir acerca de la perversión en todas sus formas.
Etapa 3	La promesa: El Israel del Antiguo Testamento	Los Salmos recuerdan con frecuencia la historia de Dios con Israel, desde Abraham. El carácter de Dios como Redentor es prominente. El relato del Éxodo aparece frecuentemente. Los Salmos celebran los hechos portentosos de Dios.
Etapa 4	El cumplimiento en Cristo	Los Salmos avizoran la identidad de Jesús (Hijo de David) y la venida del reinado de Dios. Jesús usó los Salmos a menudo para mostrar quién era y cuáles los propósitos de Dios para con Él.
Etapa 5	La misión de la iglesia	Algunos salmos proclaman enfáticamente el propósito de salvación de Dios a favor de todas las naciones y la expectativa de que todo el mundo adorará a Dios (ver abajo, Etapa 6).
Etapa 6	La nueva creación	Algunos salmos hablan acerca del reinado de Dios y se adelantan al gozo de toda la creación cuando Dios redima todas las cosas (por ej., Sal 96, 98).

Piense nuevamente en los israelitas del ayer entonando esas canciones una y otra vez. ¿Qué estaban aprendiendo? ¿Qué era lo que recordaban? ¿Qué estaban declarando acerca de Dios, el mundo, ellos mismos y el futuro? La adoración de Israel era una *educación* constante en los fundamentos de toda su fe y comprensión de la vida. No hay duda alguna en que eso fue precisamente lo que Dios dispuso para ellos. Al cantar esas canciones, los israelitas *aprendían* la sustancia de su fe.

Ésa es la razón por la que es importante predicar los Salmos y estimular a nuestras congregaciones a que los lean con regularidad por su propia cuenta. Además, ése es también el motivo por el cual debemos prestarle atención a lo que cantamos en nuestros tiempos de adoración. La gente inconscientemente termina creyendo aquello que canta con frecuencia. Asegurémonos de que esas palabras y canciones expresen en su amplitud nuestra fe bíblica. Muchas canciones modernas de alabanza adolecen de superficialidad y lucen vacías cuando se las compara con los Salmos.

b) Canciones que sustentan la fe del pueblo de Dios

La fe se enfrenta a la prueba. El Antiguo Testamento es pletórico en historias que así lo muestran. Los Salmos quieren animar al pueblo de Dios a seguir confiando en Él obedeciéndolo incluso en tiempos difíciles, o cuando se les presenta la tentación de ir en otra dirección. A veces los Salmos cumplen ese propósito de una manera positiva cuando simplemente hacen un llamado a los congregantes a recordar la grandeza de Dios para que sigan confiando en Él (Sal 46). En ocasiones, una persona da testimonio acerca de un Dios que lo sostuvo en la prueba o lo rescato de algún peligro (Sal 40). Hay salmos que *estimulan* la esperanza y fortalecen la fe. A veces lo consiguen en términos más bien negativos cuando recuentan etapas en la historia de Israel en las que los israelitas se rebelaron contra Dios y sufrieron las consecuencias (Sal 106). Esos son Salmos que *advierten* contra la infidelidad y la rebelión.

Tales experiencias y pruebas son comunes para el pueblo de Dios en toda etapa. Podemos predicar a partir de estos salmos para sostener la fe de los miembros de nuestra congregación, especialmente en medio de periodos de desafío y sufrimiento. Eso fue lo que hizo Pedro. Lea 1 Pedro y descubra las veces en las que el cita el Antiguo Testamento, especialmente los Salmos, para animar a sus lectores en su sufrimiento.

✓ Lista de control

Ofrezco a continuación unas preguntas que lo ayudarán cuando se proponga predicar un Salmo que usted considere puede instruir en la fe a su congregación o sostenerla en tiempo de dificultad. Recuerde, sin embargo, que lo *primero* que necesita hacer es leer el Salmo detenidamente y en sus propios términos. Esto es válido para cualquier pasaje de la Escritura. Cada Salmo tiene su propio tema y su propia estructura. Usted necesita estudiarlo hasta que pueda resumirlo su punto central y delinear el flujo del pensamiento del poema. Después de eso puede pensar en asuntos como:

➤ ¿Qué enseña este Salmo acerca de Dios? ¿Cuáles son las imágenes que usa para referirse a Dios? ¿Qué características de Dios menciona? ¿Cuáles son las acciones de Dios que describe: pasadas, presentes o futuras? ¿Qué cree usted que era lo que el autor del Salmo sabía acerca de Dios? ¿Dónde aprendió esas cosas?

➤ ¿Cuáles eventos de la historia de Israel se mencionan, si es que habla de la historia? ¿Qué se esperaba que Israel aprendiera de esos eventos?

➤ ¿Cuáles verdades acerca del mundo, el pueblo de Israel u otras naciones se mencionan o insinúan?

➤ ¿Qué razones da el salmo para confiar en Dios, para obedecerlo o para no renunciar a la fe?

➤ ¿De qué maneras este salmo se conecta con el Nuevo Testamento, con Cristo, el evangelio o la iglesia?

➤ ¿El Nuevo Testamento cita este salmo? Si lo hace, ¿por cuáles razones lo hace?

➤ ¿De qué maneras debemos responder a este salmo en nuestra *comprensión* de la fe y nuestra *perseverancia* en ella? ¿Qué podemos aprender para incrementar nuestro conocimiento de Dios y nuestra confianza en Él?

2. Canciones para vivir

En el último capítulo observamos que el Salmo 1 funciona como prefacio a todo el libro de los Salmos recordándoles a los israelitas que la adoración no se circunscribe a lo bien que cantamos, sino también al hecho de cuán bien vivimos la vida.

Vuelva y lea el Salmo 1 detenidamente varias veces. ¿Puede capturar la combinación de imágenes? Ahí está el contraste de tono agrícola entre un árbol que da su fruto junto a corrientes de aguas y la cascarilla inútil de los granos de trigo que se la lleva el viento. Ahí está la metáfora de "dos caminos". Ahí se encuentra el cuadro sobrio de dos destinos: los justos se mantendrán seguros el día del juicio de Dios, pero los perversos serán destruidos. En síntesis, el estímulo y la advertencia se combinan con simpleza, pero de manera contundente.

La persona justa se deleita y medita "en la Ley del Señor". La palabra para "meditar", en hebreo, no significa simplemente un pensamiento interno silencioso, como se da en español. En hebreo quería decir leer en voz alta, solo o en compañía, o recitar o incluso cantar las palabras de la Escritura vez tras vez. Era una interacción activa con el texto, "masticándolo", diríamos hoy en día. Pero la palabra "deleitarse" significa exactamente lo mismo en los dos idiomas: encontrar placer en algo, disfrutarlo, saborearlo. Nos deleitamos en los buenos amigos, un regalo hecho con amor, una buena comida, un día hermoso. La persona que es justa, dice el primer salmo, encuentra ese tipo de placer en la enseñanza de Dios que descubre en su palabra.

Observemos ahora que, primero que todo, estas dos palabras —deleitarse y meditar—, no quieren decir que el salmista está en el trance de una actividad meramente emocional o intelectual. Por el contrario, es una persona que ama la ley de Dios porque la *vive* de esa manera, la pone en práctica. Este salmo, que es el encabezado de todo el libro, prorrumpe en una palabra de bendición para aquellos que *viven* su fe en Dios *siguiendo* sus instrucciones. Ésa es la única clase de personas que pueden adorar a Dios de manera aceptable, como lo dicen más adelante los Salmos 15 y 24.

Pero, en segundo lugar, observe que las personas que reciben tal bendición no ven la Ley como un fardo pesado de requisitos severos que tiene que observar al pie de la letra. ¡Ellos se *deleitan* en la Torá! Su vida es fructífera por esa razón. No es un código de esclavitud religiosa, sino una receta de una libertad responsable y de la alegría de vivir en la presencia del Dios viviente. Este mismo mensaje aparece en los Salmos 19 y 119, una y otra vez.

La adoración, el culto, es entonces una experiencia de aprendizaje, o debería serlo, y no un ejercicio mecánico de la cabeza. Es un *aprendizaje para vivir*. Muchos salmos ofrecen sus reflexiones en torno a la vida, sabiduría para tiempos tormentosos y buen consejo para llevar una vida que agrada a Dios. Por sobre todo, los salmos comunican un estímulo constante para seguir confiando en Dios andando en sus caminos incluso cuando la senda de los malos luce más seductora. A veces se llama a esos poemas "Salmos sapienciales", porque guardan ciertas similitudes con lo que encontramos en la literatura sapiencial.[43]

Pero incluso en aquellos salmos que simplemente alaban a Dios, hay lecciones para la vida. Para los israelitas, el carácter del Señor su Dios era la mejor clave para saber lo que esperaba de ellos en lo tocante al lado práctico de la vida. Cada vez que cantaban canciones acerca de la fidelidad, la veracidad, la confiabilidad, la justicia, la compasión, el cuidado y la provisión del Señor, la implicación subyacente y contundente era: "Así es como también nosotros debemos ser". La adoración nos lleva a ser y querer ser como Aquel a quien adoramos.

A veces esa implicación se hace claramente explícita. Los Salmos 111 y 112 conforman una pareja. Los dos son salmos acrósticos, esto es, cada verso comienza con una letra del alfabeto hebreo en una secuencia correcta, como si fueran desde la A hasta la Z. El Salmo 111 es una canción que describe el carácter y las acciones del Señor. Luego, el Salmo 112 describe el carácter y las acciones de los que temen al Señor y "se deleitan en sus mandamientos" (es audible el eco del Salmo 1). Lea esos dos salmos uno al lado del otro. Usted podrá ver que varias cosas de las que se dicen acerca de Dios en el Salmo 111 encuentran su eco en lo que se dice acerca de los justos en el Salmo 112. Compare los versículos 3, 4 y 7 en los dos salmos, y también 111.5 con 112.9. Los justos que viven en el temor del Señor llegarán a ser más y más como el Dios a quien adoran.

Hay, entonces, un rico caudal de enseñanza *ética* en los salmos. A medida que eran canciones que se entonaban repetidamente, volvían a sembrar en la mente y la conciencia de Israel los estilos de vida que complacían a Dios. De igual manera, volvían a insistir en las advertencias contra los que optaban por otros caminos. Por esa razón, podemos

---

[43] Ejemplos de estos salmos de sabiduría o enseñanza son 36, 37, 49, 73, 112, 127, 128 y 133.

predicarlos con la misma intención: llevar a la gente no sólo a entender y mantenerse en su fe, sino también a vivirla en la vida cotidiana. Hay tanto por descubrir sobre nosotros mismos, acerca de la vida en el mundo de Dios, acerca de las tentaciones del pecado y la maldad, acerca de lo que es justo y agradable a Dios. ¡Hay tal riqueza de predicación excelente en esos Salmos!

Sin embargo, cuando prediquemos los Salmos como canciones para la vida, esto es, para ayudarlo a la gente a saber cómo vivir sus vidas, debemos tener presente algunas cosas:

➤ Primero, recuerde que la enseñanza ética de los Salmos fue, y sigue siendo, para aquellos que ya conocían la gran historia de la salvación de Dios y pertenecían al pueblo de Dios. Como ya vimos en lo relacionado con la Ley, debemos siempre predicar la instrucción y la enseñanza de la Biblia sobre la base de la gracia de Dios, no como un mecanismo para ganar crédito ante Dios. Nosotros vivimos en *respuesta* a lo que Dios es y lo que ha hecho. Ése debe ser siempre nuestro énfasis.

➤ Segundo, recuerde que los salmistas vieron la Ley de Dios como un regalo, un gozo y un deleite (vuelva a revisar los Salmos 1 y 19 una vez más), no como una carga. Use esos salmos para que la gente llegue a *amar, disfrutar y deleitarse* en una vida de obediencia a Dios. No los predique de manera tal que genere una carga legalista.

➤ Tercero, mientras que algunos de estos salmos hablan de las cosas buenas que vienen para aquellos que viven en obediencia a Dios, nunca debemos predicarlos como si fueran las prendas de garantía de promesas celestiales. Eso es lo que hacen algunos de los predicadores de la prosperidad, quienes tuercen versículos tales como el Salmo 34.10 ("Los que buscan al Señor no tendrán falta de ningún bien") y lo convierten en una declaración infundada de que si usted tiene la fe suficiente, disfrutará salud, riquezas y todas las cosas buenas de la vida. Los mismos salmistas, sin embargo, sabían que, aunque vivir en obediencia a Dios era lo justo, lo bueno y lo bendito, a veces quienes así vivían sufren de manera terrible en este mundo caído con tanta maldad en nuestro alrededor. El Salmo 73 se dirige precisamente a ese problema. No predique los salmos de manera tal que vayan a generar falsas expectativas egoístas.

3. Canciones para la misión

En ocasiones me pregunto qué estaba pasando por la mente de los israelitas antiguos cuando cantaban esas canciones. Le confieso que a veces me pregunto en qué piensan algunos cristianos cuando cantan la letra de las canciones en nuestros servicios de adoración. ¡Pero no nos metamos allí! Más bien, escuche. Aquí hay un israelita, quizás mil años antes de Cristo, cuando Israel era un pequeño punto en el mapa del mundo, y Jerusalén, una ciudad de tamaño modesto sobre una pequeña colina. Sin embargo, aquí está cantando estas palabras (me he permitido enfatizar las más sorprendentes):

> *Todas las naciones* que has creado
> vendrán, Señor, y ante ti se postrarán
> y glorificarán tu nombre *(Sal 86.9).*

El otro día cantó:

> Las naciones temerán el nombre del Señor;
> *todos los reyes de la tierra* reconocerán
> su majestad *(Sal 102.15).*

Ahora llama a todas las naciones a que aplaudan al Señor y se le unan cantando:

> Aplaudan, *pueblos todos*;
> aclamen a Dios con gritos de alegría *(Sal 47.1).*

> Canten al Señor un cántico nuevo;
> canten al Señor, habitantes de *toda la tierra (Sal 96.1).*

Éstos son algunos de muchos versículos a lo largo del libro que se extienden por todo el horizonte de la adoración hasta alcanzar a todas las naciones del mundo entero.[44]

¿Cómo se les podía ocurrir a estos adoradores israelitas que tales cosas podrían suceder? Realmente, no sé. Ellos contaban con una imaginación inspirada en la fe, la cual les permitía poner esas expectativas en sus

---

[44] Observe los salmos siguientes para oír esa misma nota universal: Salmos 22.27; 67; 87; 96; 98; 99; 117.

canciones de adoración. Incluso Pablo lo llama *...el misterio* [...] *oculto por siglos* [...] (Col 1.26). Es decir, los israelitas del Antiguo Testamento creían *que* Dios un día cumpliría su promesa a Abraham y que los pueblos de todas las naciones serían bendecidas por Dios de tal manera que todas vendrían a adorarlo. Pero el misterio, lo que ellos nunca pudieron saber, era *de qué manera* Dios iría a hacerlo. Hoy ya lo sabemos. Como lo dice Pablo, el misterio ha sido ahora revelado *mediante el evangelio* (Ef 2.11–3.6). A través del Señor Jesucristo el camino ha sido abierto para que los pueblos de todas las naciones vengan a Dios, y esto lo incluye a usted y me incluye a mí. Pablo, en Romanos 15.11, cita el Salmo 117 entre un buen número de textos del Antiguo Testamento que celebran anticipadamente la expansión misionera de la iglesia entre los gentiles (palabra ésta que significa precisamente eso: "las naciones").

Estos Salmos son parte de un tema más amplio que corre a lo largo del Antiguo Testamento y se extiende hasta alcanzar a los pueblos de todas las naciones que llegan para participar de la bendición y la salvación de Dios, y que luego lo adoran juntamente con el pueblo de Dios. Observe la serie de textos en la nota a pie de página,[45] y especialmente la centralidad del tema en Isaías. Ésta fue la visión que inspiró a Pablo y a la iglesia primitiva cuando llevaron la buena noticia de Jesús a los gentiles, las naciones no judías en el mundo de su tiempo.

Lo que se había prometido en la Etapa 3 —la bendición a todas las naciones— se lograba en la Etapa 4 —el evangelio de Jesucristo— y se está cumpliendo en la Etapa 5 —la extensión del evangelio mediante la misión de la iglesia—. Se completará finalmente en la Etapa 6, cuando los pueblos de todas las naciones se reunirán ante el trono de Dios para rendirle culto (Ap 7.9–10). Ése es el contexto bíblico englobante para estos salmos que dibujan un cuadro de todas las naciones de la tierra que alaban a Dios.

¿Puede ver cómo se esclarece la importancia y el significado de tales salmos cuando los vemos a la luz de todo el drama de la Biblia? No fueron tan sólo canciones alegres de alabanza con una pizca de imaginación poética aquí y allá. No fueron tampoco el resultado de alguna exageración romántica que hablaba de toda la tierra de la misma manera que cualquier amante puede decirle a la persona amada que es el más bello ser en el

---

[45] 1R 8.41–43; 60; 2R 19.15–19; Is 2.1–5; 12.4–5; 19.19–25; 45.22; 49.6; 56.3–8; 60.1–3; 66.19; Am 9.12; Zac 2.11.

mundo entero. No. Estos salmos afirmaron y celebraron la misión de Dios de bendecir a todas las naciones y se adelantaron al momento en el que todas las naciones vendrán, desde todos los rincones del planeta, a adorar a Dios. Son salmos que forman parte de la historia de la Biblia. Debemos leerlos y predicarlos a la luz de la promesa hecha a Abraham, a la luz de la Gran Comisión de Jesús que nos lleva a hacer discípulos en todas las naciones, y a la luz del glorioso final de la Biblia en Apocalipsis 21–22. Ése es su contexto y trasfondo apropiados.

Modelo de bosquejo para sermón

Algunos de estos Salmos "de misión" me atraen sobremanera. Por ejemplo, los Salmos 47, 67 y 87. Uno de mis favoritos es el Salmo 96. Su verso introductorio es un llamado a que todos *Canten al SEÑOR un cántico nuevo* […]. Ésa es la frase que uso como la clave en mi sermón. Suelo predicar este Salmo en los "Domingos de Misiones Mundiales".

Una nueva canción para un mundo nuevo

Salmo 96

Tres preguntas: En el mundo de hoy, plagado de sufrimiento, violencia y maldad…

➤ ¿es posible aún creer en las antiguas verdades del evangelio?

➤ ¿es posible aún creer en ellas cuando estamos rodeados de dioses e ídolos de otros pueblos, incluso de otras religiones?

➤ ¿es posible tener alguna esperanza de un mundo nuevo y mejor?

Este Salmo responde con un "¡Sí!" a todas las tres.

Estructura: Observe que los vv. 1–9 se enfocan en la tierra como el lugar de habitación para la raza humana: los pueblos y las naciones. Los vv. 10–13 se enfocan en la tierra como tal: la creación. Todos vendrán a adorar a Dios con "una nueva canción". El SEÑOR reina sobre todo (el v. 10 está en el punto central de todo el Salmo).

1. Una nueva canción que revive una letra antigua (vv. 1–3)

El cantor arranca con gran entusiasmo: "¡Canten, canten, canten, alaben, proclamen y declaren!". Quiere que todos juntos cantemos una *nueva* canción. Pero el contenido de la canción está repleto de *viejas palabras*, lo que Israel siempre cantó:

➤ El *nombre* del Señor
➤ Su *salvación*
➤ Su *gloria*
➤ Sus *obras poderosas*

(Pregúntele primero a un israelita del Antiguo Testamento qué pudieron haber significado para ellos esas palabras, cada una de ellas, y luego pregúntese qué significan para nosotros a través de Cristo)

➤ Qué la convierte en una *nueva* canción: dónde ha de ser entonada (en toda la tierra), y quiénes unirán sus voces para cantarla (todas las naciones). La antigua canción de Israel acerca de Dios y su salvación se convierte en la nueva canción para las naciones. El canto viejo es ahora uno nuevo cuando lo entonan nuevos pueblos en lugares nuevos.

➤ Eso es lo que la misión hace con el evangelio. "La antigua, antigua historia se hace siempre nueva" cuando es oída y creída por nuevas poblaciones en lo último de la tierra. Ésa es la tarea de la misión mundial. No hay nada que pueda cambiar los hechos históricos fundantes del evangelio, pero nosotros estamos llamados a celebrarlos con un sentido de novedad y frescura, y adaptarlos a cada cultura con alegría, con cánticos.

La misión hace nuevo el viejo canto.

La misión invita al mundo a escuchar la música y unirse al canto.

2. Una nueva canción que desplaza los dioses caducos (vv. 4–9)

➤ Ésta es una canción *para Yahweh, el* Señor, no para ningún otro dios.

➤ Si se invitan a las naciones a adorar al Señor, el Dios de Israel, se les invita también a que reconozcan que todos los otros dioses son falsos y vanos en comparación con este Dios (vv. 4–6). Tiene que darse un desplazamiento radical de las viejas idolatrías. Solo Yahweh es grande, digno de alabanza y de ser temido (v. 4).

➤ Lo que los otros dioses puedan ser (las cosas que tememos, o amamos, o admiramos, toda clase de idolatría en el mundo, no sólo "otras religiones"), no son nada en comparación con el Dios viviente (vv. 5–6).

➤ Las naciones deben brindar su adoración solamente al único Dios viviente (vv. 7–9). Lea estos versos poniendo el énfasis en *el Señor: …su* santuario *…su* nombre *…su* atrios *…su* santidad. Hay un gran contraste (v. 5). El salmista no está invitando a las naciones a que acepten a Yahweh como uno de sus dioses juntamente a los demás. No. Él es el único Dios realmente viviente; todos los demás son falsos y deben abandonar el salón.

➤ La misión transforma el paisaje religioso. No *atacamos* otras religiones, sino que llevamos a los pueblos al conocimiento del único Dios viviente que es digno de adoración, de tal manera que los demás desaparecen. Eso es lo que sucede cuando la misión lleva el conocimiento del Señor Jesucristo.

➤ La misión mundial conduce a un gran cambio en individuos, familias, aldeas, regiones y culturas enteras. Son transformaciones que pueden darse rápidamente o que pueden demorarse cientos de años, pero al final, la nueva canción desplazará a los dioses antiguos.

La misión transforma el paisaje religioso.

3. Una nueva canción que celebra el fin del viejo mundo (vv. 10–13)

➤ El v. 10 es el clímax y la nota clave del Salmo: "Digan entre las naciones, 'el Señor reina'". Yahweh siempre ha sido, es ahora y seguirá siendo el verdadero Rey del universo. Aquí, entonces, mucho antes de que Jesús lo anunciara en Galilea, están las buenas nuevas del reino de Dios.

> Pero la descripción del reinado de Dios en estos versículos está en un contraste claro con el mundo tal cual lo conocemos, el viejo mundo caído de pecado y maldad. El Salmo apela a nuestra imaginación y nos invita a ver el mundo que Dios está creando, y luego a celebrarlo en nuestra canción nueva. Es un nuevo mundo que trastoca el orden sobre el que se fundamenta nuestro mundo actual.

* Un mundo de *confianza*: "un mundo establecido con firmeza".
* Un mundo de *justicia*: "con equidad".
* Un mundo de *regocijo*: "¡Alégrense los cielos, regocíjese la tierra!". Cuando el SEÑOR venga a "poner las cosas en su sentido apropiado" (el significado de "juzgar la tierra"), toda la creación estará incluida. El evangelio es integral, no solo evangelístico. Es tanto ecológico como teológico.

> Nuestro mundo actual es lo opuesto a todos esos tres rasgos: un lugar de inestabilidad y caos, un lugar de injusticia y opresión, un lugar de sufrimiento y pesar para la raza humana y la naturaleza.

> Pero miramos hacia adelante, al nuevo mundo que Dios está creando. La misión mundial otea el horizonte con una visión que trasciende y transforma el presente. Nos adelantamos a celebrar nuestra declaración de "Misión cumplida". En la confianza de esa esperanza bíblica salimos a participar en el trabajo del reino de Dios, en palabra y en obras. El Salmo nos llama a mirar con un sentido de anticipación y a celebrar lo que Dios está haciendo y lo que un día conquistará.

La misión proclama y celebra un nuevo mundo.

La esperanza es la habilidad de oír la música del futuro.
La fe es el coraje para bailar a su ritmo hoy.

(Rubem Alves)

Una nota sobre los salmos de maldición

Hay algunos salmos que son muy difíciles para ser predicados en el clima de hoy. Es difícil saber si en realidad los debemos llevar al púlpito. Algunos cristianos se preguntan por qué están en la Biblia. Me refiero a esos salmos que invocan a Dios para que descargue su juicio sobre los perversos, salmos de maldición. Aquí hay algunos de ellos. ¡No invierta todo su tiempo leyéndolos ahora o terminará deprimiéndose!

Salmos 7, 10, 17, 35, 55, 58, 59, 69, 83, 109.

Quiero ofrecer algunas reflexiones que podrían contribuir a que tengamos mayor claridad en torno a ellos.

1. Son parte de aquella Escritura que Pablo dice ser "inspirada por Dios" y "útil" (2Ti 3.15–16); así que no podemos simplemente ignorarlos. Ahí están por un propósito y necesitamos recibirlos como parte del mensaje general de lo que Dios tiene para decirnos hoy en la Biblia, y aprender de ellos lo que tienen para enseñarnos.

2. Jesús los conoció, leyó y estudió como parte de sus años como un chico y un hombre judío, y es probable que los haya cantado en la sinagoga. No tenemos ningún indicio que los hubiera rechazado o avergonzado de tenerlos. Sin embargo, en un punto crucial de la vida, los *trascendió* como ya veremos.

3. Tenemos que considerar el contexto en el que fueron escritos. Son Salmos que provienen de un sufrimiento intenso causado por personas que actuaron de maneras perversas. Puede ser el caso de que el escritor haya sido la víctima de una acusación injusta en la corte, por lo cual su vida pudo haber estado en riesgo. Es posible también que se le haya mentido o traicionado al enfrentarse a enemigos violentos que querían matarlo. Sabemos, por ejemplo, que David pasó por esas situaciones, y muchos otros salmistas seguramente también vivieron lo mismo.

   Pero no se trata solamente de que haya personas que sufren ataques *personales* y que, por lo tanto, expresan esos sentimientos. A veces hay un anhelo por ver a Dios deteniendo la injusticia en el mundo porque *otros* sufren lo indecible: los pobres, los hambrientos, los marginados, etcétera. La mayoría de nosotros también abrigamos esos sentimientos. Nos causa ira y angustia cada vez que sabemos de gente que atropella cruelmente a sus semejantes. ¡Queremos que Dios los detenga!

Quizás no debemos apresurarnos a condenar a los salmistas cuando le dan rienda suelta a algunas palabras hirientes e invocan a Dios para que intervenga, no hasta que no hayamos caminado en sus zapatos. Hay muchos creyentes en nuestro mundo que sufren injusticias graves y descubren que estos salmos, en realidad, les comunican ánimo, pues pueden expresarle *a Dios* sus anhelos profundos sin buscar la venganza por ellos mismos.

4. Y éste es otro punto importante. Lo que el salmista hace en tales salmos es *obedecer* el mandato de Dios de *no* tomar venganza. No vamos por ahí ajustando cuentas con quienes nos han hecho daño. Al contrario, lo que hemos de hacer es poner el asunto en manos de Dios y dejarlo que trate con el malvado en sus formas y en su tiempo. Eso es lo que los salmistas están haciendo. Le piden a Dios que haga *lo que Dios prometió hacer*, esto es, quitar del camino al perverso y reivindicar al justo, poner las cosas en orden, detener a los que hacen el mal y hacer justicia en este mundo que es el suyo.

5. Es cierto, a veces parecen ser impacientes. ¡Le piden a Dios que se apresure! Incluso le sugieren algunas líneas de acción, ¡precisamente las que les gustaría a ellos acometer! Sin embargo, necesitamos reconocer, además, que en el mundo antiguo, y todavía en muchas culturas tradicionales hoy, había todo un catálogo de maldiciones que uno podía usar. Se contaba con una amplia gama de frases y refranes, listas enteras de maldiciones subidas de tono y realmente desagradables de entre las cuales uno escogía las más convenientes. Así que cuando leemos un salmo, por ejemplo el 109, no debemos imaginar que el salmista quiso decir todo eso literalmente, palabra por palabra. Buena parte del lenguaje es retórico y exagerado.

Por sobre todo, debemos considerar esos salmos, tal como lo hacemos con todo el Antiguo Testamento, a la luz de la revelación y la enseñanza del Nuevo. Eso nos lleva inmediatamente a Jesús, tanto en su enseñanza como en su ejemplo.

6. Jesús tenía claridad en lo siguiente: aquellos que son sus discípulos deben bendecir a los demás, no maldecirlos. Debemos amar a nuestros enemigos, no querer matarlos ni pedir que Dios lo haga (Mt 5.43–48). Él aplico su propia enseñanza durante el juicio en su

contra y la crucifixión. Pudo haber maldecido a sus enemigos en ese momento. Pudo haber usado cualquiera de los salmos si lo hubiera querido. Nadie se habría sorprendido si así lo hubiera hecho. Pero no; los sorprendió, a ellos y a nosotros, con sus palabras inmortales: "Padre, perdónalos…". En ese momento, Jesús trascendió a los salmistas. No dijo que por haber pedido que Dios juzgara al malvado, ellos se habían equivocado. Ésa es una parte de todo el mensaje de la Biblia, ese deseo de que Dios actúe de esa manera. Pero Jesús había venido para *salvar* a los malvados, e incluso en el momento de su muerte; era eso lo que le pedía a Dios que hiciera.

7. Por supuesto, en la cruz, Cristo no solamente llevó sobre sí la maldición del pecado, sino que se convirtió en una maldición para nosotros. Las oraciones de los salmistas en el sentido de que Dios juzgará a los malvados, llegó a cumplirse de esa manera. Dios *juzgó* el pecado y la maldad, pero lo hizo llevando ese juicio, esa maldición, sobre sí mismo en la persona de su propio Hijo.

8. Tal como lo hizo Esteban, el primer mártir, nosotros también debemos seguir el ejemplo y la enseñanza de Jesús, y orar por aquellos que nos hacen el mal (Hch 7.59–60). Eso es algo supremamente difícil de hacer. De hecho, es imposible sin el amor y el poder transformadores de Cristo en nosotros, pero es lo que el apóstol Pablo ordena: "Bendigan a los que los persigan; bendigan y no maldigan" (Ro 12.14, 17–21).

¿Qué hacer, entonces, con esos salmos?

Creo que podemos animar a nuestras congregaciones a entenderlos con mayor esmero en la forma ya descrita arriba. *Nunca* debemos usarlos para insultar directamente a una persona en particular o a un grupo de personas. Ésa es una conducta que nos está estrictamente prohibida. Lo que sí *podemos* hacer es orar esos salmos en un sentido muy general expresando nuestro anhelo de que Dios haga justicia en el mundo y detenga a los malhechores para que no puedan infligir sobre otros tanto dolor y sufrimiento. Sin embargo, como Jesús, no debemos orar que Dios los juzgue sin también pedir y desear que ellos se arrepientan y alcancen el perdón por Cristo que murió por ellos.

Recuerde que cada vez que oramos el Padre Nuestro, pedimos: "Venga tu Reino". Ésa es una oración que le pide a Dios que haga justicia en el mundo, y cuando el reino de Dios finalmente se establezca al regresar Cristo, Dios incluirá un juicio final y la destrucción de los que han persistido en su perversión irredenta. Los salmos de maldición no están en la Biblia para que los imitemos en el sentido de predicarlos u orarlos en contra de nuestros enemigos. Los tenemos para acordarnos de que en el mundo hay sufrimiento real, especialmente el que padecen los cristianos que se enfrentan a la persecución, y debemos orar por ellos pidiendo que Dios los libere de las manos de los que hacen el mal, y que podamos confiar en que, en última instancia, hará justicia en la tierra.

Capítulo 15

Predicación
desde la literatura sapiencial

Hemos ya cubierto un terreno muy amplio hasta ahora, ¿no es así? Nos paseamos por los relatos de los libros históricos, los libros de la Ley, los profetas y los Salmos. ¿Se nos está quedando algo fuera? Hay varios libros más breves para los cuales, me temo, no contamos con el espacio para considerarlos en este estudio: Rut, Ester, Lamentaciones, Cantar de los Cantares; pero hay otro grupo de libros más considerable sobre los que realmente necesitamos decir algo: Proverbios, Job y Eclesiastés. Por lo general, conforman un grupo al que se conoce como "Literatura sapiencial". A veces ese término incluye al Cantar de los Cantares y algunos Salmos, pero nos vamos a concentrar en los tres ya mencionados.

1. Libros sabios de gente sabia

En Israel, y en las naciones a su alrededor del antiguo Medio Oriente, había una clase especial de personas que se conocían como "los sabios" o "los instruidos". Eran personas reconocidas por su conocimiento y sabiduría. La gente acudía a ellas para obtener consejo acerca de toda clase de asuntos. A veces, la dinámica ocurría a un nivel local. Personas mayores en la comunidad, hombre o mujeres, se ganaban el respeto de todos por su experiencia en la vida. A ellos se les confiaba la tarea de aconsejar a los jóvenes, como los padres para con sus hijos. En otras ocasiones, sin embargo, los sabios parecían haber constituido una élite de consejeros de la corte, algo así como los centros de investigación gubernamentales y los administradores. Los descubrimientos arqueológicos nos han permitido saber algo acerca de tales personas tanto en Egipto como en Babilonia. Se han conocido manuales de instrucciones para los servidores del gobierno, ricos en consejos para el éxito en la vida pública. También están los textos filosóficos con sus reflexiones acerca del sentido de la vida y las cuestiones sobre el mal y el sufrimiento. La literatura sapiencial que encontramos en la Biblia es parte de una clase de literatura que es común en todo lo largo y ancho de la cultura del antiguo Medio Oriente, y que se extiende mil años antes de que Israel se asentara en Canaán. Más tarde volveremos sobre esta dimensión internacional de la sabiduría y lo que significa para nuestra predicación.

Lea Jeremías 18.18. Algunos de los enemigos de Jeremías quieren matarlo. Se dicen, entonces, entre ellos mismos: "No importa si matamos a Jeremías. Aún contamos con los sacerdotes que nos enseñan la Ley, tenemos todavía a los profetas que nos dan la palabra de Dios, y los sabios que nos aconsejan. Un profeta menos no hará mucha diferencia". Esto nos muestra que se distinguían claramente esos tres grupos: *sacerdotes, profetas* y *sabios*. Eran profesiones distinguibles.

Así como tenemos los libros de la Ley, que se esperaba que los sacerdotes guardaran y enseñaran, y los libros de los profetas, también tenemos los libros de los sabios de Israel. Esos libros están en la tercera parte del canon hebreo conocido como Los Escritos, el cual incluye a Job, Salmos, Proverbios y Eclesiastés. Proverbios, Job y Eclesiastés son los que vamos a considerar aquí de los libros de ese grupo. En lo sucesivo, cuando usemos la palabra "sabiduría", nos estaremos refiriendo a esos libros, a la literatura sapiencial.

Tal como lo muestra Jeremías 18.18, los sabios eran un grupo aparte de los sacerdotes y los profetas. Veamos, entonces, qué tan diferentes son sus libros.

2. La sabiduría era diferente de la Ley

Antes, un pequeño ejercicio:

> ➤ **Lea** Éxodo 20.14; Levítico 20.10 y Deuteronomio 22.22
> ➤ **Ahora lea** Proverbios 5 y Proverbios 6.20–35

Estoy seguro de que usted puede mirar todos esos pasajes contra el adulterio: la infidelidad sexual en el matrimonio. Todos ellos lo condenan, pero el estilo es muy diferente. Las leyes van sin dilaciones al punto: "¡No lo hagas! La pena es la muerte si lo haces". Es un mandamiento directo de Dios con el respaldo de una sanción legal severa. Pero los Proverbios no nos dan tanto un mandamiento como una advertencia seria con el respaldo de algunos de sus consecuencias desastrosas: "Puedes arruinar tu vida y tu familia. Incluso si te sorprenden y no te ejecutan, hay todavía mucho más por perder. ¡Piénsalo bien!".

Este ejemplo ilustra una diferencia importante entre la sabiduría y la Ley.

> ➢ La Ley ordena. La sabiduría aconseja, advierte y persuade.
> ➢ La Ley se basa en el fundamento de la autoridad de Dios y los requisitos contemplados en el pacto. La sabiduría habla desde la experiencia y señala los resultados posibles.
> ➢ La Ley apunta el dedo directamente en la cara de la persona y le dice lo que no debe hacer. La sabiduría pone su brazo alrededor del hombro de la persona y la insta a pensar mejor.

Como cristianos en nuestras diferentes sociedades, hemos tenido la oportunidad de discutir toda clase de asuntos sociales, políticos y morales de la gente a nuestro alrededor, a veces personas de otras religiones, o gente que no sigue religión alguna. A veces tenemos la oportunidad de predicar en eventos cívicos en la presencia de líderes comunitarios. Creo que la literatura sapiencial nos capacita para hacerlo sin aparecer como si estuviéramos dictando la agenda de la Ley o imponiéndole a la gente demandas legalistas. Podemos abogar por lo que es sabio y prudente. Podemos señalar las buenas o malas consecuencias que vendrán como resultado de ciertas políticas o acciones. Podemos sustentar los valores y las prioridades bíblicas e invitar a otros a considerar el buen sentido que hay en ellos para el bien común.

Recuerde, entonces, la diferencia entre los libros de la Ley y los de la sabiduría si quiere usar el libro de Proverbios como su tema de predicación. *Los proverbios no son leyes.* No constituyen mandamientos, reglas ni declaraciones absolutas de lo que *siempre* sucederá. Son afirmaciones cortas, o concisas, acerca de toda clase de situaciones en la vida. Están diseñados para llamar nuestra atención y hacernos pensar. Nos ofrecen su perspicacia, su perspectiva, su orientación; no son reglas grabadas en piedra. Nos dicen que ciertos comportamientos tienen la tendencia a producir buenos resultados, y que otros llevan a malos resultados. La gente sabia escoge los primeros. La gente insensata opta por los segundos.

Y los resultados, *por lo general,* se ven. Pero no podemos convertir estas observaciones en leyes inalterables ni en promesas garantizadas. La vida es más complicada que eso. No siempre las cosas funcionan de la manera en que los proverbios las describen con simplicidad. También lo sabían las mujeres y los hombres sabios que recopilaron el libro de los Proverbios; ésa es la razón por la cual nos dieron también a Job y Eclesiastés, como veremos más adelante.

3. La sabiduría era diferente a los profetas

A continuación, otro ejercicio breve.

> ➤ **Lea** Jeremías 22.13–17; Ezequiel 34.1–6 ("pastores" es una metáfora para los reyes en Israel); Amos 7.10–11: Isaías 10.1–4.
> ➤ **Ahora lea** Proverbios 8.12–16; 16.10, 12–13; 20.8, 26; 25.2–5; 31.1–9.

Los dos grupos de textos hablan de reyes, gobernadores y líderes políticos. ¿Qué diferencias puede observar? De una parte, los profetas son más hostiles y en sus ataques se dirigen a la persona en cuestión. Denuncian específicamente a los líderes corruptos y que no cumplen su labor, e incluso los mencionan por nombre propio. Los profetas son cortantes y específicos en sus denuncias. Los sabios, por otra parte, establecen principios y plantean expectativas. Son más optimistas, exponen los ideales de un buen gobierno en términos generales. Hablan de cómo deben actuar los líderes políticos. Son muy generales en sus observaciones.

Una vez más, no hay conflicto en principio entre los profetas y los sabios, incluso si se percibe un tono de voz diferente. Los proverbios describen lo que debe ser, mientras que los profetas hablan de lo que es, la "situación en terreno", como solemos decir. Necesitamos las dos perspectivas. Uno no puede criticar *las cosas como son* a menos que se tenga una perspectiva de *las cosas como deben ser.* La Biblia nos da las dos.

La tabla que presento más adelante muestra otras diferencias notables entre los profetas y los sabios.

Ya vimos en los capítulos 11 y 12 que cuando predicamos desde los profetas no podemos entenderlos realmente hasta tanto no hayamos conocido algo del trasfondo histórico de sus mensajes. Necesitamos responder a las preguntas "¿Quién?", "¿Qué?", "¿Cuándo?" y "¿Por qué?" tan claramente como podamos. Sin embargo, cuando predicamos desde la literatura sapiencial, el asunto es mucho más general. Su mensaje no depende de contextos históricos específicos de la misma manera. En ocasiones, incluso es atemporal. Desde luego, hay que recordar que siguen siendo textos que fueron escritos en el contexto cultural del Israel del Antiguo Testamento, y por eso necesitamos saber algo de su cultura y estilo de vida a fin de entender algunos de los refranes proverbiales y los modismos. Pero en otros aspectos, estos libros pueden hablar en un sentido más general en cualquier época.

Los profetas	Los sabios
"Así dice el SEÑOR…"	"Escucha mi consejo…"
Desafío a oír y decidir	Invitación a aprender y entender
Enfoque en la redención y el juicio de Dios	Enfoque en la creación y la providencia de Dios
Uso frecuente de la historia de Israel	No usan la historia de Israel
Contextos específicos y particulares	Relevancia general y universal
Se dirigieron a personas o naciones específicas	Se dirigieron a todo aquel que quisiera escuchar
Estilo directo e imperativo	Estilo reflexivo y persuasivo

4. La sabiduría resaltó a Dios como Creador

¿Está listo para otro ejercicio?

> ➤ **Lea** los siguientes textos de la Ley. A medida que lea cada uno de ellos, observe no solamente lo que dice la Ley sino también la razón con que lo sustenta. *¿Por qué* los israelitas deben observar esas leyes? Éxodo 23.9; Levítico 19.33–36; 25.39–43; Deuteronomio 15.12–15; 24.14–22.
>
> Estoy seguro de que usted se fijó en que todas esas leyes abordan la justicia y la compasión en favor de los que padecen necesidad: los extranjeros, los deudores, los esclavos, los pobres. En cada caso, Dios se acuerda del Éxodo y les recuerda a los israelitas lo que fueron en un tiempo durante su estadía como extranjeros en

> Egipto: una minoría étnica inmigrante y oprimida. Dios fue movido a compasión y los liberó. Por ello, debían hacer lo mismo en favor de las personas que estuvieran en circunstancias similares.
>
> ➤ **Ahora lea** los siguientes textos de la literatura sapiencial: Proverbios 14.31; 17.5; 19.17; 22.2; 29.7, 13; Job 31.13–15.
>
> Una vez más, son pasajes que tienen que ver con la manera como nos relacionamos con los que padecen pobreza y necesidad. Debemos tratarlos con bondad y respeto, y tomar en serio sus quejas con toda justicia. ¿De qué manera el escritor sapiencial sustenta su tesis? *Él se refiere a la creación*. Dios es el Creador de todos nosotros, seamos ricos o pobres. Todos tenemos un solo Hacedor y compartimos una misma humanidad. Si nos burlamos o insultamos al pobre, nos estamos burlando efectivamente de Dios, su Creador. Si somos misericordiosos para con el pobre, "le estamos haciendo al Señor un préstamo".

La Ley, los libros de sabiduría, y también los profetas, desde luego, nos enseñan acerca de la justicia social y la compasión. No hay diferencia en sus objetivos. Todos buscan el mismo fin. Quieren que la gente haga lo que es justo y amable en la sociedad. Pero hay una diferencia significativa en la manera mediante la cual *motivan* a la gente a que haga esas cosas.

La Ley y los profetas apuntan a la historia de Israel. Le recuerdan a Israel que son una nación que Dios redimió sacándola de la esclavitud en el Éxodo. Le recuerdan el pacto. Eso ya lo vimos en los capítulos sobre la Ley y los profetas. Se dirigían a un pueblo redimido que debía haber sabido cómo vivir en una manera consistente con lo que Dios, en su gracia, había hecho por él.

Los escritores sapienciales, por su parte, no se refieren en absoluto a la historia de Israel. No apelan a ninguna de las grandes tradiciones históricas de su fe. No mencionan la promesa a Abraham ni el Éxodo ni Sinaí ni el peregrinaje por el desierto ni la conquista de la tierra. No apuntan tampoco a la historia de redención que conocemos muy bien de los primeros libros de la Biblia.

No puede ser que los hombres y las mujeres sabios de Israel no conocieran esas tradiciones. Ellos vivían en Israel; ¡*tenían* que haberlas conocida todas! Por supuesto, al usar el nombre divino de YHWH, el

Señor, como lo hacen repetidamente, los escritores sapienciales muestran que lo conocían como el Dios de la redención y la alianza. Pero sabían, como todos los israelitas, que el mismo Dios que era el Redentor de Israel, era también el Creador del mundo entero y de todas las naciones. Se daban cuenta de que Dios era moralmente consistente, y por eso sus estándares también debían aplicarse a todo el mundo. Los escritores sapienciales vieron que hay principios morales insertos en la creación misma. Son patrones de vida que benefician a todo el mundo en todas partes, y que también existen patrones de vida que son dañinos para la vida humana en todo lugar. En otras palabras, mientras que la Ley y los profetas se dirigían a Israel en particular como el pueblo redimido por Dios, la literatura de la sabiduría tiene un atractivo humano más universal.

Sin embargo, no hay contradicción, pues, como ya vimos en el capítulo 10, Dios había creado a Israel desde el principio para que fuera el medio por el cual Él iría a bendecir a todas las naciones. Dios les dio su Ley en parte para hacer de ellos un modelo a las naciones. La enseñanza que encontramos en la Ley del Antiguo Testamento podía usarse como un ejemplo o paradigma para otros. Eso es lo que hacen los escritores sapienciales. Ven los principios generales detrás de las leyes específicas, y las convierten en consejo, guía, proverbios e imágenes que cualquier persona puede entender y atesorar.

Creo que es de provecho recordar este punto si vamos a predicar a partir de esos textos. La sabiduría de la Biblia no es solamente para los cristianos, sino para todo el mundo. Todos nosotros somos seres humanos, hechos a imagen de Dios, y vivimos en el mundo de Dios. Eso significa que tenemos que respetar a todo el mundo, sin importar el trasfondo étnico o cultural del cual provengan ni la religión que observan ni el estatus social que puedan tener. Hay una igualdad fundamental para todos los seres humanos porque Dios nos creó a todos. La literatura sapiencial lo afirma y aporta así un buen punto de partida para nuestra predicación de ese mensaje. En breve volveremos a pensar más sobre las posibilidades que todo esto nos da para tender un puente hacia el evangelio.

5. La sabiduría planteó preguntas difíciles

¿Puede soportar un ejercicio más? Consta de dos partes. En cada una usted leerá dos pasajes lado a lado para contrastarlos.

> ➤ **Lea** el salmo 146.5–9
>
> ¿Qué dice acerca de YHWH, el Señor Dios? Es reconfortante, ¿no es así? Ése es el Dios que Israel conocía y adoraba.
>
> ➤ **Ahora lea** Job 24.1–12
>
> ¡Qué contraste más monumental! Job ve lo que realmente les sucede a los pobres y a los necesitados en este mundo caído, y su corazón se quebranta. Para empeorar, ¿qué dice Job acerca de Dios en los versículos 1 y 12? Dios parece impasible y no dice nada acerca de las tragedias de la injusticia y del sufrimiento en nuestro mundo.
>
> ➤ **Lea** Levítico 26.3–5, 14–17 y Deuteronomio 30.15–18.
>
> Estos textos expresan la lógica directa del pacto entre Dios e Israel. Si Israel anda en obediencia a Dios, puede seguir disfrutando su bendición, pero si es infiel y malvado, sufrirá terriblemente bajo su juicio. La cosa parece muy simple.
>
> ➤ **Ahora lea** Eclesiastés 8.14–9.4.
>
> ¡Aquí hay otro gran contraste! El autor de Eclesiastés (con frecuencia se le da el nombre con el que se llama a sí mismo en el libro: Qohelet, que significa "El predicador") observa que a veces la vida arroja lo opuesto de lo que tendríamos el derecho de esperar sobre las bases de Levítico y Deuteronomio. ¡Lo que la gente merece en justicia parece ir a parar a las manos equivocadas! Y al final, todo el mundo se muere. ¿Cuál es el sentido de todo eso?

Como ya dije, las mujeres y los hombres sabios de Israel conocían la Torá y los Salmos. Parece, entonces, que a veces escogían las afirmaciones más fuertes que encontramos allí y les planteaban un cuestionamiento serio. Es como si hicieran lo que usted acaba de hacer en el ejercicio anterior. Decían: "Miren lo que dice este texto. Ahora miren el mundo alrededor. Algo no calza ahí, ¿no es así?".

Es importante decir que los escritores sapienciales no *negaban* las Escrituras. Eran creyentes, no ateos, pero estaban dispuestos a *plantear las preguntas difíciles* acerca de la manera en que la vida no siempre resulta en un camino nítidamente demarcado ni en lo que Biblia dice que debiera ser. Pero incluso en medio de esas preguntas perturbadoras, seguían creyendo en Dios y confiando en que Él aparejaría todas las cosas al final. Incluso Eclesiastés concluye con un consejo serio:

> El fin de este asunto es que ya se ha escuchado todo. Teme, pues, a Dios y cumple sus mandamientos, porque esto es todo para el hombre. Pues Dios juzgará toda obra, buena o mala, aun la realizada en secreto *(Ec 12.13–14)*.

"Esto es lo que yo *creo* —parece decir—, pero esto es lo que *veo* en el mundo. ¿Por qué? ¿Por qué?".

Es importante que cuando prediquemos desde los libros sapienciales conservemos el mismo balance que observa la sabiduría. Podemos llegar a ser ingenuamente optimistas si sólo leemos los Proverbios y pensamos que la vida siempre sera así, o nos convertirnos en personas pesimistas y deprimentes si solamente leemos el Eclesiastés y pensamos que no tiene sentido vivir, ya que la vida es tan inútil, frustrante y breve. La tradición sapiencial ofrece un mecanismo de "autocorrección" que nos previene de caer en un extremo o en el otro. Es como si se diera una conversación entre los libros, la cual puede sonar de la siguiente manera:

> **Proverbios**: Aquí hay unas guías para la vida. Síguelas y tu vida será larga y feliz.
>
> **Job y Eclesiastés**: Eso lo hicimos. No es así.
>
> **Proverbios**: De todas maneras, vivimos en el mundo de Dios, e incluso en medio del sufrimiento y la frustración, siempre será mejor seguir las instrucciones de Dios, así la vida sea dura o injusta.

El libro de Job lucha con el problema del sufrimiento de la gente buena que no parece merecerlo. Es un drama escrito con brillantez en el que vemos a un hombre tan justo como uno se lo pueda imaginar (tanto el narrador como Dios así lo afirman, 1.1, 8; 2.3), pero que sufre lo peor que se pueda concebir. Los discursos de sus amigos exploran todas las razones posibles que den cuenta de su sufrimiento, especialmente la razón teológica consistente en que sufre porque tiene que estar cosechando los resultados de los pecados por él cometidos. Pero están completamente equivocados. Nosotros lo sabemos (porque leímos los capítulos iniciales), Dios lo sabe y Job lo sabe. Sin embargo, sufre. Lo peor de todo no es sólo el sufrimiento sino el *silencio de Dios*. Job no puede llegar a Dios para presentar su queja y ser vindicado. Al final, cuando Dios habla, no responde el problema del sufrimiento. Al contrario, restaura su relación con Job y le pide, en efecto, que confíe en Él, quien es mayor que todo lo que podamos imaginar, el Dios que en últimas controla las mismas fuerzas del mal que nosotros no entendemos.

El libro del Eclesiastés lucha con el problema de la futilidad de la vida. El Qohelet sabe que la vida es pletórica de cosas buenas: alimento, bebida, trabajo, matrimonio, familia, etcétera; y que todas estas cosas son dones de Dios que nosotros debemos disfrutar. Pero con frecuencia, incluso las cosas buenas en la vida terminan siendo destruidas o desperdiciadas, o van a dar a manos de la peor gente. Al final, la muerte parece quitarle todo el sentido a tanto esfuerzo. El Eclesiastés sabe que es mejor ser sabio que insensato, pero cuando uno muere, ¿de qué vale todo eso? Un sabio muerto es tan muerto como un necio muerto, y los dos son tan muertos como un perro muerto. ¿Cuál es la diferencia al final de todo? Nada tiene sentido. Todo es una frustración, un *sinsentido* (ése es el significado de la palabra hebrea que suele traducirse como "vanidad").

Yo creo que Eclesiastés es el mejor comentario en el Antiguo Testamento de Génesis 3. Es un libro que nos muestra los resultados de la caída en la vida humana. Su mirada se centra con atención en el polvo de la muerte que Dios dijo sería nuestro destino. Solamente Romanos 1.18–32 ahonda un poco más cuando describe los resultados terribles del pecado. Eclesiastés se le mide a las realidades duras. El Predicador conoce *algo* de la verdad acerca de Dios y sigue confiando en Él, pero simplemente está desconcertado, con dolor, deprimido por lo que sucede en nuestro mundo. ¿No somos eso también nosotros en algunas ocasiones? Creo que Eclesiastés habla abiertamente lo que mucha gente piensa, siente y pregunta, lo cual establece un puente con el evangelio, como ya veremos en breve.

Por ahora, ¿cuál es el aporte de la literatura sapiencial a nuestra predicación? Creo que Dios el Señor puso esos libros en la Biblia por la misma razón que tuvo para incluir los salmos de lamento. Ésos son poemas que nos *permiten* levantar las preguntas más difíciles, vérnoslas con los problemas terribles del sufrimiento, bregar con los asuntos que nos atormentan e incluso quejarnos y protestar porque las cosas simplemente no son como deben ser. Al igual que esos Salmos, la literatura sapiencial hace todo eso *desde la postura de una fe y una confianza humildes*. Ahí está la clave para nuestra predicación, pienso yo. Debemos mantenernos en humildad y no tratar de "saberlo todo" o pretender que lo sabemos. Creo que de esa manera estaremos protegidos de dos peligros opuestos:

➤ Por una parte, algunos predicadores pueden llegar a ser muy *dogmáticos*. Parece que esperan lucir como si tuvieran todas las respuestas correctas a cada pregunta. Cualquier cosa que el pastor diga tiene que ser la verdad final sobre algún asunto. Confío en que usted no se sienta tentado a ser uno de ellos, pero con toda seguridad conoce a predicadores que sí lo están. Son personas que pueden explicarlo todo y que insisten en que su interpretación tiene que ser aceptada. El problema se encuentra en que los amigos de Job eran precisamente ese tipo de gente. Ellos tenían todas las respuestas acertadas, o eso creían, pero se hallaban totalmente equivocados y, pastoralmente, fueron crueles. Dios los condenó al final por hablar *erróneamente* acerca de Él y de Job.

➤ Por otra parte, están los predicadores que pueden llegar a ser muy ingenuos. Son los que predican como si todo al final fuere a resultar exactamente como la Biblia lo dice en uno que otro versículo en particular. Expresan promesas brillantes y despiertan expectativas irreales. Ignoran que la Biblia misma muestra que la vida no siempre termina siendo color de rosa en nuestro mundo caído.

No hay duda de que la literatura sapiencial nos invita a ser *humildes* en nuestra predicación, y en la vida en general. Hay momentos en los que debemos decir: "Yo no sé la respuesta para este problema. No sé por qué acontecieron esas cosas. No sé por qué Dios permite tales cosas que parecen ser contrarios a todo lo que nosotros conocemos de Él". *En la Biblia hay gente* que tampoco pudo llegar a una respuesta, pero plantearon sus interrogantes y lucharon y bregaron en su dolor y, a veces, en su ira. Dios *nos permite* hacerlo, nos permite sentir de esa manera y decir esas cosas. Está bien no sentirse bien. Incluso, Dios nos da ejemplos de gente que estuvo así (en los Salmos de lamento y libros como Jeremías, Job y Eclesiastés) de tal manera que podemos apropiarnos de sus palabras. Pero mantengámonos asidos a Dios incluso en nuestras luchas, tal como ellos lo hicieron. Sigamos confiando aun cuando no podamos entenderlo. El temor del Señor es el inicio de la sabiduría.

6. La sabiduría como puente al evangelio

Al comienzo de este capítulo afirmé que la literatura sapiencial en el Nuevo Testamento es parte de una amplia gama de escritos del mundo del antiguo Medio Oriente. Los sabios de Israel, hombres y mujeres, pertenecían a una especie de clase internacional que estuvo presente en diferentes culturas. Ellos lo sabían. El Antiguo Testamento se refiere a esos sabios y sabias provenientes de otros países alrededor, a veces con admiración y en ocasiones con menor generosidad. Ellos sabían, por ejemplo, acerca de las tradiciones o escuelas de sabiduría de Egipto (Gn 41.8; Éx 7.11; 1R 4.31), Edom, (Jer 49.7), Tiro (Ez 28; Zac 9.2), Asiria (Is 10.13) y Babilonia (Is 44.25; 47.10; Jer 50.35). Tenemos el ejemplo de la reina de Saba, quien vino, al igual que otros turistas culturales, a visitar a Salomón y admirar su sabiduría (1R 4.29–34; 10.1–9). Parece como si Jerusalén se hubiera convertido en una ciudad universitaria.

Se conocen fragmentos de una porción considerable de los escritos de esas otras culturas, especialmente de Egipto y Mesopotamia, la tierra de Asiria y Babilonia. Es interesante ver que sus libros sapienciales tocaban algunos de los mismos asuntos que encontramos en el Antiguo Testamento. Por ejemplo, son libros que dan consejos de habilidades sociales básicas: cómo comportarse con la familia y los amigos. Se ocupan del orden moral, la estabilidad social y el buen gobierno. Aconsejan sobre cómo alcanzar el éxito en la vida política. Hablan acerca de cómo tener un buen matrimonio y una buena familia. Reflexionan sobre otros asuntos filosóficos como la justicia divina (¿los dioses actúan con justicia?) y el problema del sufrimiento inmerecido.

Sin duda alguna los sabios y las sabias de Israel no solo conocieron la sabiduría de las otras culturas. sino que también se valieron de esos aportes para componer sus propios escritos. Hay un texto egipcio, *La sabiduría de Amenope*, el cual guarda tanta similitud con Proverbios 22.17–24.22 que es claro que el autor de Proverbios tenía una copia. Hay una apertura notoria a reconocer que Dios también había dado sabiduría a los pueblos de otras naciones.

Sin embargo, los israelitas se dieron cuenta de que debían proceder con cuidado al usar la sabiduría de otros pueblos. Aunque respetaban y se podían beneficiar de los aportes de ellos, los autores israelitas no consumieron esa sabiduría sin procesarla. No se les puede acusar de plagio. Así como existen similitudes, también hay diferencias claras,.

Por ejemplo, asuntos que aparecen en esos textos sapienciales foráneos brillan por su ausencia en los del Antiguo Testamento, tales como el politeísmo (tener varios dioses), la prácticas ocultas y el interés en el "inframundo" luego de la muerte, el uso de la magia, el fatalismo (aceptar todo lo que sucede como destino impersonal inalterable).

De otra parte, los escritores veterotestamentarios afirman su fe en un Dios único, verdadero y viviente, el Dios de la alianza con Israel. Todo en la vida ha de estar relacionado con Dios y su soberanía. El mismo punto de partida y principio fundador de la sabiduría era darle a Dios el respeto y la obediencia que son solo suyos: "El temor del Señor es el principio de la sabiduría".

¿Cómo es que todo esto puede tender un puente hacia el evangelio?

Así como ocurrió en el Antiguo Testamento, nosotros, como cristianos, también vivimos en un mundo en el que tenemos muchas en cosas en común con la gente a nuestro alrededor. La gente común y corriente en todo lugar tiene el deseo de vivir con felicidad, tener una buena familia, disfrutar su trabajo, alcanzar el éxito, granjearse el respeto de los demás y vivir en una sociedad que mantenga el buen orden y castigue a los malhechores. Éstos son deseos comunes de las personas en todas las culturas. También compartimos con los demás los mismos problemas. En todas partes sufrimos de enfermedades, robo, violencia y muertes accidentales absurdas. Todos nos preguntamos por qué suceden esas cosas y ansiamos un mundo mejor donde tales cosas no ocurran. Todos ellos son tópicos que aparecen en la literatura sapiencial de la Biblia y en la cultura a nuestro alrededor. Las dos se pueden traer juntas en nuestras conversaciones y, a veces, en nuestras predicaciones.

Tengo un buen número de amigos cristianos que trabajan en diversas culturas en todo el mundo. Ellos dicen que son muchos los puntos de contacto entre los refranes y las historias de esas culturas y la literatura sapiencial en la Biblia. La literatura de sabiduría es útil para establecer contactos y construir relaciones con otros culturas. La Sociedad Bíblica de Tailandia publicó recientemente el libro de Proverbios en tailandés, por ser una herramienta provechosa para comenzar conversaciones con otras personas en esa sociedad.

Sin embargo, un puente es tan solo eso: un puente. Algo tiene que cruzarlo. Ahí necesitamos encontrar la forma de aprovechar el puente de la sabiduría para el avance del evangelio. Mi propuesta es que nos valgamos, entonces, de tres palabras simples: *Sí, Pero, Entonces.*

➤ *Sí:* cuando coincidimos con otros en muchos tópicos de interés común y de anhelos afines. Podemos mostrar que la Biblia también habla de esas cosas en los libros sapienciales. Aquí se construye el puente.

➤ *Pero:* cuando tenemos que decir que buena parte del dolor en nuestro mundo es por causa de nuestro propio pecado (así el pecado no dé cuenta de todo el dolor, sigue siendo cierto que buena parte de nuestro sufrimiento es el resultado del pecado humano o su necedad). Ése es el diagnóstico de la Biblia. Podemos relacionar ese problema con cualquier asunto que compartamos en común.

➤ *Entonces:* se presenta cuando mostramos lo que Dios hizo a través de Jesucristo y la gran historia de la Biblia para darnos salvación, vida y esperanza. ¡Hay buenas noticias para compartir!

Yo creo que la mejor alternativa para predicar desde el libro de Proverbios es probablemente la *temática*. Los primeros nueve capítulos son claramente temáticos y pueden predicarse por capítulos enteros. A partir de ahí, sin embargo, parece que los proverbios vinieran unos encima de otros, atropellándose, como si cayeran en una cascada. No es fácil predicar un sermón coherente con un solo punto focal de todo un capítulo, y probablemente sea una exageración predicar todo un sermón a partir de un solo versículo. Por ello, creo que es más provechoso escoger alguno de los temas capitales que encontramos repitiéndose vez tras vez y predicar a partir de allí, usando una cantidad de versículos diferentes. Sugiero a continuación lo que podemos hacer para tender puentes hacia el evangelio. Me permito proponer cuatro temas mayores. Usted debe estar en la capacidad de encontrar muchos más a través de su propio estudio.

a) La sabiduría y la familia: el matrimonio, los padres y los hijos

➤ *Sí:* Proverbios es un libro elocuente en su afirmación del matrimonio, las virtudes de una buena esposa y la importancia de la fidelidad (Pr 5; 7; 12.4; 18.22; 19.14; 31.10–31). Hay allí mucho material acerca de la relación entre padres e hijos (1.8; 2.1; 3.11–12; 4.1–4; 13.24; 22.6, 15). Probablemente existen proverbios similares en otras culturas. Usted puede hacer algunas comparaciones útiles entre los proverbios bíblicos y los dichos comunes en su país acerca del matrimonio y la tarea de ser padres.

➢ *Pero*: Vemos la realidad de la caída en el pecado humano en todas esas áreas. Los matrimonios se rompen. Las familias se desintegran. Los padres son crueles. Los hijos se descarrían. El mismo Antiguo Testamento ilustra esas realidades en muchas de sus historias. La Biblia es terriblemente honesta acerca del fracaso humano en las relaciones familiares.

➢ *Entonces*: Puesto que necesitamos el evangelio del perdón y la gracia de Dios en todas esas relaciones, necesitamos también conectar nuestra predicación de lo que Proverbios tiene que decir a lo que el Nuevo Testamento enseña acerca de cómo el evangelio transforma las relaciones al interior de la familia.

b) La sabiduría y los amigos

➢ *Sí*: Los Proverbios le dan a la amistad un gran valor (17.17; 27.6), y ven la importancia de la amabilidad y la generosidad como una manera de sostener la amistad (11.17, 25; 12.10; 14.31; 22.9). La mayoría de las culturas admiran estos valores.

➢ *Pero*: La caída nos ha convertido a todos en personas egoístas y codiciosas. Peleamos por nuestros intereses y a veces olvidamos a los demás e incluso traicionamos a nuestros amigos. Una vez más, el Antiguo Testamento tiene mucho que decir sobre estos temas en sus historias.

➢ *Entonces*: Necesitamos el evangelio del amor reconciliador de Dios que nos convierte en, no solo amigos, sino en hermanas y hermanos en Cristo. Ése es un lazo mucho más fuerte que demanda dosis mayores de amabilidad y generosidad entre nosotros.

c) La sabiduría y el trabajo

➢ *Sí*: El trabajo es uno de los buenos dones de Dios en la creación. Dios mismo es un obrero en Génesis 1 y Él hizo a los seres humanos a su propia imagen. Los Proverbios le asignan al trabajo un valor alto, así como la pereza sufre una condenación fuerte (6.10–11; 10.4–5; 12.11;

14.23; 26.13–16). Éste es un valor altamente apreciado en todas las culturas, aunque no se cultive cabalmente. El trabajo es algo que compartimos en común con casi todo el mundo alrededor de nosotros.

➤ *Pero*: Nuestro trabajo se ha corrompido y deteriorado de maneras diversas por el pecado. Tenemos que trabajar más de la cuenta y sudar solamente para poder sobrevivir. El trabajo puede ser un arma de opresión y explotación para oprimir a otros, que fue lo que sufrieron los hebreos en Egipto, y muchos padecen en el mundo de hoy. El trabajo puede parecer inútil y frustrante, como lo muestra Eclesiastés con tanta claridad. El pecado ha infiltrado el mundo del trabajo en maneras ostensibles.

➤ *Entonces*: Necesitamos el evangelio de un Dios que nos restaura en nuestra verdadera humanidad en Jesucristo. El Nuevo Testamento contiene grandes enseñanzas sobre la importancia del trabajo y también condena la pereza y el ocio. El evangelio transforma el trabajo del cristiano. Incluso los esclavos pueden "trabajar para el Señor", y nuestro trabajo puede contribuir a la nueva creación (Ap 21.24, 26). En Cristo, nuestro trabajo "no es vano". Las palabras de Pablo al final de 1 Corintios 15 de manera deliberada hacen eco a la queja del Eclesiastés. Qohelet se queja de que "todo es vanidad". Pablo dice: "No, así no es, no es vanidad cuando tú estás en el Señor Jesucristo resucitado".

d) La sabiduría y el sufrimiento y la muerte

➤ *Sí*: Todas las culturas saben de las realidades del sufrimiento, la injusticia y la muerte, y tratan con ellas de maneras diferentes. La literatura sapiencial, especialmente Job y Eclesiastés, luchan también con esos males.

➤ *Pero*: Aunque los escritores sapienciales conocían muy bien la conexión entre el pecado y el sufrimiento, en el sentido general de que buena parte del sufrimiento en el mundo se debe a los errores y la necedad humanos, también sabían que las grandes interrogantes siguen sin poderse responder.

Job plantea el problema del sufrimiento inmerecido de la gente buena. El libro *rechaza* las "explicaciones" que ofrecieron los tres amigos y Eliú. No debemos, entonces, unirnos a esos amigos ni soltar esas mismas razones a modo de explicaciones cuando tenemos amigos o miembros de nuestra congregación que sufren de alguna manera o han sido afectados por un desastre. Algunos predicadores caen en la tentación de decir que, en últimas, Job cometió el pecado de la autojustificación. Se basan en Job 32.1–2 para decir que él "era justo ante sus propios ojos", y creen que eso tiene que ser una equivocación seria y pecaminosa. Pero Job fue justo también ante los ojos de Dios, y así lo dijo en dos ocasiones. Si Job hubiera caído repentinamente en pecado, Dios le habría pedido a los tres amigos que oraran por él, pero en lugar de eso, le dijo a Job que orara por ellos. Él estaba en lo correcto; ellos, en la equivocación. No debemos predicar el libro de Job de una manera que termine aliándose con los amigos y acusando a Job. No. Al final, Dios no responde la pregunta de Job ("¿Por qué sufro cuando sé que no estoy siendo castigado por pecado alguno?"), pero sí responde el anhelo de Job: la presencia de Dios mismo y una relación correcta con Él. Al final, Job fue justificado.

➤ *Entonces*: Necesitamos traer a la luz del evangelio el asunto que angustió a Job. Dios anhela declararnos, también a nosotros, justos ante sus ojos, pero eso sólo puede conseguirse mediante Aquel que sufrió de manera inocente por nosotros. En últimas, el único verdaderamente Justo fue Jesucristo. Gracias a Él, quien era inocente de todo mal y aun así sufrió en lugar de nosotros los pecadores, podemos ser justificados por la fe y un día lo veremos cómo nuestro Redentor viviente. Esto no responde el problema, así como tampoco lo responde el libro de Job, pero lo pone en la perspectiva de la cruz. Dios ha estado allí por nosotros.

Eclesiastés levanta el problema de la muerte. La vida misma ya es lo suficientemente confusa y frustrante, pero incluso si fuera buena, la muerte viene de todas maneras al final con su pretensión de destruir todo el valor y toda la esperanza. El libro clama a Dios para que haga algo en relación con la futilidad y la incertidumbre de "la vida bajo el sol," y para que venza la maldición terrible de la muerte.

➤ *Entonces*: Necesitamos el evangelio que nos dice que Dios ya hizo esas dos cosas. El autor del Eclesiastés no podía saber lo que nosotros sabemos a través del Nuevo Testamento. No supo que Dios, en quien confiaba pero al que no podía entender, un día iba a entrar en este mundo; no supo que en la encarnación de su Hijo, Dios experimentaría todas las limitaciones y frustraciones de "la vida bajo el sol"; no supo que el mismo Dios, a través de Cristo, sufriría exactamente lo que un versículo en el Eclesiastés describe como "sinsentido" y lo transformaría en el medio para nuestra salvación:

> En la tierra suceden cosas absurdas, pues hay hombres justos a quienes les va como si fueran malvados, y hay malvados a quienes les va como si fueran justos. ¡Y yo digo que también esto es absurdo! *(Ec 8.14)*.

¿Tenía Pablo, acaso, ese versículo en mente cuando escribió: *Al que no cometió pecado alguno, por nosotros Dios lo trató como pecador, para que en él recibiéramos la justicia de Dios* (2Co 5.21)? Quizás. No sé. Sin embargo, estoy convencido de que Pablo sí tuvo a Eclesiastés en cuenta cuando concluyó su gran capítulo acerca de la resurrección de Cristo con las palabras:

> Por lo tanto, mis queridos hermanos, manténganse firmes e inconmovibles, progresando siempre en la obra del SEÑOR, conscientes de que su trabajo en el SEÑOR no es en vano (1Co 15.58).

¡No es en vano! No es un sinsentido. No es vacío. No es vanidad. La palabra que Dios usa en ese verso es la misma que la traducción griega del Antiguo Testamento, la Septuaginta, utilizó para la palabra que en el Eclesiastés retumba con un eco constante: "Sinsentido. ¡Nada tiene sentido!". "¡No!", dice Pablo. Ya no, porque Cristo murió y resucitó. Dios derrotó la muerte. La muerte ya no tiene la victoria. Al final, la muerte misma ya no será más.

El evangelio de la vida, muerte y resurrección de Jesús es la respuesta de la Biblia al desafío del Eclesiastés.

No estoy diciendo ahora que el Eclesiastés no sea veraz ni que debe desaparecer de la Biblia. No. Es un libro *sumamente* veraz en su descripción de la realidad de la vida en este mundo caído. Al igual que el Eclesiastés, nosotros podemos ver toda la bondad que hay por ser el don de Dios en su creación, pero también podemos ver todo lo que ha sido dañado y afectado por el pecado. Usted puede ponerlo así: Eclesiastés es una reflexión del *mundo tal cual lo conocemos en la Etapa 1 y la Etapa 2 de la gran historia de la Biblia*, pero fue escrito por alguien que vivió en la Etapa 3 y no tenía el conocimiento de lo que Dios haría en la Etapa 4, ni cómo va a terminar la historia de la Biblia en la Etapa 6. Por la gracia de Dios ya sabemos todo lo que Dios hizo a través de Jesucristo, y todo lo que hará cuando regrese, tal como lo revela el Nuevo Testamento. Así veo que podemos predicar el Eclesiastés. Podemos explorar todo lo que Qohelet dice acerca de la vida, y estar de acuerdo con él en que es realista, y su observación, correcta. Pero sabemos también que la única respuesta a los problemas y la maldad que observa se encuentra en el evangelio del Señor Jesucristo.

Una vez más (¡y por última vez!), espero que usted pueda ver de cuán ayuda es ubicar lo que leemos en la Biblia en la corriente de su gran historia. La Biblia *como un todo* nos trae la buena noticia de Dios. Incluso cuando leemos las partes de las "malas noticias", podemos entenderlas a la luz de la revelación completa de Dios en el evangelio. Incluso cuando un libro como el Eclesiastés no la *conoce*, es hacia allá a donde dirige su atención en sus preguntas sin respuestas y sus anhelos no satisfechos.

A continuación menciono otros temas que atraviesan el libro de Proverbios, especialmente. Tómese su tiempo para leer todo el libro seleccionando versículos que se relacionan con estos temas, y luego compilándolos en una lista para escoger los más apropiados para la construcción de un sermón.[46]

- ➤ *Rectitud y justicia*: Hay una preocupación seria por la integridad en la vida política y el ejercicio adecuado de la autoridad en la comunidad por parte de aquellos cuyo deber es mantener la vigencia de los estándares de justicia y equidad. Al mismo tiempo, se condena toda clase de perversidad e inequidad.

- ➤ *Bondad y compasión*: Puesto que Israel sostiene en gran estima el amor, la fidelidad y la compasión de Dios (ver especialmente los Salmos), estas cualidades deben verse en aquellos que "temen al Señor".

- ➤ *Las palabras y el habla*: Dios nos dio un arma poderosa en nuestra boca: la lengua (como Santiago también lo dice). Son muchos los

---

46 Si usted tiene acceso a Derek Kidner, *Proverbios* (Buenos Aires: Editorial Certeza, 1990), la Introducción contiene un repaso muy útil de los diferentes temas en Proverbios con versículos que los ilustran.

proverbios que tocan el tema del uso del don del habla, sea ése un uso sabio o insensato, dador de vida o destructivo, sanador o lesivo. Hay una condenación particular para el chisme, en lo que Pablo coincide.

Modelos de bosquejos para sermón

Aunque justo hace un momento dije que lo mejor es predicar temáticamente desde los Proverbios, también es posible tomar todo un capítulo y trabajar un bosquejo de sermón que seleccione sus rasgos principales. Aquí hay un ejemplo:

Rectitud para la vida

Proverbios 11

La rectitud, tanto en el Antiguo como en el Nuevo Testamento, significa no solamente estar en una relación correcta con Dios, sino también cultivar las relaciones apropiadas con la sociedad. Los Proverbios abundan en dichos acerca de la "persona recta", en contraste con la malvada. Este capítulo ilustra varios aspectos de lo que significa la rectitud.

Usted puede predicar un capítulo como éste resaltando la relevancia de los primeros dos puntos para la sociedad en general; pero, cuando llegue a la tercer, parte puede mostrar cómo, al final, nuestra única seguridad descansa en la rectitud que viene de Cristo que nos garantiza vida eterna y confianza en el día del juicio.

Si usted predica este tipo de material, especialmente a cristianos, debe tratar de conectarlo con otros textos relevantes de la Ley y los profetas, o con algunas de las enseñanzas de Jesús y los apóstoles en el Nuevo Testamento.

1. Rectitud en la vida económica

➤ El versículo 1 establece un fundamento principal (por ej., Lv 19.35–36; Mi 6.10–11). La deshonestidad en el comercio no es solamente ilegal, sino un pecado que Dios aborrece.

➤ El versículo 15 hace eco a las advertencias en 6.1–5.

➤ El versículo 18 muestra la inconstancia de las riquezas que se obtienen mediante el engaño, y el valor del premio honesto.

➤ El versículo 26 condena al acaparador que retiene algo que la gente necesita con el ánimo de obtener una ganancia mayor al empujar una alza en los precios; una maldad, que se comete hoy a escala internacional.

➤ Los versículos 24–25 aplauden la generosidad y pueden haber influenciado a Pablo en 2 Corintios 9.6–15.

2. Rectitud en la vida social

➤ Los versículos 10–11: En posiciones de liderazgo social, en el gobierno a niveles municipal o nacional, la integridad es un requisito y también un beneficio para todos.

➤ Los versículos 9, 12, 13: Entre amigos y vecinos, el recto cuida lo que dice. El que esparce mal testimonio, el chismoso o el que propaga noticias falsas no son solamente objeto del rechazo general, sino que son destructivos, así como una abominación a Dios (6.12–19), pero al final se hacen un daño ellos mismos (v. 17).

3. Rectitud y seguridad en la vida

➤ La vida está llena de peligros y amenazas provenientes de todas partes. Este capítulo afirma que el camino mejor para estar seguro es la rectitud: ser una persona de integridad (vv. 3, 6, 8, 19, 21, 30, 31). Es similar al refrán: "Honestidad: la mejor publicidad".

➤ Pero en la experiencia concreta en un mundo caído no siempre suele ser así. Aquí hay algunas pistas para discernir un sentido más espiritual o eterno en las que la rectitud conduce a la vida (vv. 19, 30).

➤ Incluso si el versículo 18 no siempre funciona exactamente como lo dice su letra, habrá un corte de cuentas final que pondrá todas las cosas en claro (v. 21).

➤ No confíe en las riquezas. Lo que cuenta al final no es lo que la persona *tiene*, sino lo que la persona *es* (v. 4, 21).

La vida de codicia

Eclesiastés 5.8–20

Éste puede ser un mensaje que advierte a los cristianos de los peligros de la codicia, y también hay mucho de eso en el Nuevo Testamento, especialmente en Jesús. Pero puede igualmente usarse evangelísticamente de manera cortés, ya que expone algunos de los peligros y engaños de la riqueza y la codicia, que son tan prevalentes en la sociedad. El tema puede conducir a una conclusión con el evangelio que vaya más allá de la conclusión positiva que aporta el mismo pasaje.

1. La codicia es opresiva cuando se combina con la burocracia (vv. 8–9)

➢ Una observación acertada acerca de la jerarquía social y la manera como el dinero parece fluir hacia arriba desde los pobres hasta los ricos, a pesar de las teorías del goteo (*trickle-down*), tan en boga en los sistemas económicos vigentes.

2. La codicia no se satisface y produce estrés y ansiedad (vv. 10–12)

➢ La codicia se nutre de ella misma. Entre más riquezas usted tenga: (i) más numerosos serán los mendigos que lo rodean; (ii) menor será su disfrute personal aparte de la necesidad de mantener una buena imagen; (iii) mayor será su ansiedad y más cortas sus noches de descanso. La gente gasta cantidades enormes de dinero en esquemas de seguridad, muros, guardias personales, sistemas de alarmas, etcétera.

3. La codicia no es confiable en tiempos de infortunio (vv. 13–14)

➢ Las riquezas pueden provocar robos violentos. Todo se puede perder debido a "la mala suerte". Los mercados colapsan. Los bancos quiebran.

4. La codicia es patética frente a la muerte (vv. 15–17)

➤ Estos son versículos francamente sombríos, y sin embargo, realistas. Las consecuencias de Génesis 3. "La vida es un peregrinaje entre dos desnudeces: la del nacimiento y la de la muerte. Es mejor andar sin cargas" (John Stott).

➤ Jesús: Lucas 12.13–21.

5. Pero la vida debe disfrutarse como un buen don de Dios (vv. 18–20)

➤ Un giro repentino hacia lo positivo.

➤ *La codicia* puede ser destructiva y frustrante, pero *la riqueza en sí misma*, si se obtiene honestamente y se recibe como un don de Dios, puede disfrutarse con trabajo productivo, alegría y satisfacción de vida.

➤ Eclesiastés tiene una perspectiva positiva del valor de la vida, del trabajo y de las cosas buenas que Dios ha dado a la humanidad en este mundo. Su respuesta a la maldad de la codicia no es ascetismo, retirarse a una vida de falsa pobreza y dureza, sino que estimula un disfrute *responsable* de la vida con contentamiento.

A partir de aquí, usted puede pasar a las enseñanzas del Nuevo Testamento sobre este tema en, por ejemplo, 1 Timoteo 6.6–10, 17–19.

Apéndice 1

Ancestros de Israel	Esclavitud en Egipto	Éxodo	Tierra	Jueces	Monarquía unida	Reino dividido		Judá	Periodo posexílico
2000	1400				1000 900	800	700	600 500	400
Abraham		Moisés	Josué	Samuel	Saúl	Judá (Sur)	Israel (Norte)	587 Caída de Jerusalén	Esdras
Isaac		Sinaí	Conquista: Asentamiento de las tribus		David		721 Caída de Samaria	Babilonia	Nehemías
Jacob		Pacto			Salomón		Asiria	EXILIO	Persia
José		Ley			Templo			538 Comienzo del regreso a la tierra	Grecia
		Tabernáculo							Roma
		Desierto							

Siglos de los grandes profetas

Apéndice 2

Siglo X a.C.	Siglo IX a.C.		Siglo VIII a.C.		Siglo VII a.C.	Siglo VI a.C.	Siglo V a.C.
1000 / 900	800		700		600	500	400
Monarquía unida	Judá (Sur)	Israel (Norte)*	Judá (Sur)	Israel (Norte)*	Judá	Judá	Judá
REYES							LÍDERES
Saúl David Salomón	Roboam Abías Asa Josafat Joram Ocozías Atalía Joás	Jeroboam I Omri Acab Ocozías Joram Jehú Joacaz	Amasías Uzías Jotam Acaz	Joacaz Jeroboam II Manahem Oseas	Ezequías Manasés Amón Josías Joacaz Jocim	Joaquín Sedequías	Esdras Nehemías
931 División del reino				721 Caída de Samaria		587 Caída de Jerusalén. Exilio babilónico	
						538 Comienzo del regreso a la tierra	
PROFETAS							
	Natán	Elías Eliseo	Isaías Miqueas	Oseas Amós	Isaías Miqueas Jeremías	Jeremías Ezequiel Habacuc Sofonías	Hageo Zacarías Malaquías

* Solo se incluyen los reyes más importantes del Reino del Norte de Israel.
Algunos de los reyes menores gobernaron solamente por algunas semanas

Bibliografía

Acthmeier, Elizabeth

  1989   *Preaching from the Old Testament*. Louisville: Westminster John Knox.

Bruce, F. F.

  s/f   *Esto es aquello: el desarrollo que el Nuevo Testamento hace de varios temas del Antiguo Testamento*. Barcelona: Publicaciones Andamio.

Clowney, Edmund

  1975   *Teología bíblica y la predicación*. (Traducido del inglés por David Legters). Nutley: Presbyterian and Reformed Publishing.

Davies, Dale Ralph

  2006   *The Word Became Fresh: How to Preach from Old Testament Narrative Texts*. Fern: Christian Focus.

Davis, Ellen F.

  2005   *Wondrous Depth: Preaching the Old Testament*. Louisville: Westminster John Knox.

Duduit, Michael (Ed.)

  1992   *Handbook of Contemporary Preaching*. Nasvhille: Broadman.

Gibson, Scott M. (Ed.)

  2006   *Preaching the Old Testament*. Grand Rapids: Baker.

Goldsworthy, Greame

  2012   *Cómo predicar a Cristo usando toda la Biblia: cómo aplicar la teología bíblica en una predicación expositiva*. (Traducido del inglés por Kalina Vera Ursic). San Nicolás de los Garza, Nuevo León, México: Torrentes de Vida.

Greensalde, Philip

  2002   *A Passion for God's Story: Discovering your Place in God's Strategic Plan*. Milton Keynes: Authentic.

Greidanus, Sindey

  1999   *Preaching Christ form the Old Testament: A Contemporary Hermeneutical Method*. Grand Rapids: Eerdmans.

Haslam, Greg

  2006   *Preach the Word: The Call and Challenges of Preaching Today*. Lancaster: Sovereign World.

Hill, Harriett & Hill, Margaret

   2008   *Translating the Bible Into Action: How the Bible Can Be Relevant in All Languages and Cultures*. Carlisle: Piquant.

Holbert, John C.

   1991   *Preaching Old Testament: Proclamation and Narrative in the Hebrew Bible*. Nashville: Abingdon.

Kaiser, Walter

   2010   *Predicación y enseñanza desde el Antiguo Testamento*. El Paso: Mundo Hispano.

Kent, Grenville J. R. *et al.* (Eds.)

   2010   *"He Began with Moses": Preaching the Old Testament Today*. Nottingham: IVP. (En Estados Unidos se publicó bajo el título *Reclaiming the Old Testament for Christian Preaching*. Downers Grove: IVP, 2010).

Roberts, Vaughan

   2008   *El gran panorama divino: la Biblia de comienzo a fin*. (Traducido del inglés por Graham y Patricia Scarrat). San Nicolás de los Garza, Nuevo León, México: Torrentes de Vida.

Williams, Michael

   2012   *How to Read the Bible Through the Jesus Lens: A Guide To Christ-Focused Reading of Scripture*. Grand Rapids: Zondervan.

Sociedad Langham

La Sociedad Langham es una comunidad mundial que trabaja con el ánimo de cumplir la visión que Dios le encomendó a su fundador, John Stott, consistente en:

facilitar el crecimiento de la iglesia en madurez y en semejanza a Cristo elevando los niveles de predicación y enseñanza bíblicas.

Nuestra visión es ver que las iglesias en el mundo mayoritario estén equipadas para la misión y creciendo hacia la madurez en Cristo a través del ministerio de sus pastores y líderes, quienes creen, enseñan y viven por la Palabra de Dios.

Nuestra misión es fortalecer el ministerio de la Palabra de Dios:
- ➤ fortaleciendo movimientos nacionales de predicación bíblica;
- ➤ favoreciendo la creación y distribución de literatura evangélica; y
- ➤ elevando el nivel de la educación teológica evangélica, especialmente en países donde las iglesias carecen de recursos.

Nuestro ministerio

Langham Predicación se asocia con líderes nacionales que estimulan movimientos locales de predicación bíblica para pastores y predicadores laicos en el mundo entero. Con el apoyo de un equipo de capacitadores provenientes de diversos países, se desarrolla un programa de seminarios a diversos niveles que proveen capacitación práctica, al cual le sigue un programa que busca formar facilitadores locales. Los grupos locales de predicación (escuelas de expositores) y las redes nacionales y regionales se encargan de dar continuidad a los programas e impulsar su desarrollo ulterior con el fin de construir un movimiento vigoroso comprometido con la exposición bíblica.

Langham Literatura provee a los pastores, seminarios y académicos del mundo mayoritario libros evangélicos y recursos electrónicos mediante becas, descuentos y mecanismos de distribución. El programa también auspicia la producción de literatura evangélica para pastores en diversos idiomas a través de talleres para escritores y editores, respaldo a la tarea literaria, traducciones, fortalecimiento de casas editoriales evangélicas e inversiones en proyectos regionales de literatura, tales como el *Comentario Bíblico Contemporaneo*.

Langham Becas provee apoyo financiero para estudiantes evangélicos a nivel doctoral provenientes del mundo mayoritario, de tal manera que, una vez que regresen a sus países, puedan capacitar a pastores y otros líderes cristianos brindándoles una sólida formación bíblica y teológica. Éste es un programa que equipa a quienes van a equipar a otros. *Langham Becas* trabaja igualmente con seminarios del mundo mayoritario fortaleciendo su educación teológica. Un número creciente de académicos de *Langham Becas* estudia en programas doctorales de alta calidad en reconocidos centros del mundo mayoritario. Además de formar la siguiente generación de pastores, los graduados de *Langham Becas* ejercen una influencia significativa a través de sus escritos y liderazgos.

Para obtener más información sobre la *Sociedad Langham* y el trabajo que desarrollamos visítenos en www.langham.org.

Otras publicaciones recomendadas

La misión de Dios
Descubriendo el gran mensaje de
la Biblia
Christopher Wright
Certeza Unida
ISBN 978-950-683-156-1
Tapa rústica, 15.2 x 22.8 cm., 740 págs.

Guía del lector de la Biblia
La Biblia paso a paso
Christopher Wright
Certeza Unida
ISBN 978-950-683-152-3
Tapa rústica, 15.2 x 22.8 cm., 222 págs.

La versatilidad de la Biblia
Para estudiar, enseñar y predicar
Christopher Wright y Jonathan Lamb
Ediciones Puma
ISBN 978-612-4252-05-1
Tapa rústica, 15.2 x 22.8 cm., 264 págs.

El humor en el Antiguo Testamento
Milton A. Acosta
Ediciones Puma
ISBN 978-9972-701-59-7
Tapa rústica, 15.2 x 22.8 cm., 268 págs.

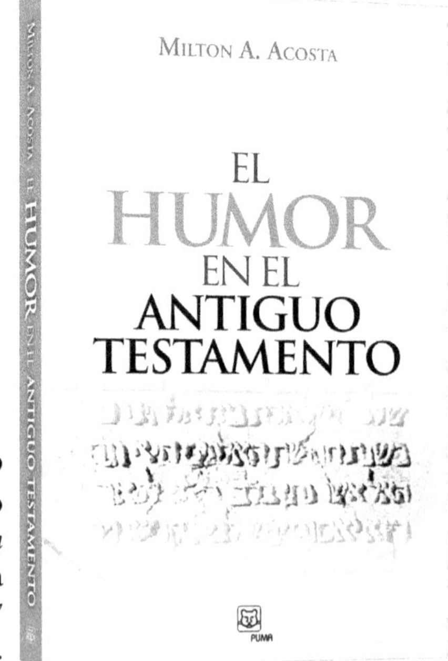

www.ingramcontent.com/pod-product-compliance
Lightning Source LLC
LaVergne TN
LVHW010501200726
843506LV00013B/2478